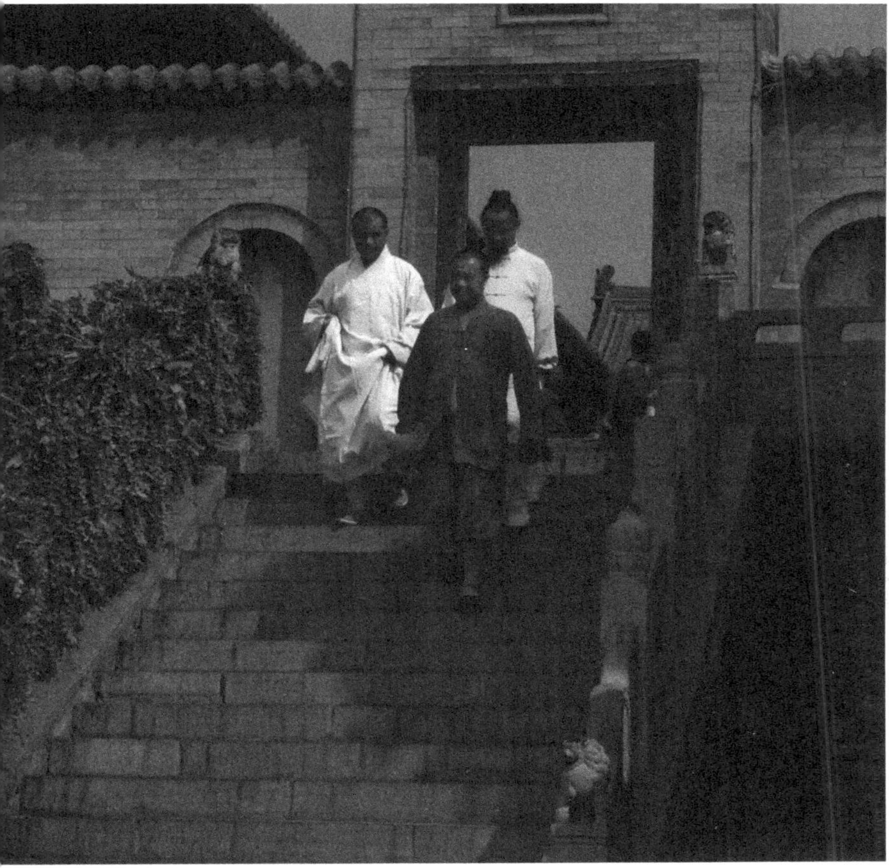

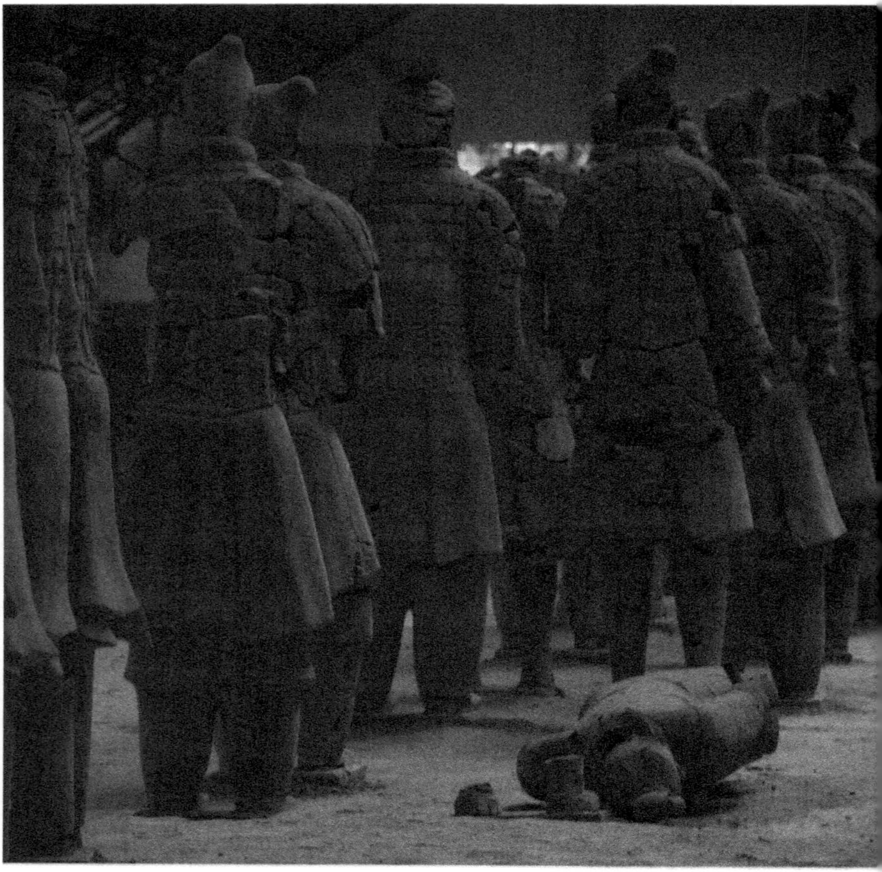

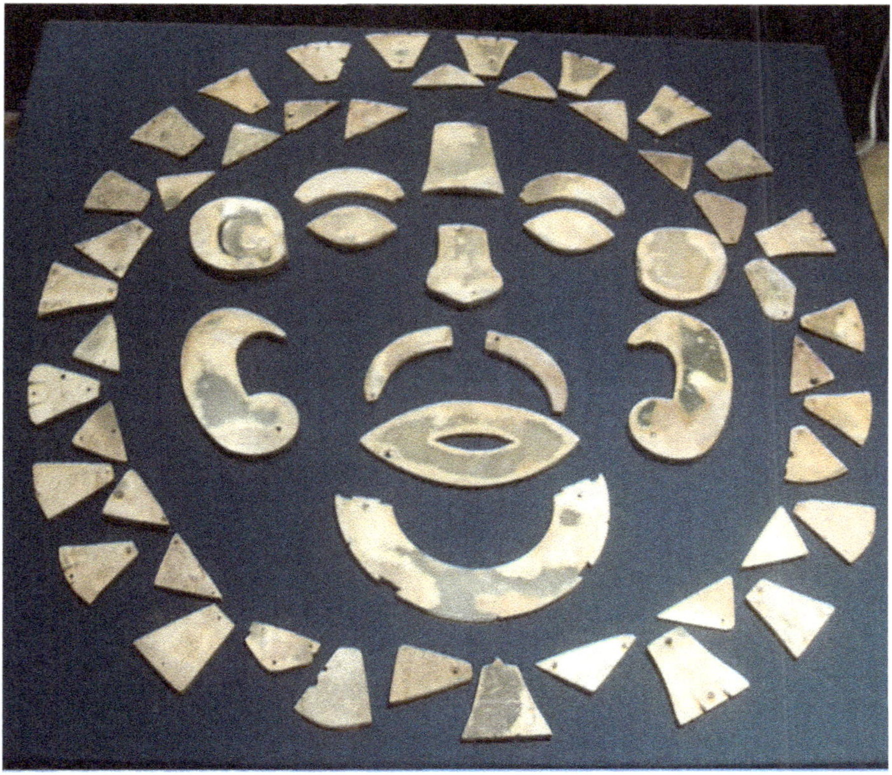

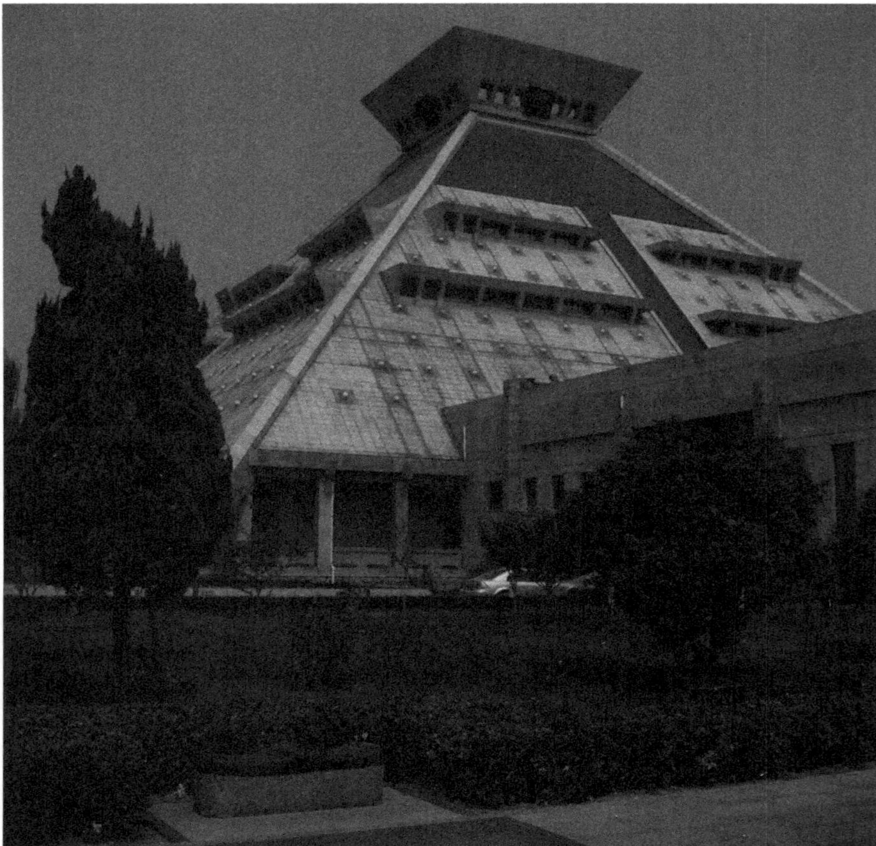

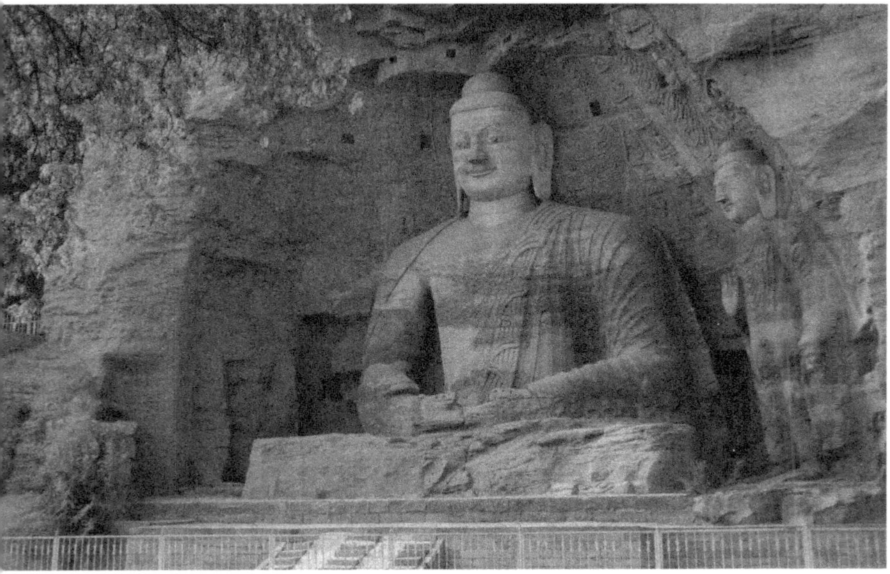

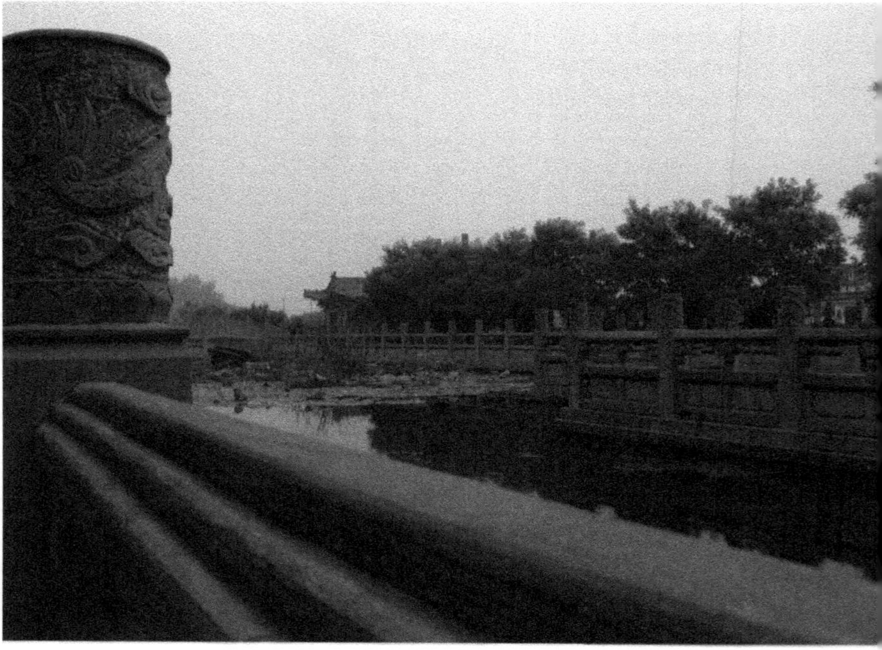

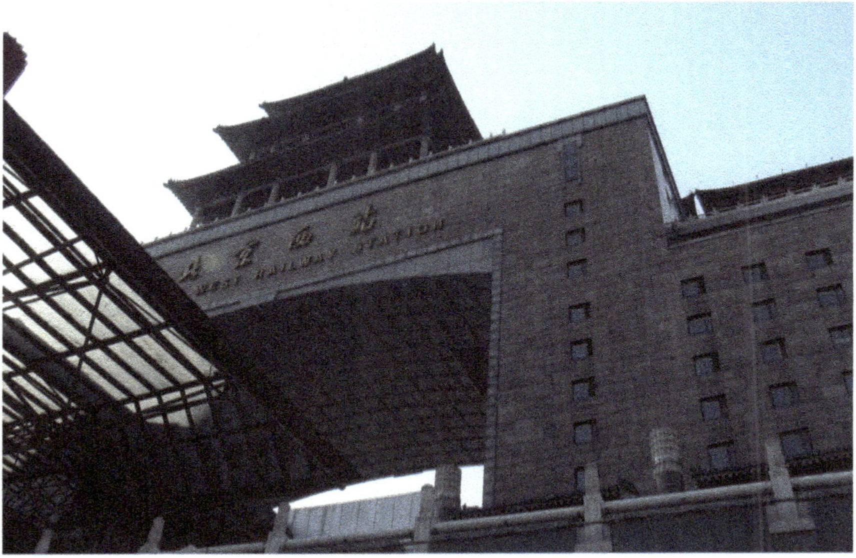

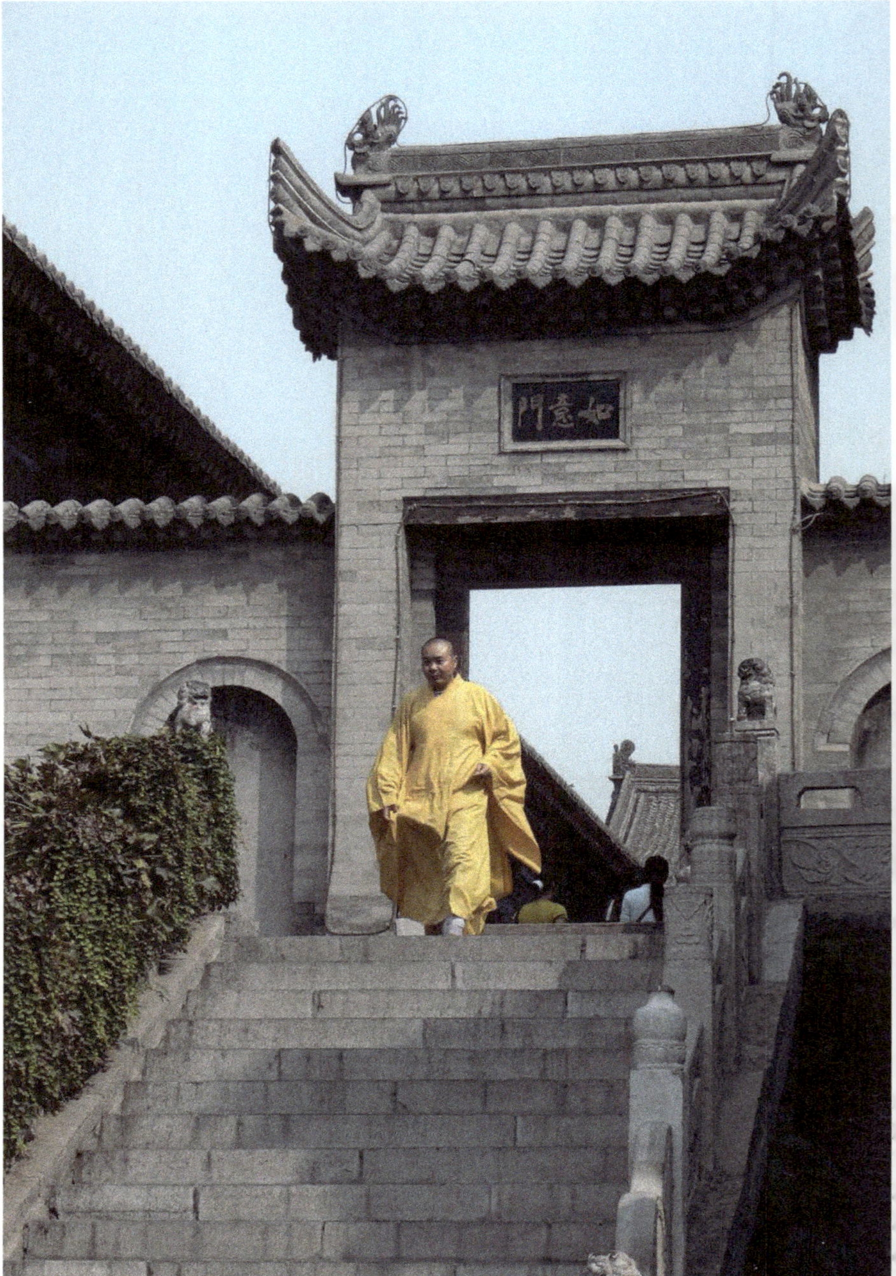
如意門

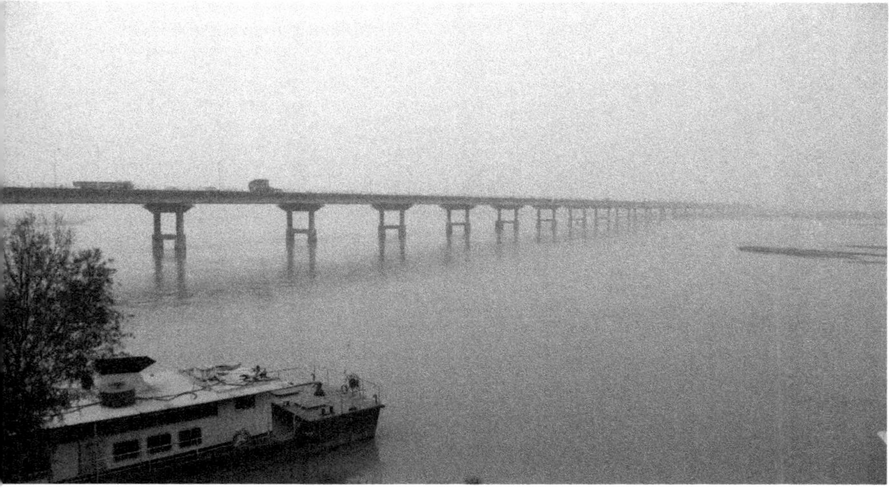

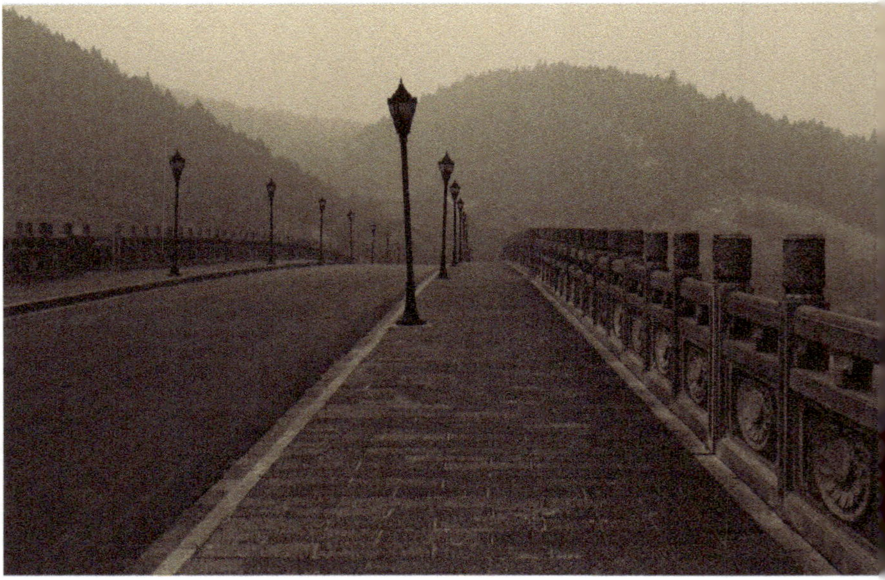

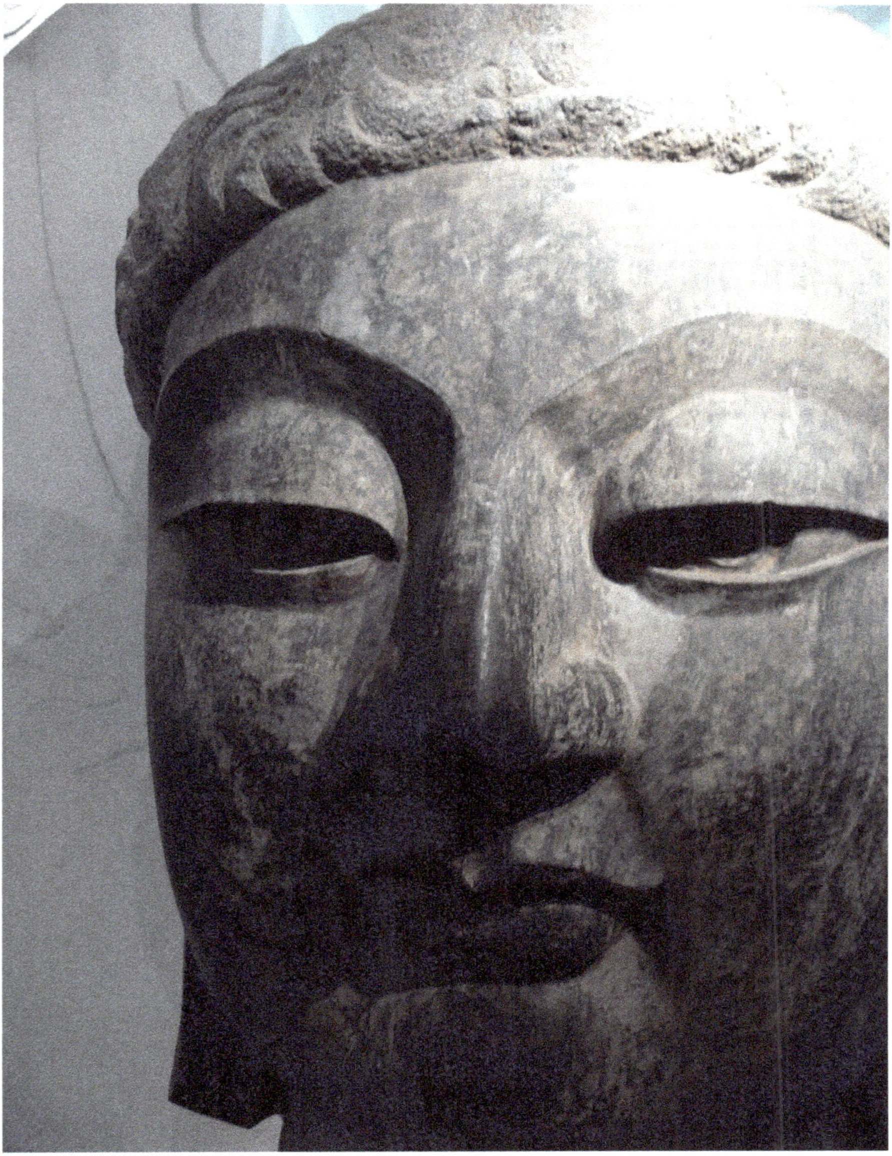

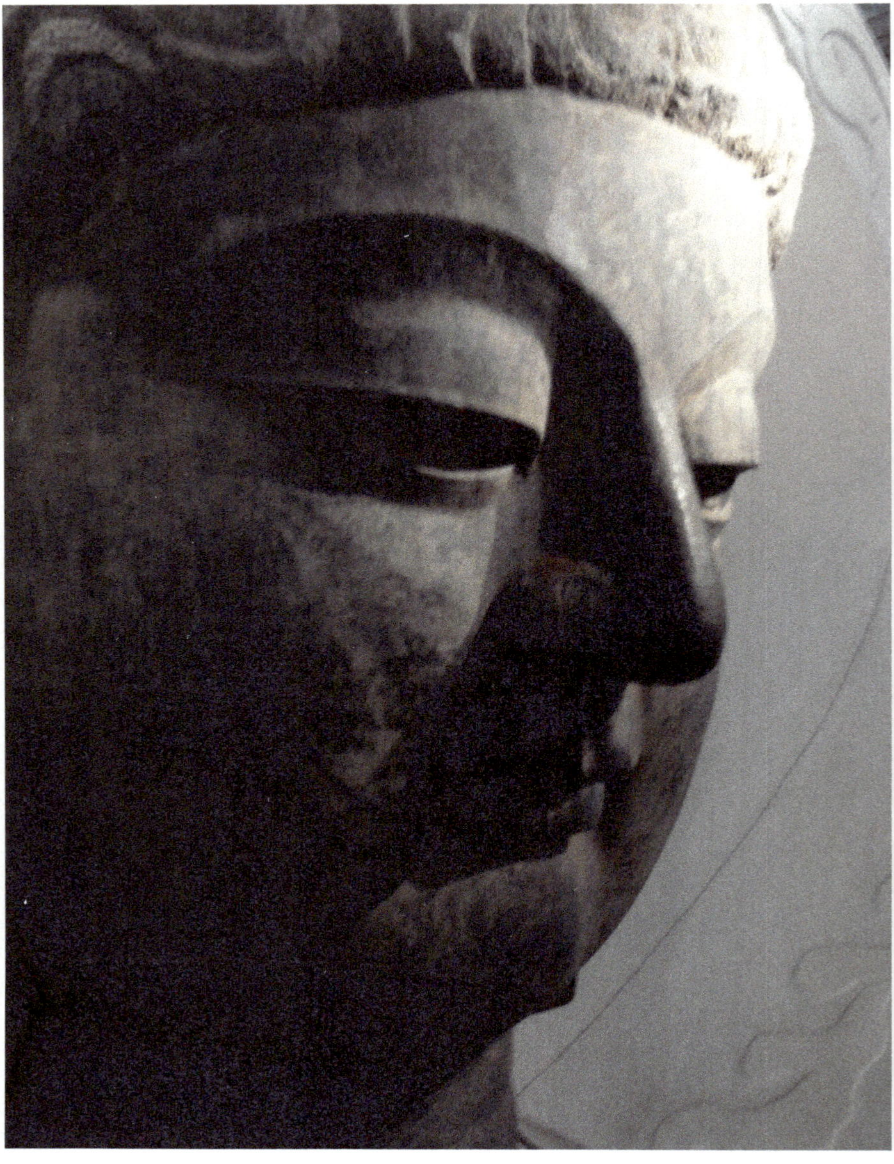

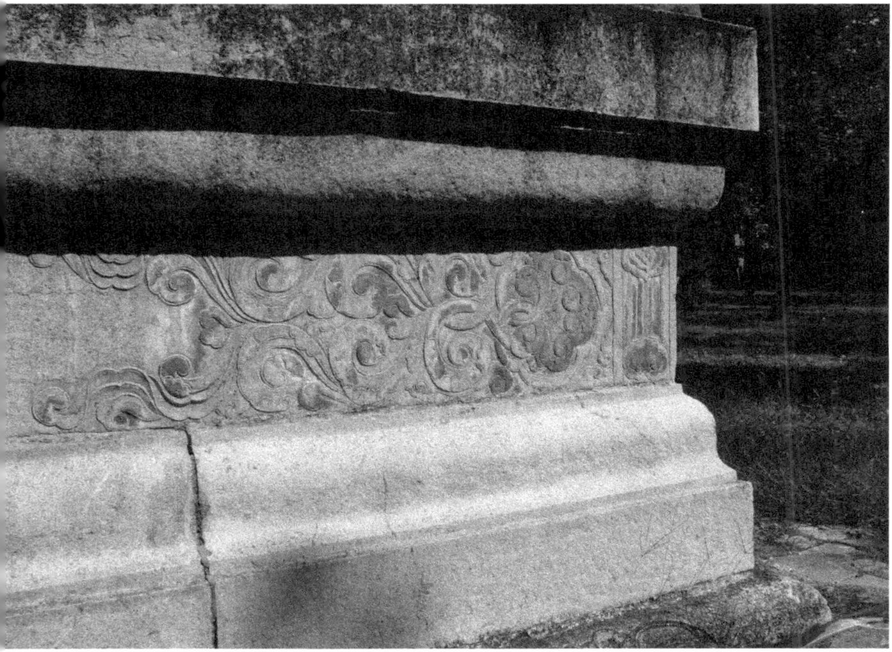

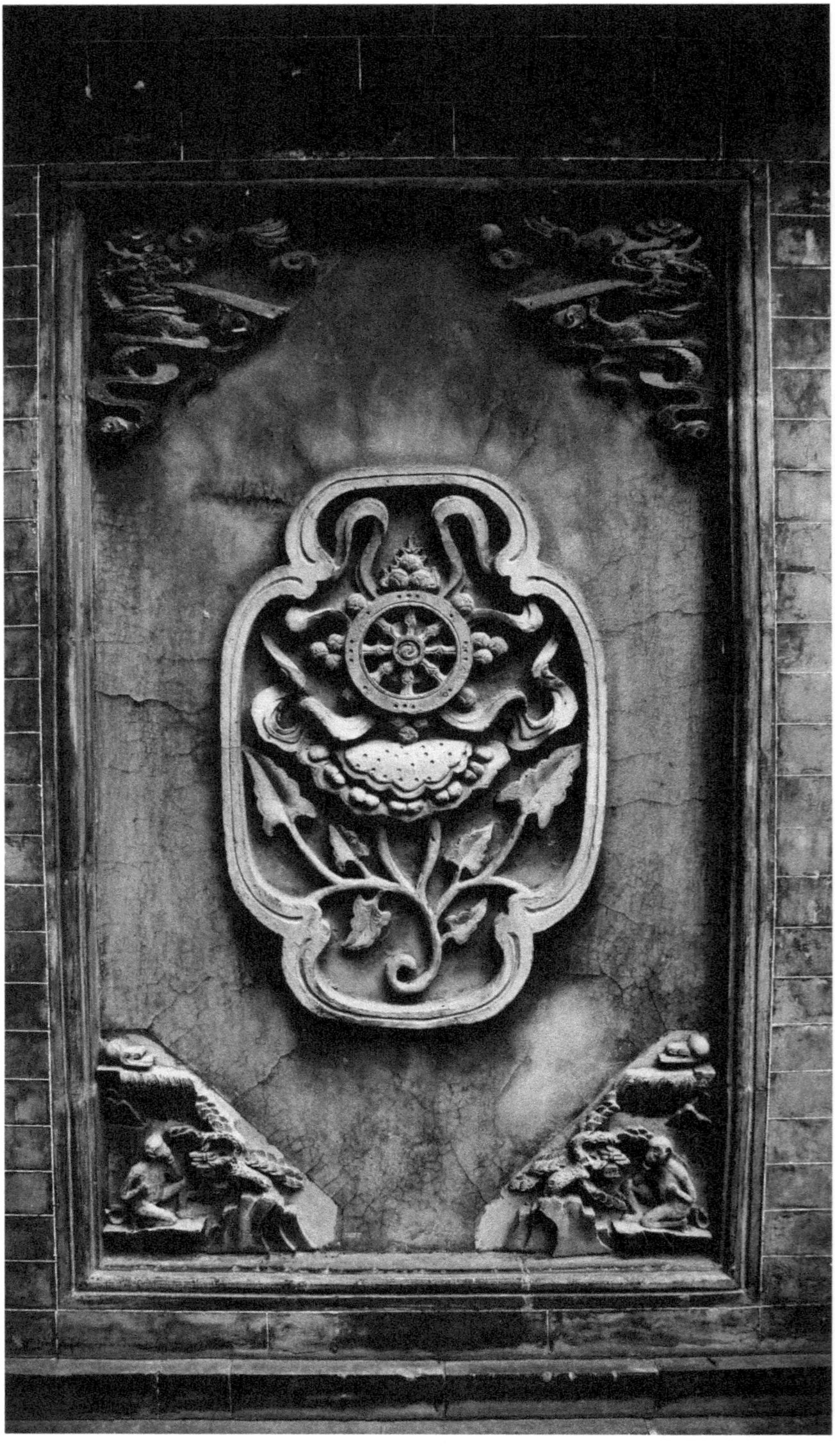

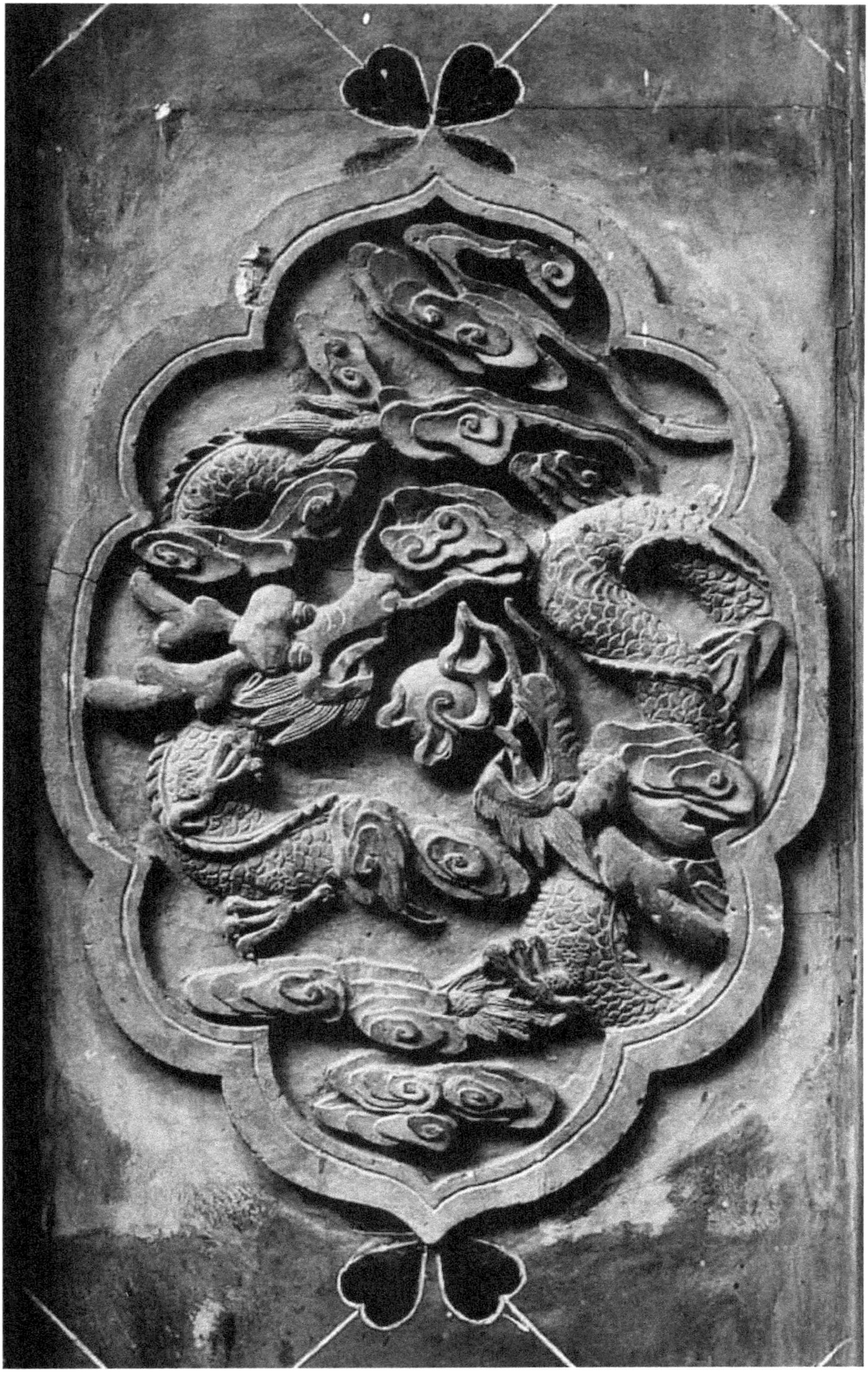

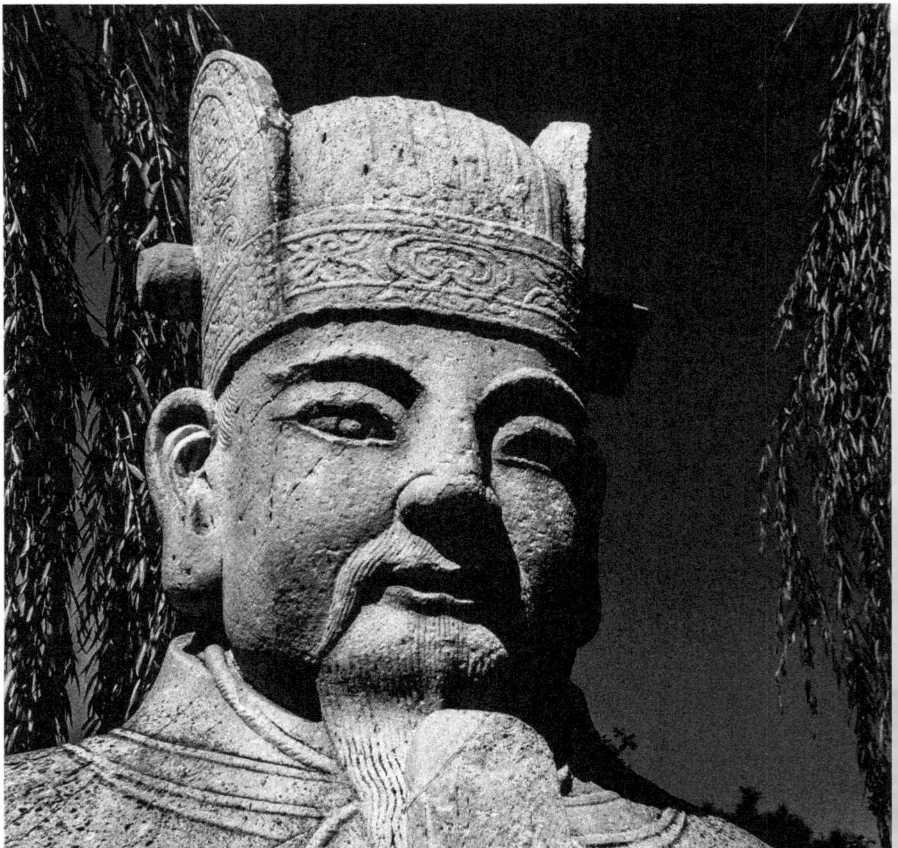

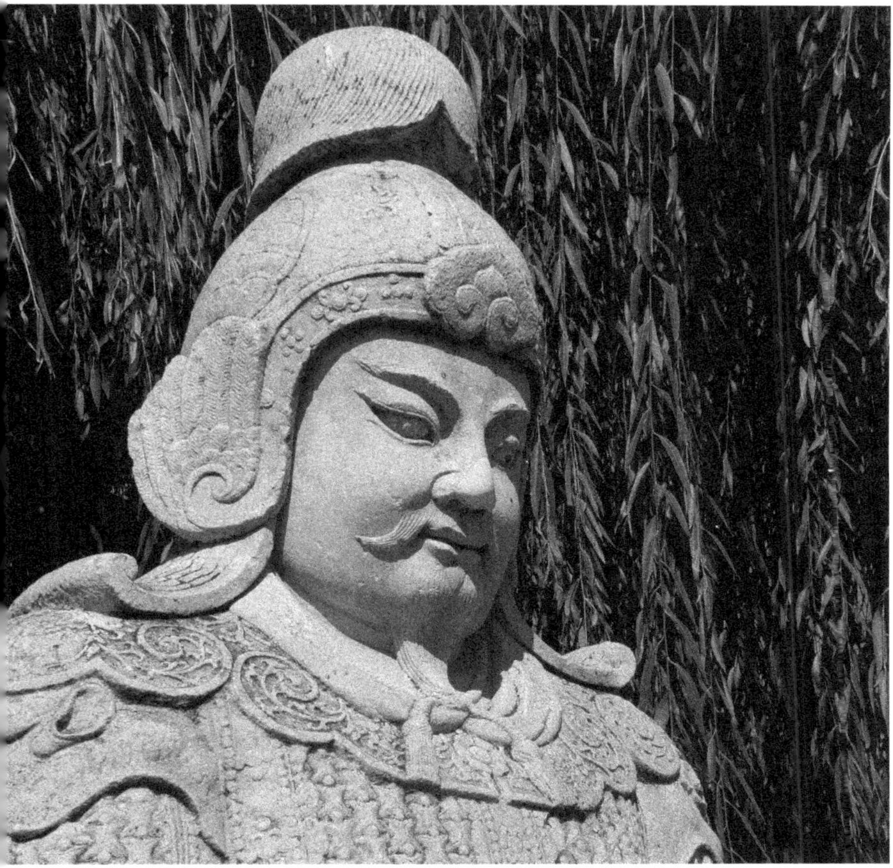

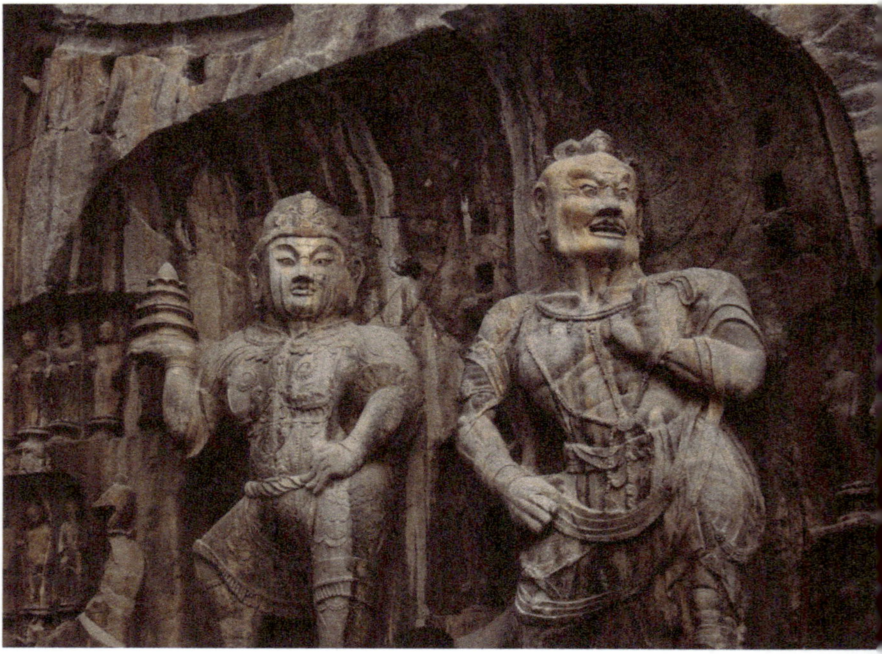

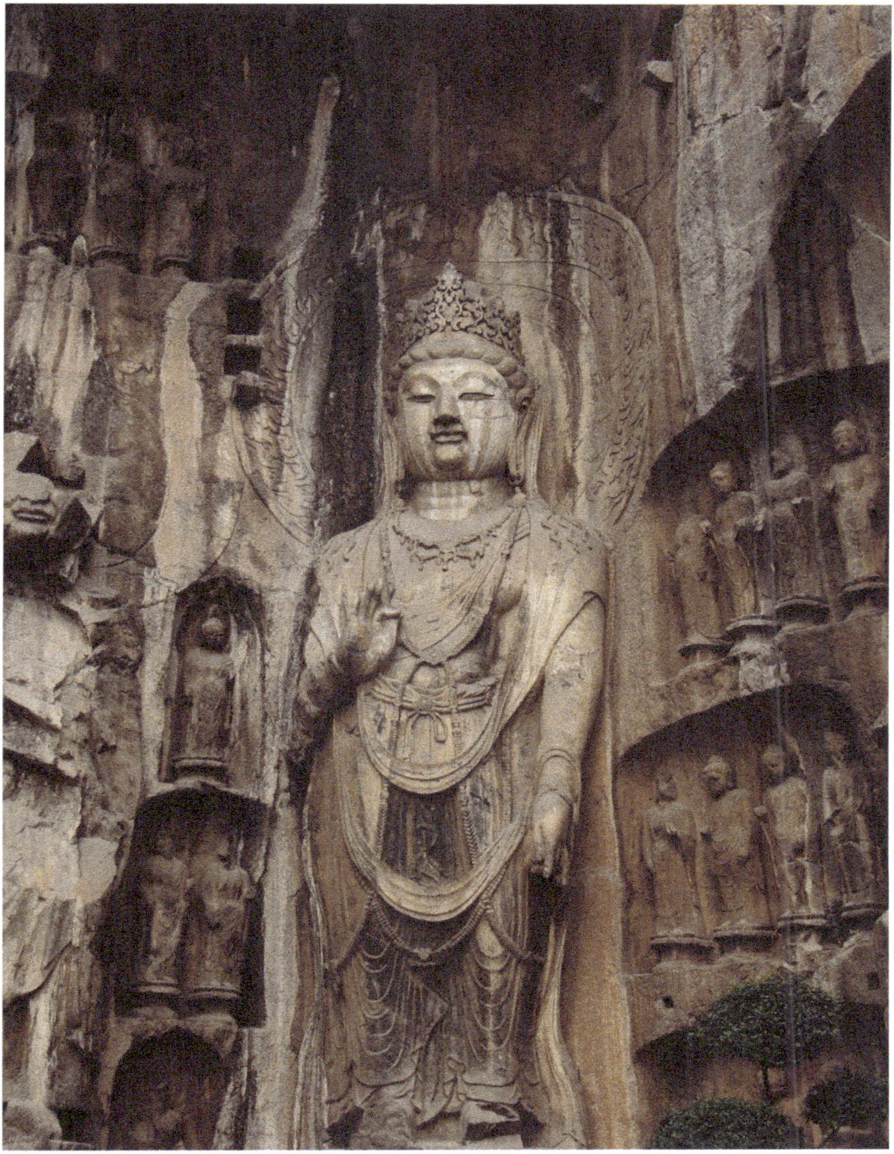

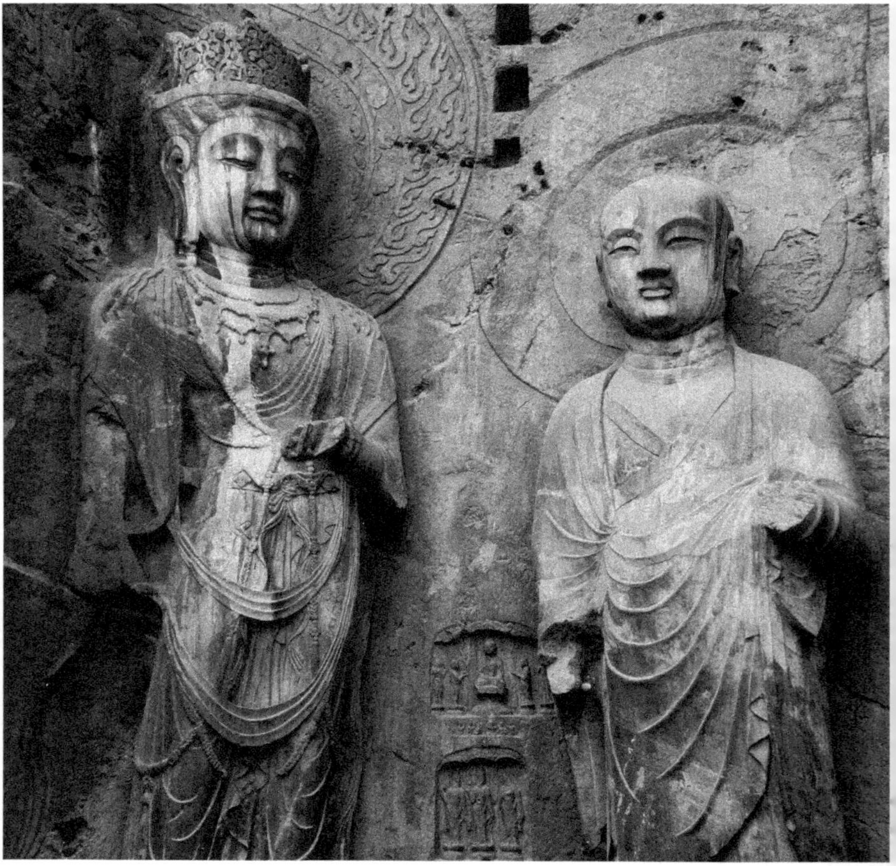

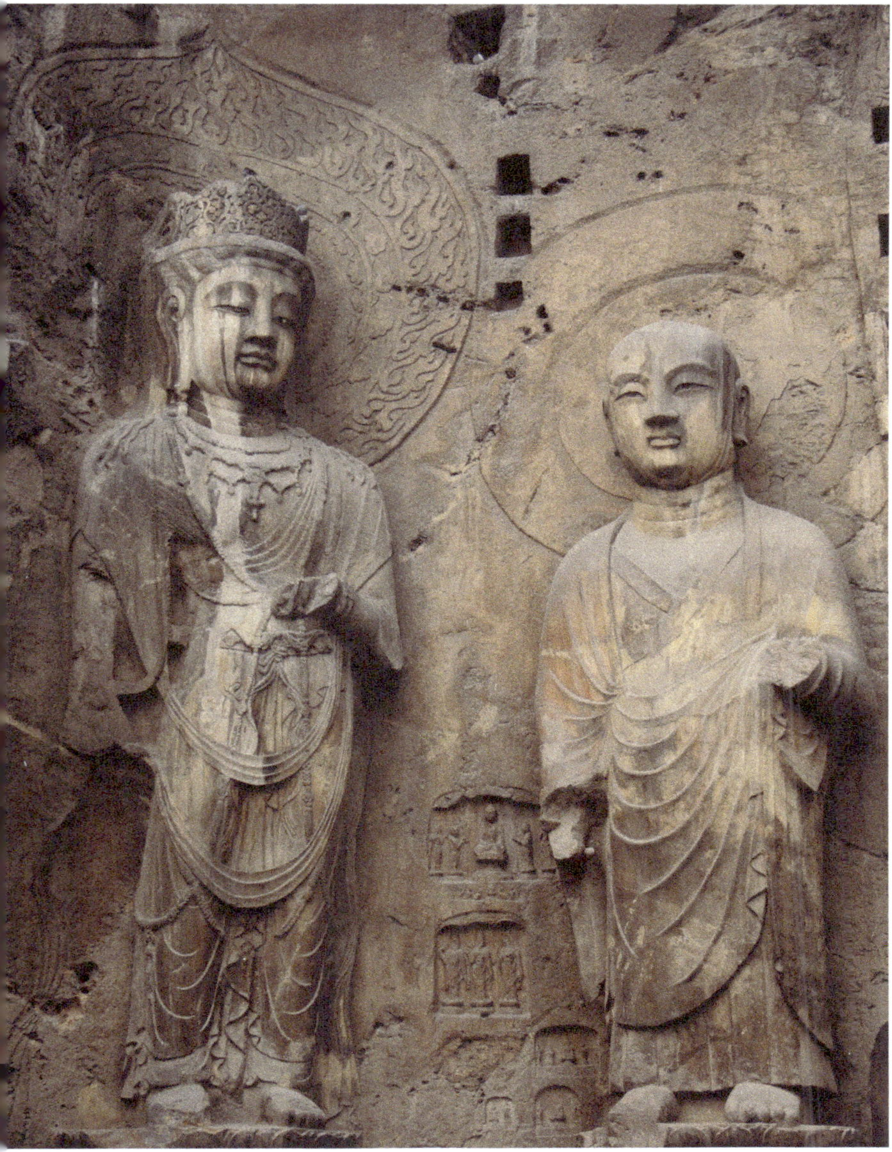

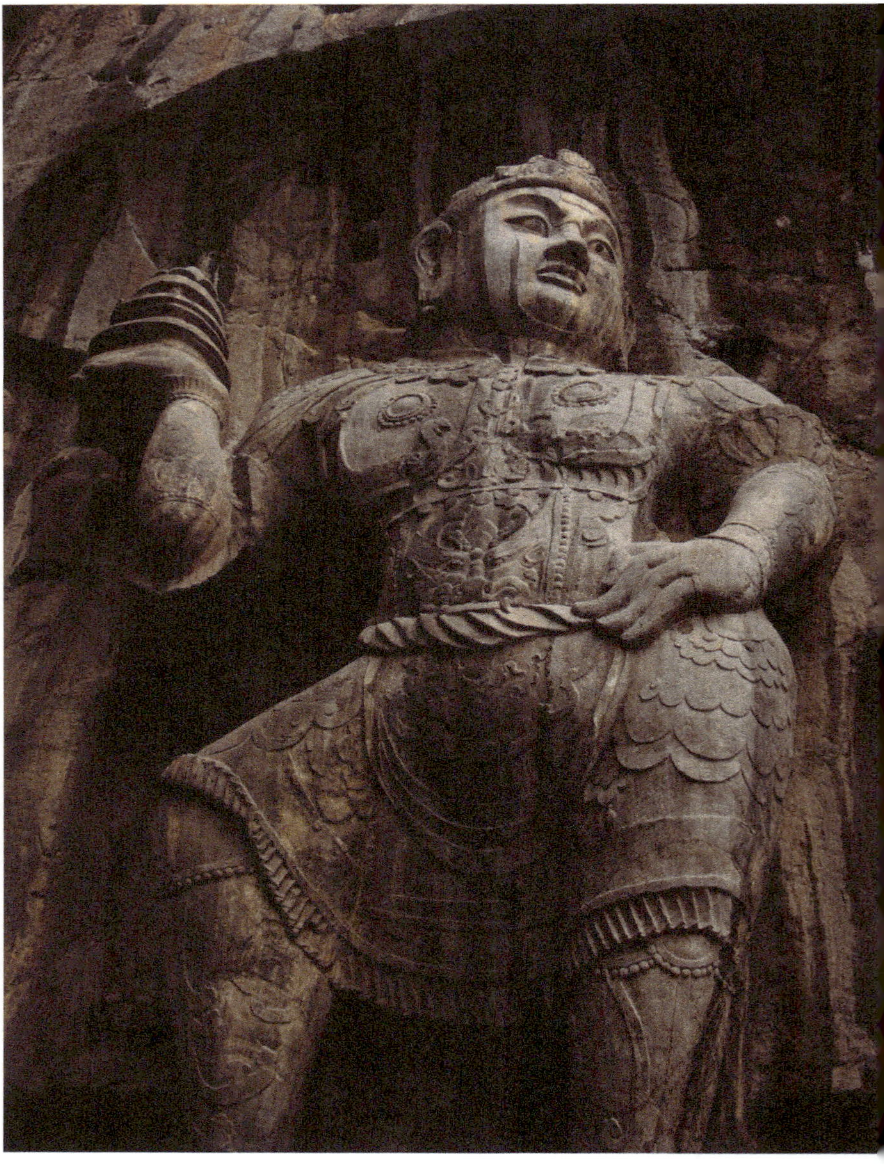

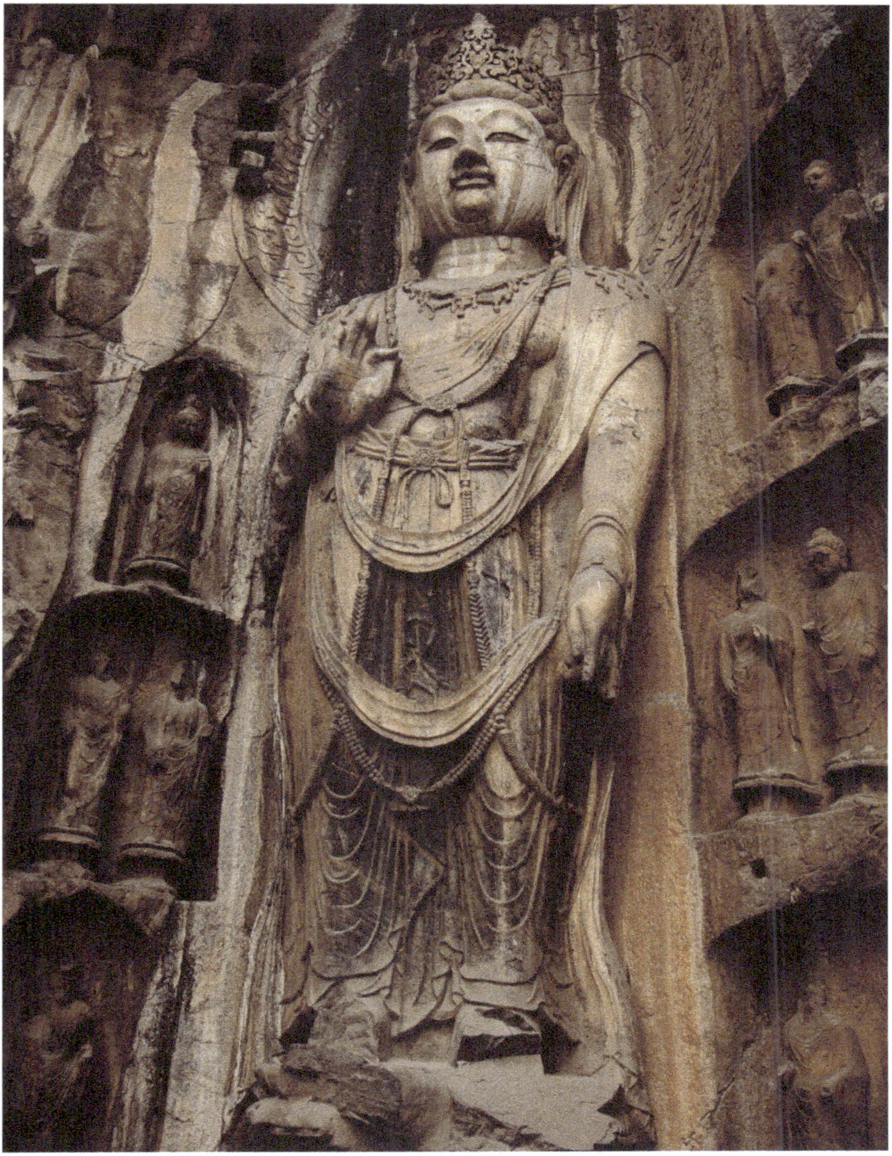

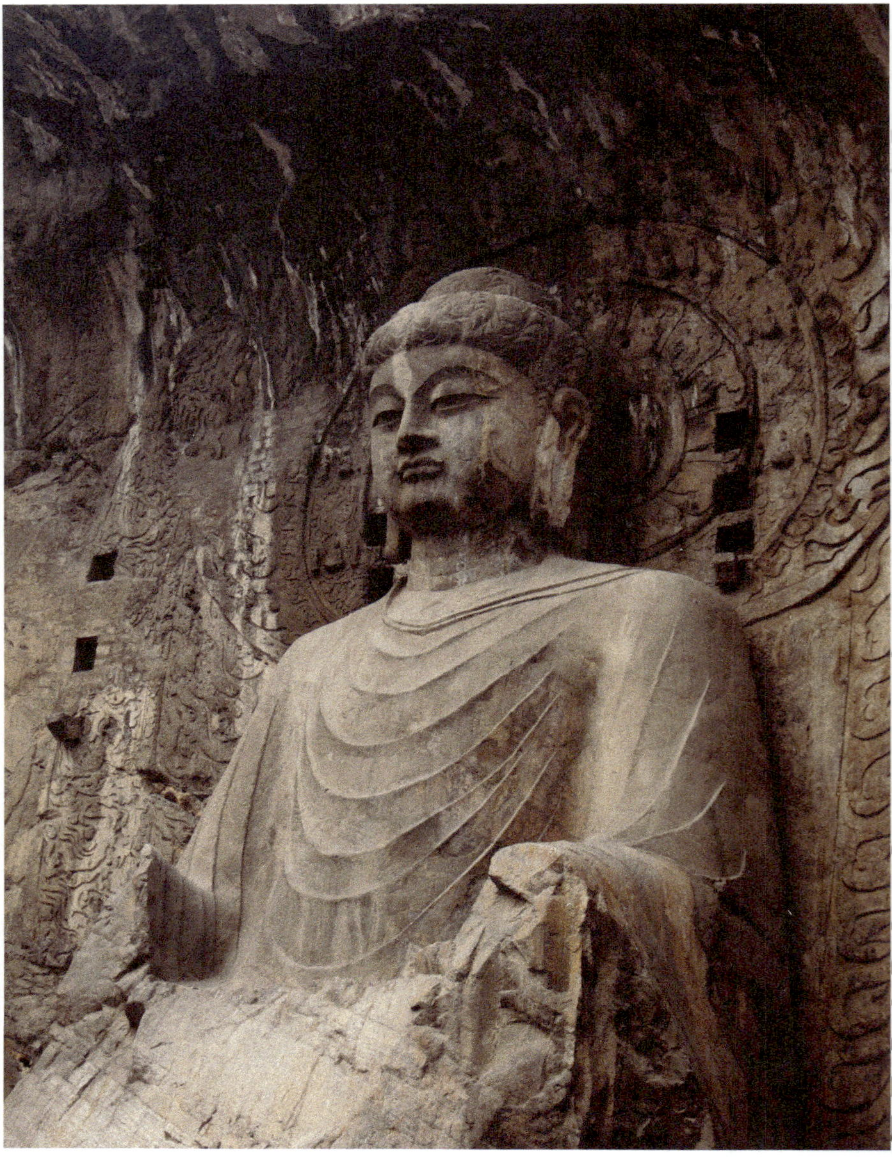

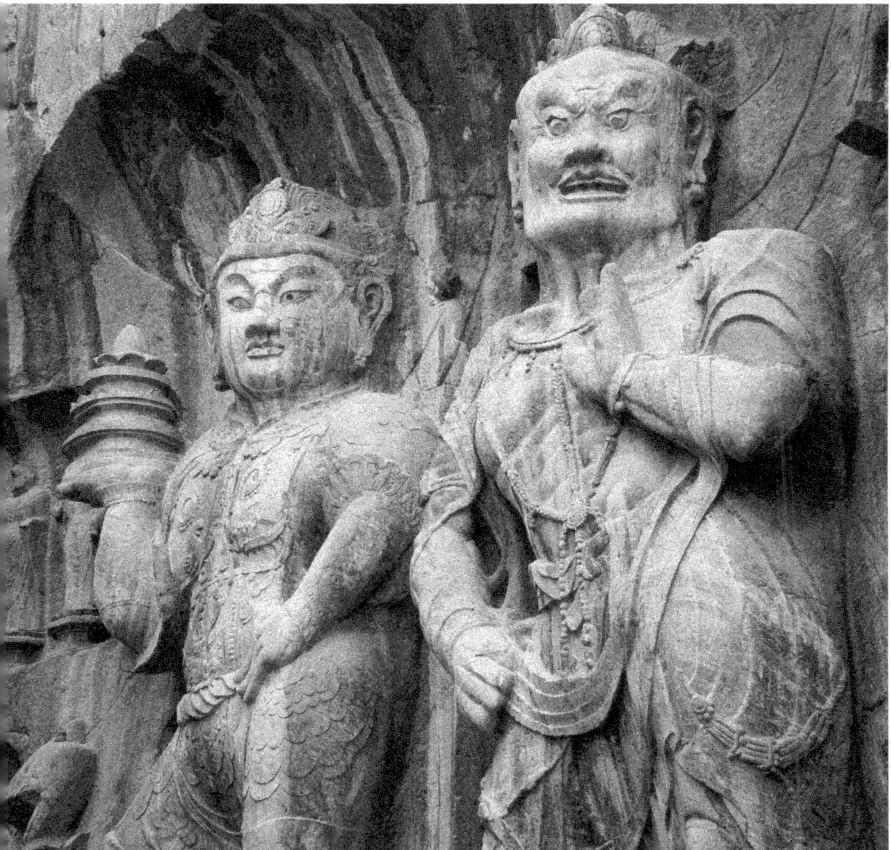

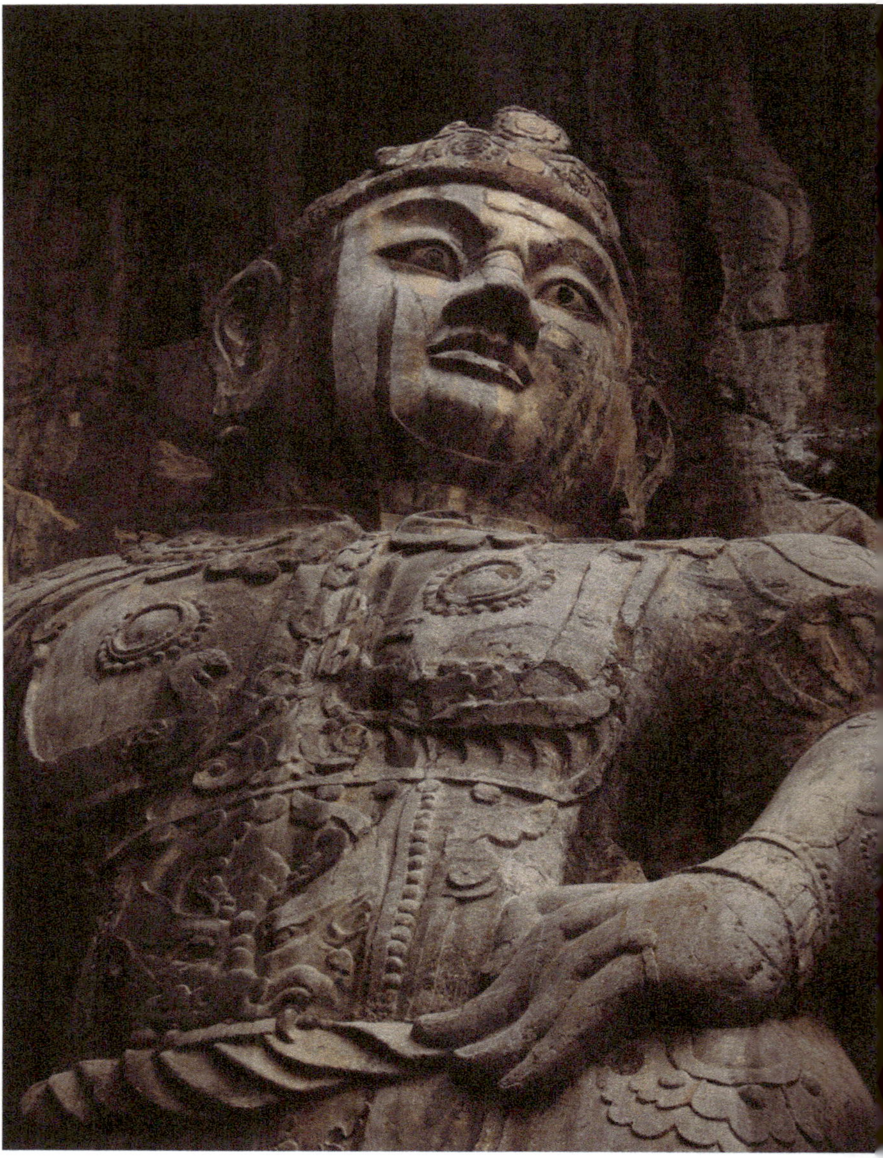

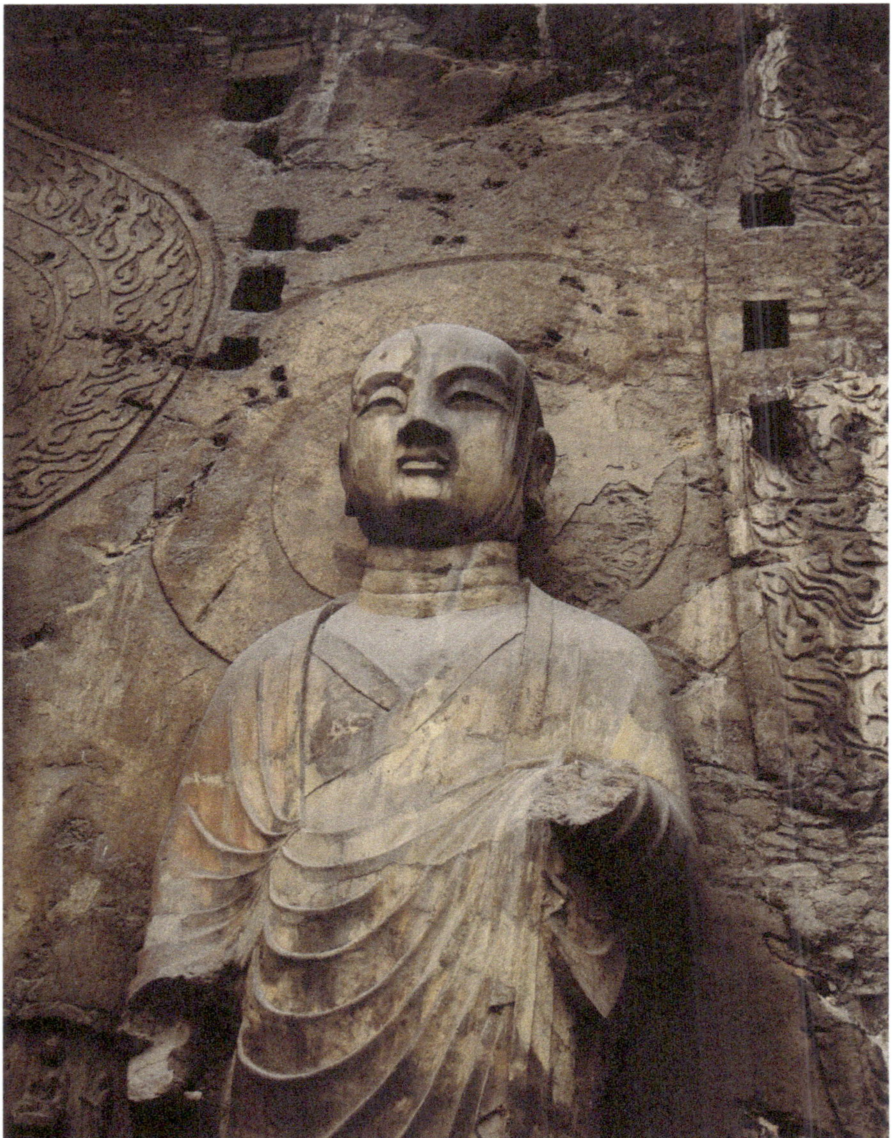

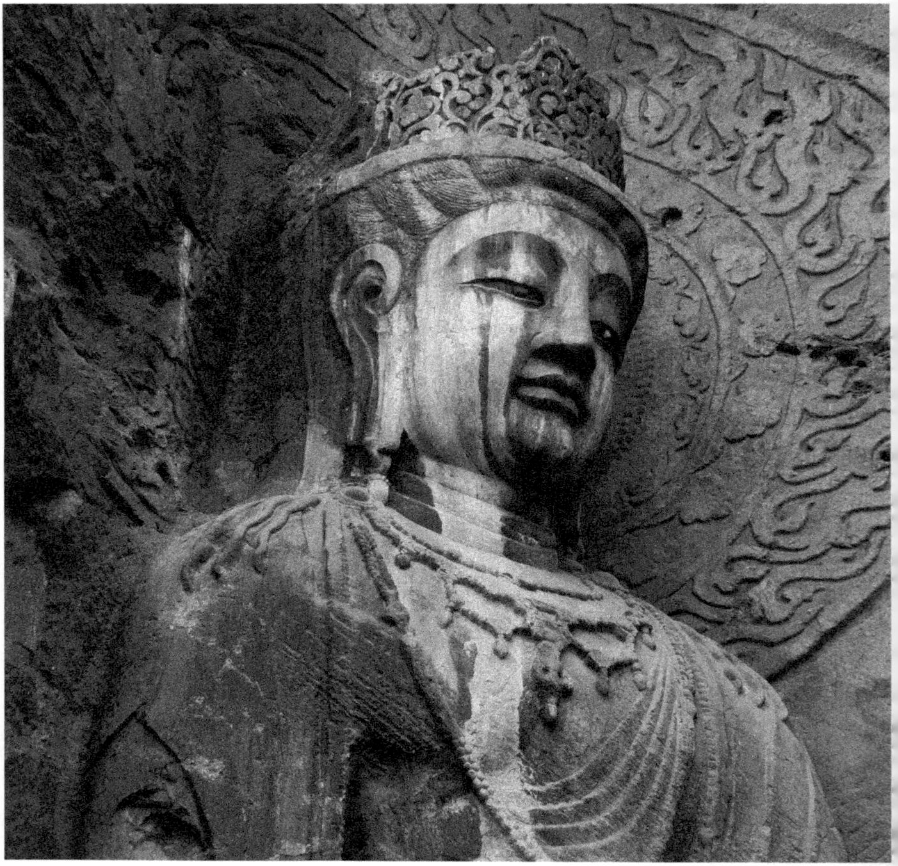

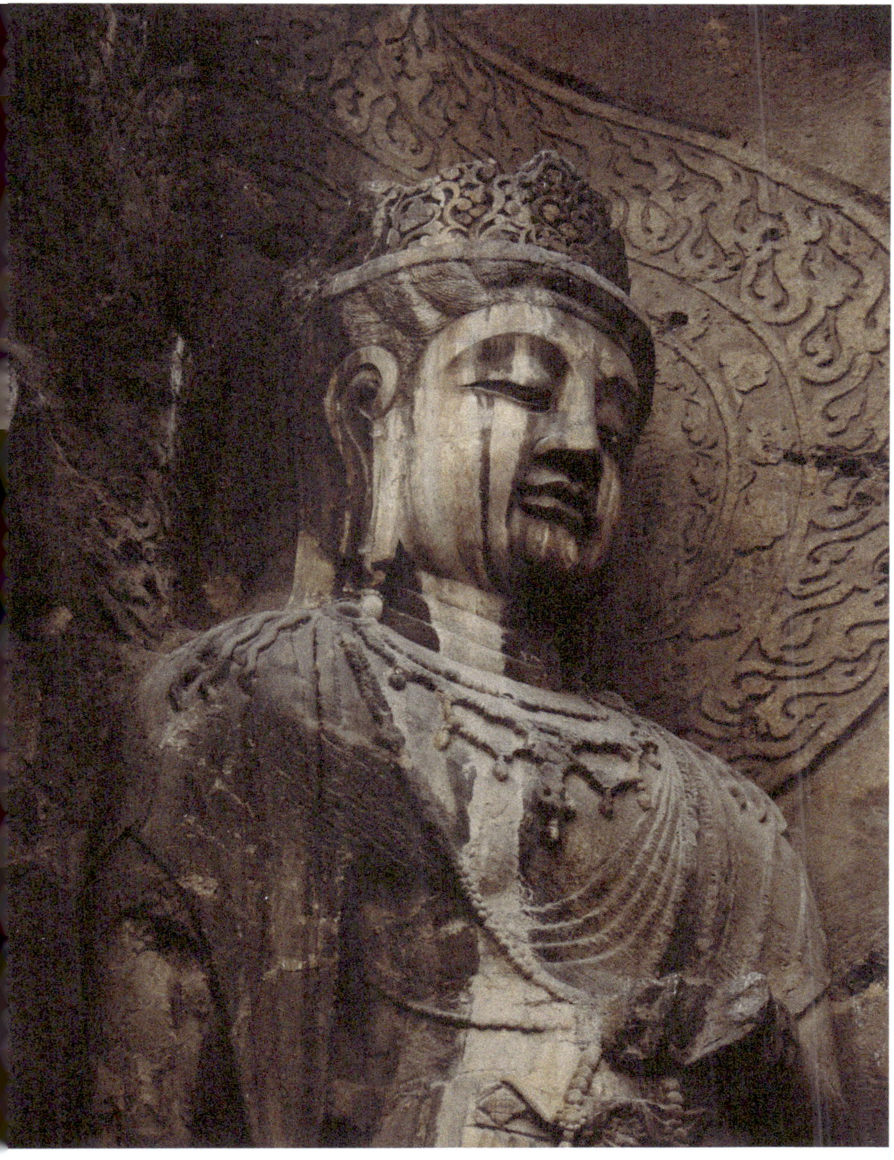

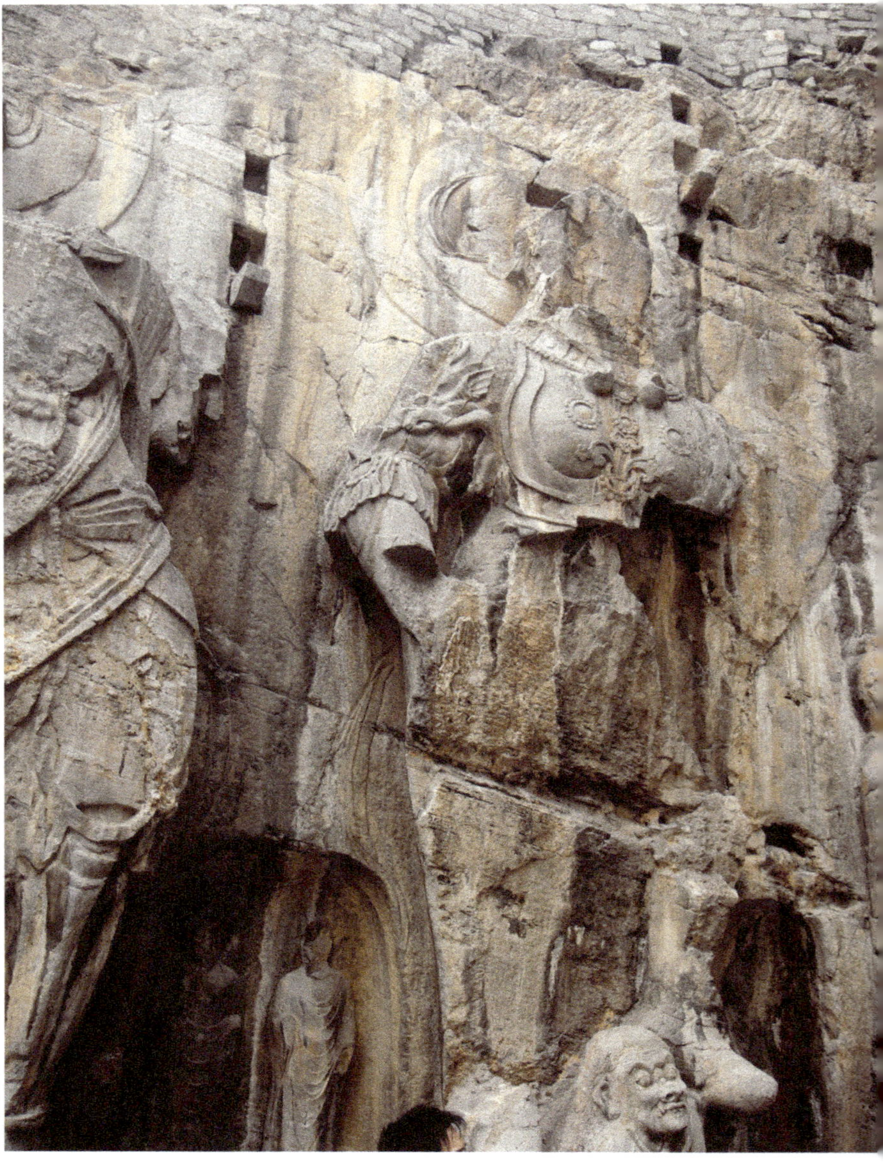

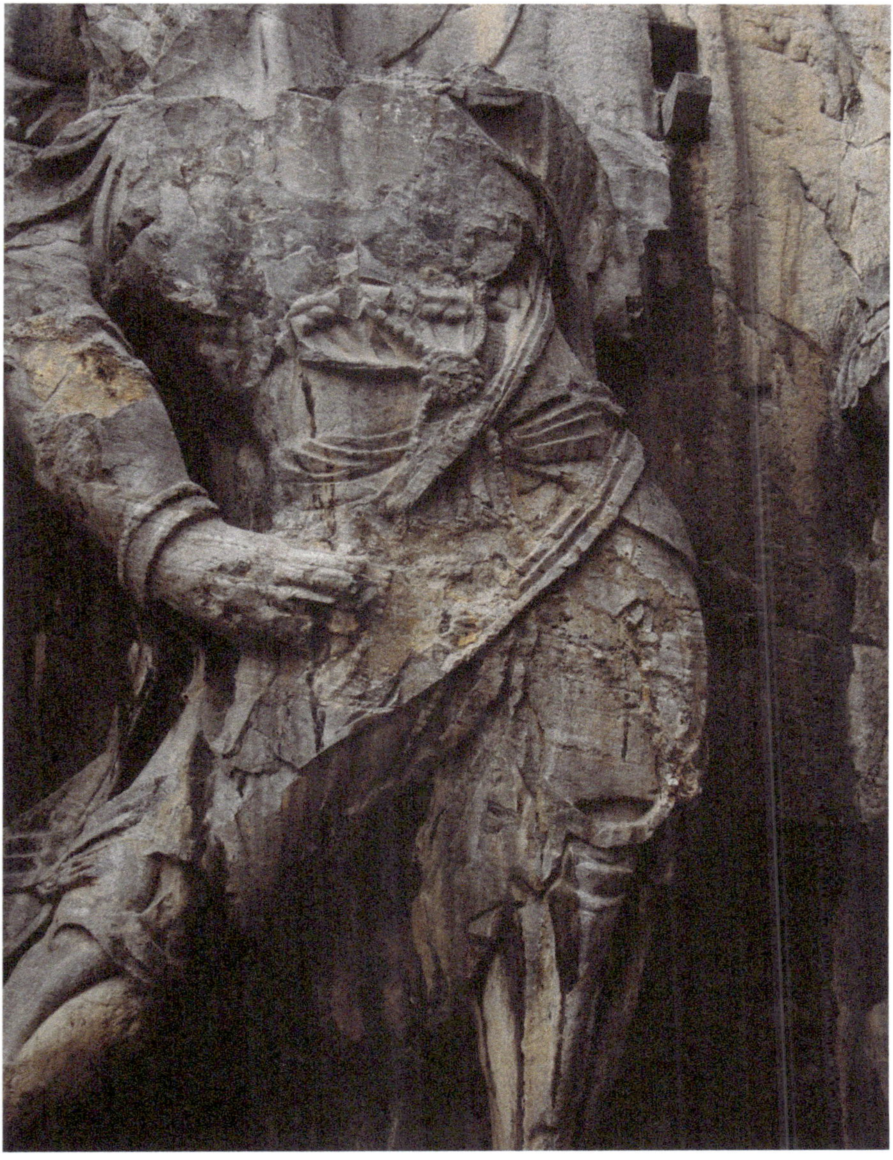

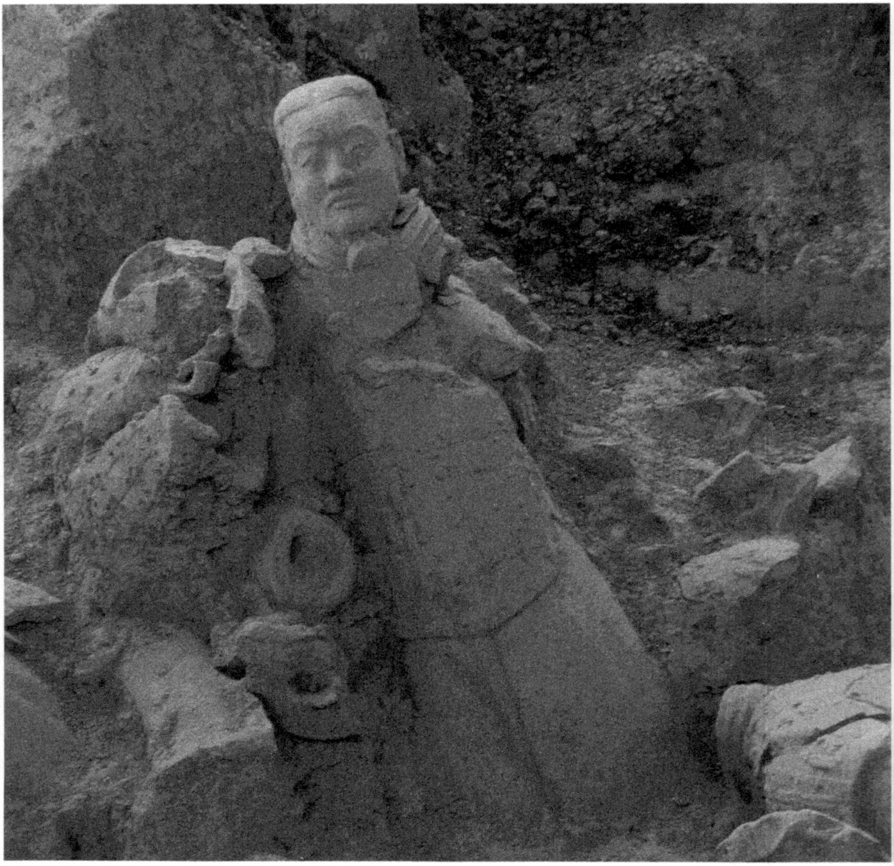

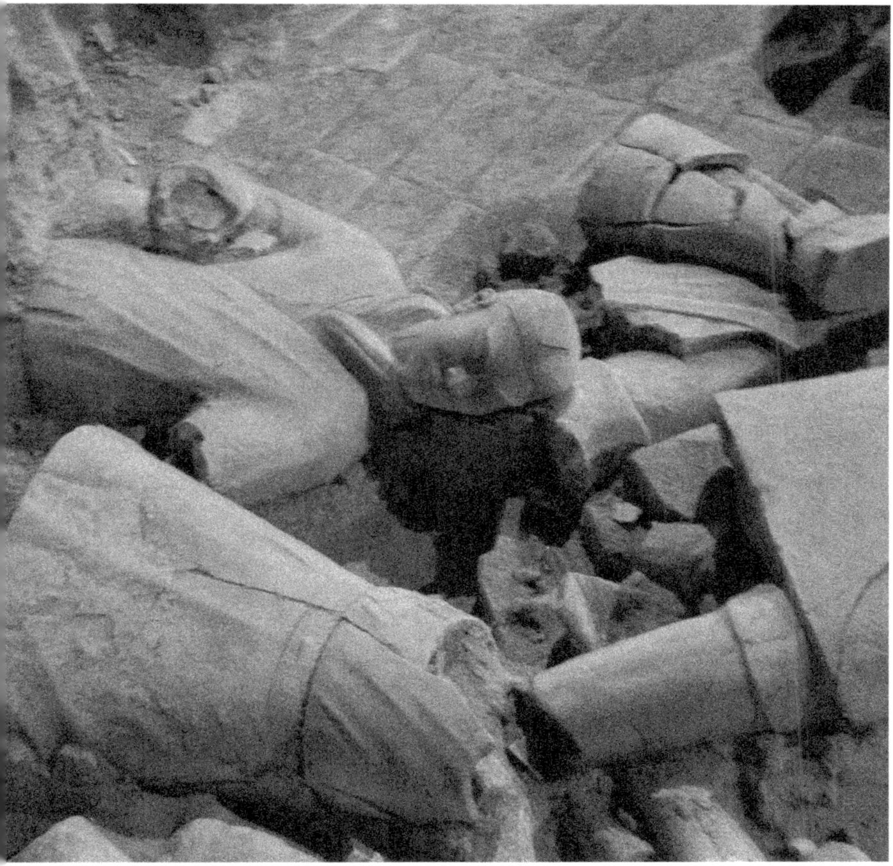

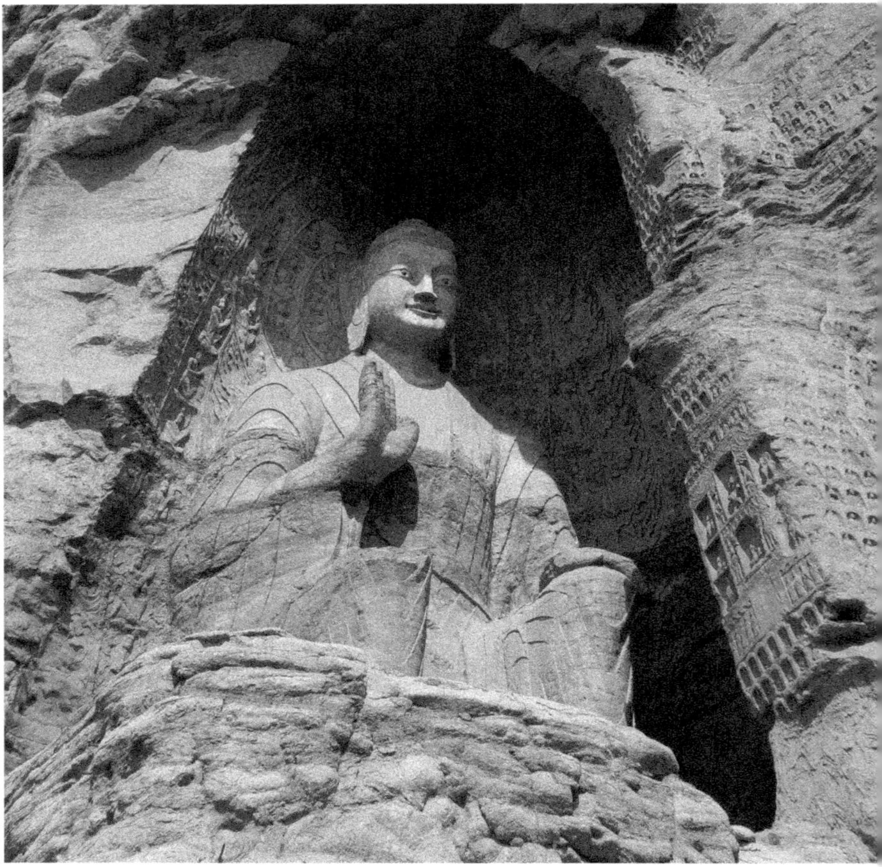

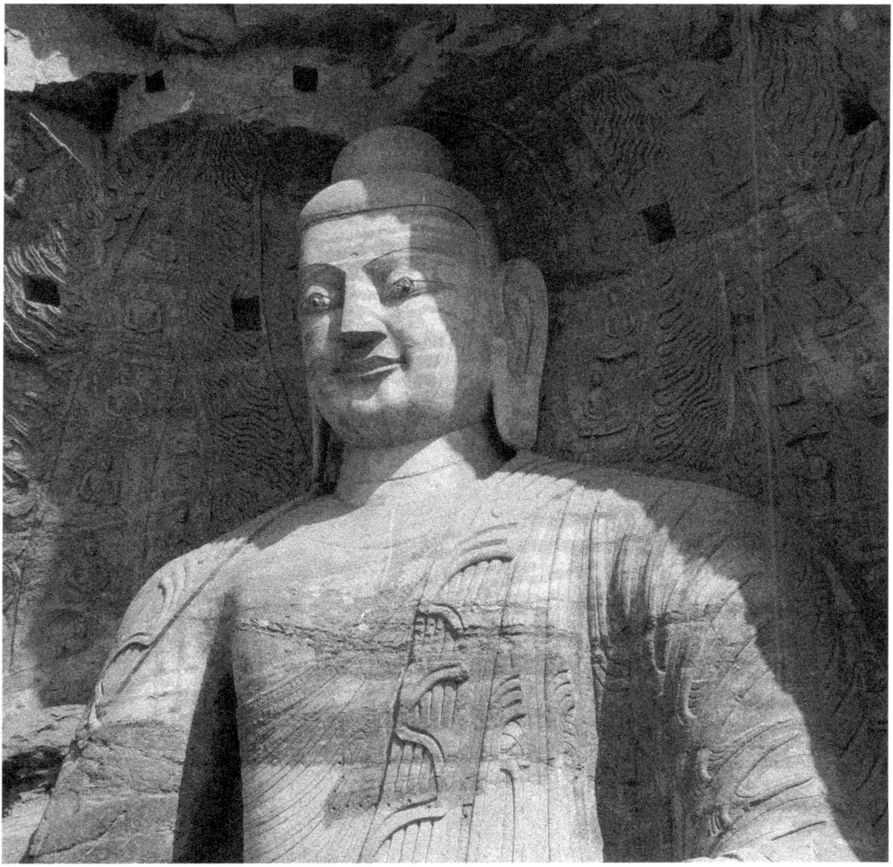

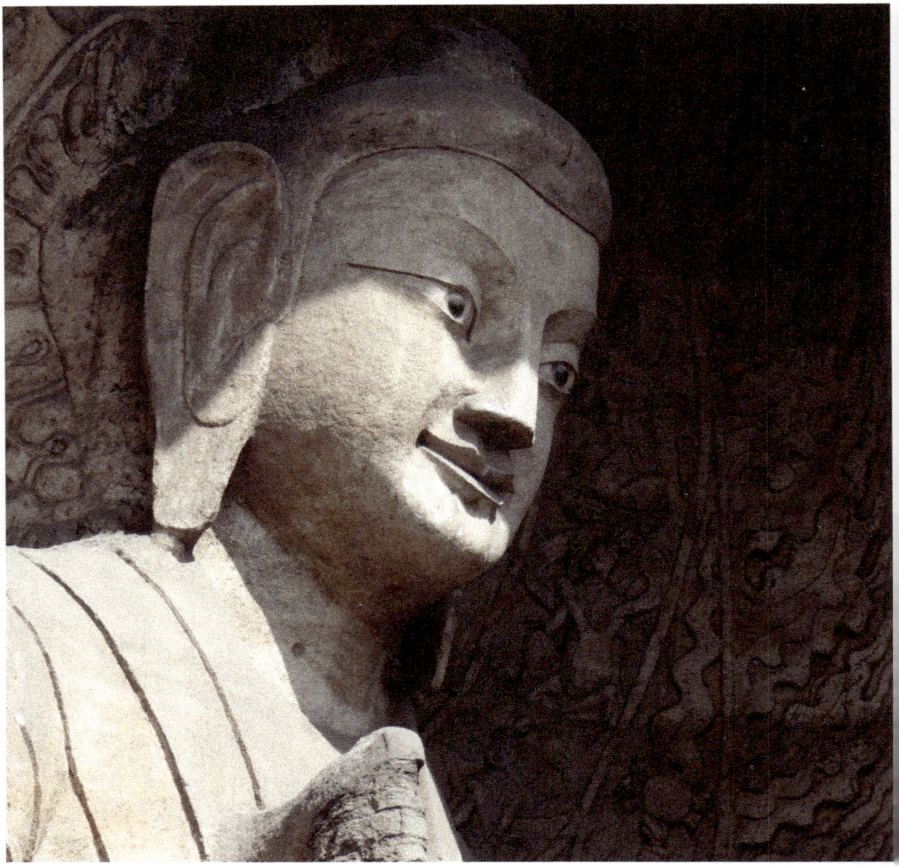

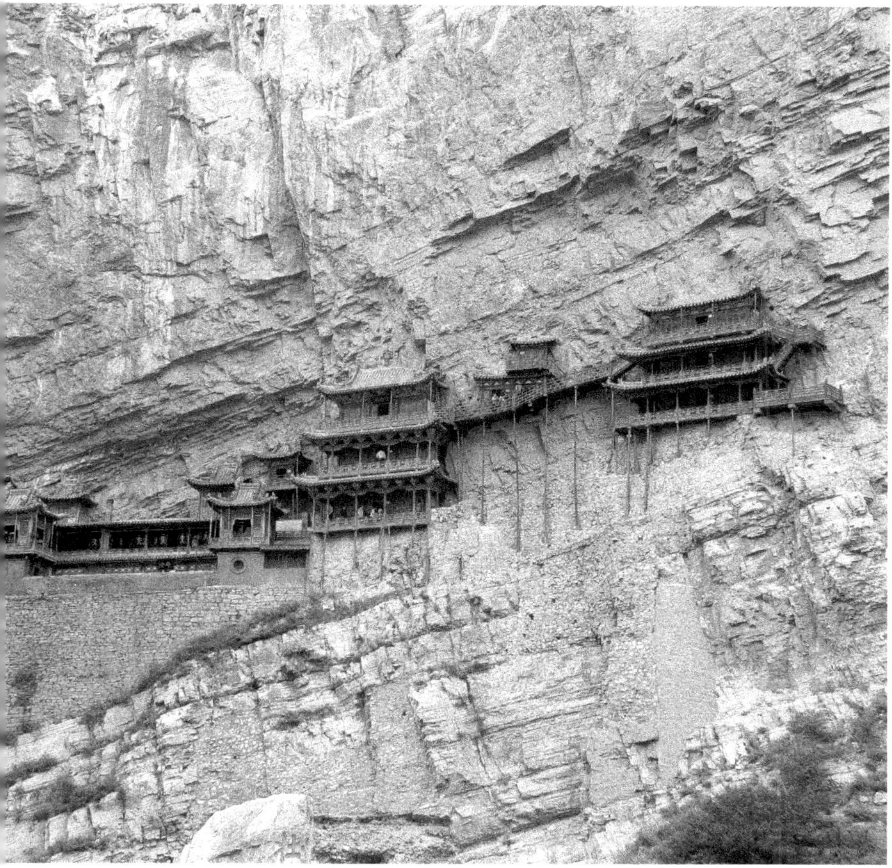

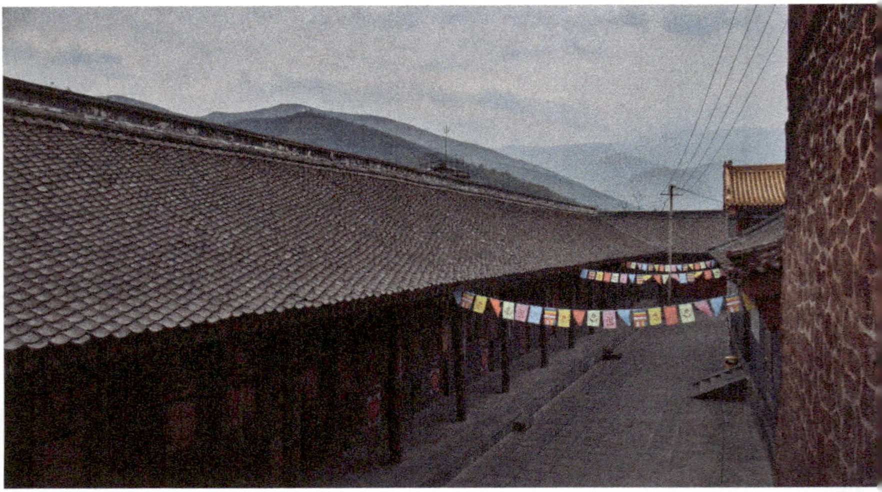

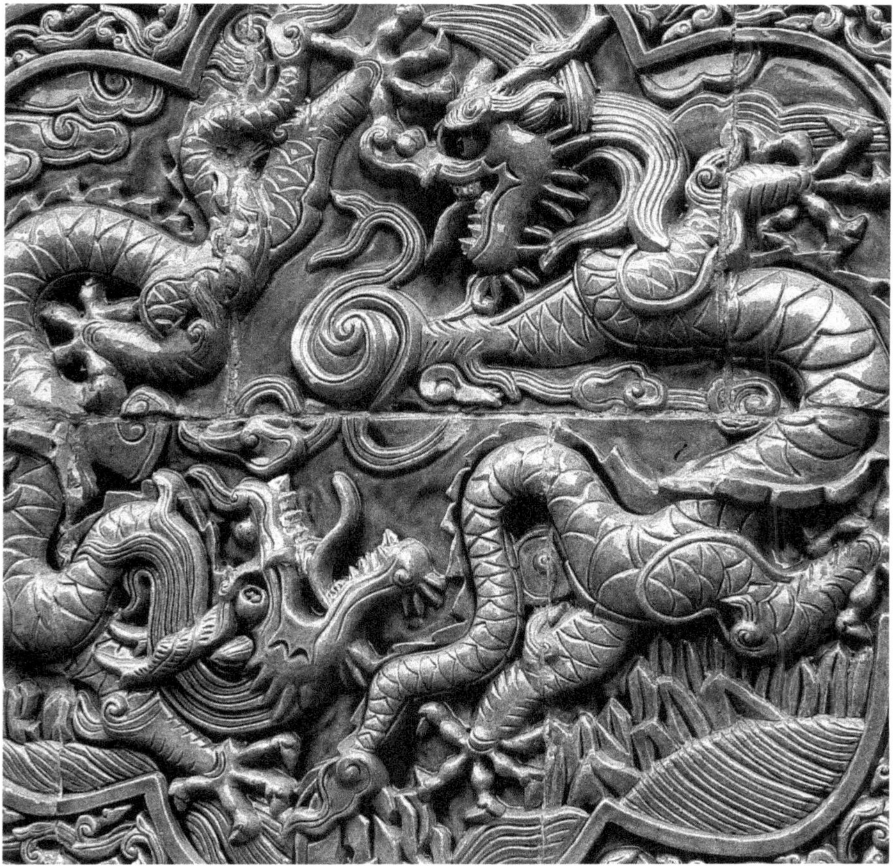

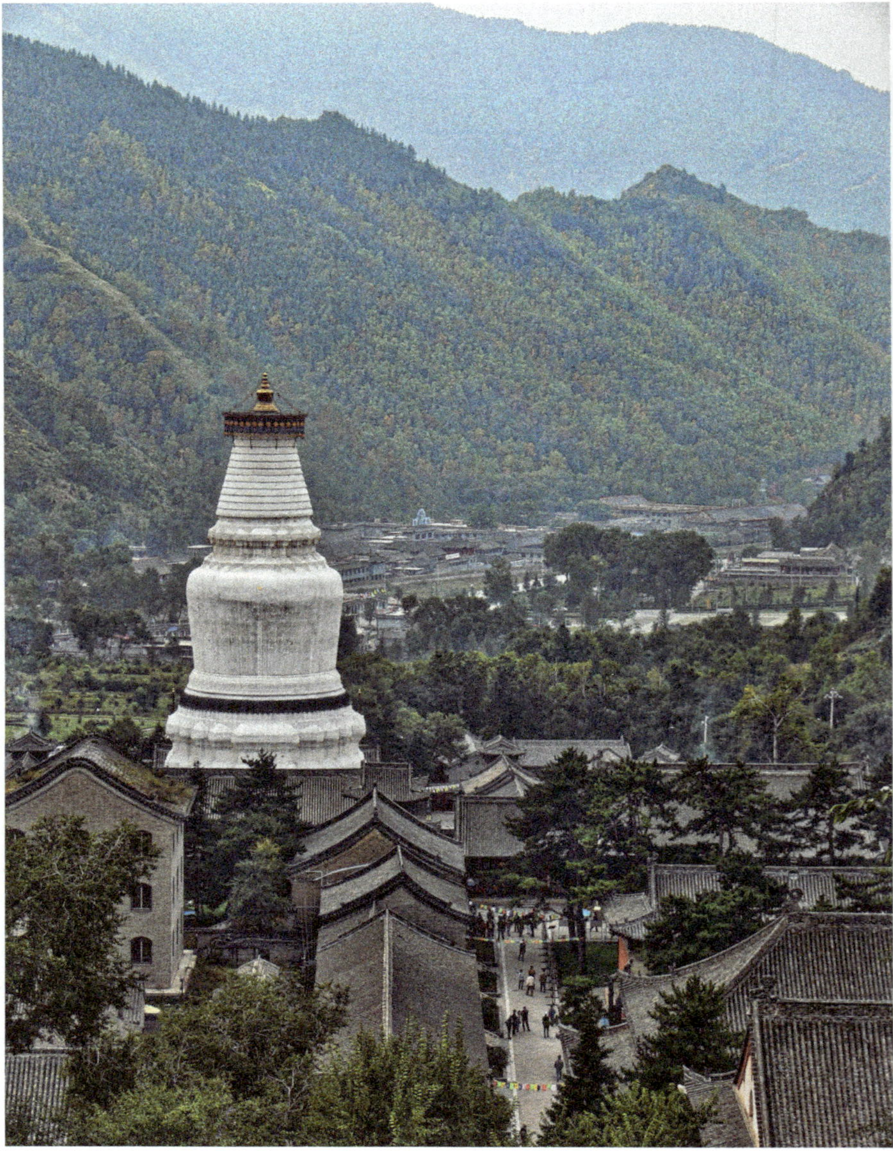

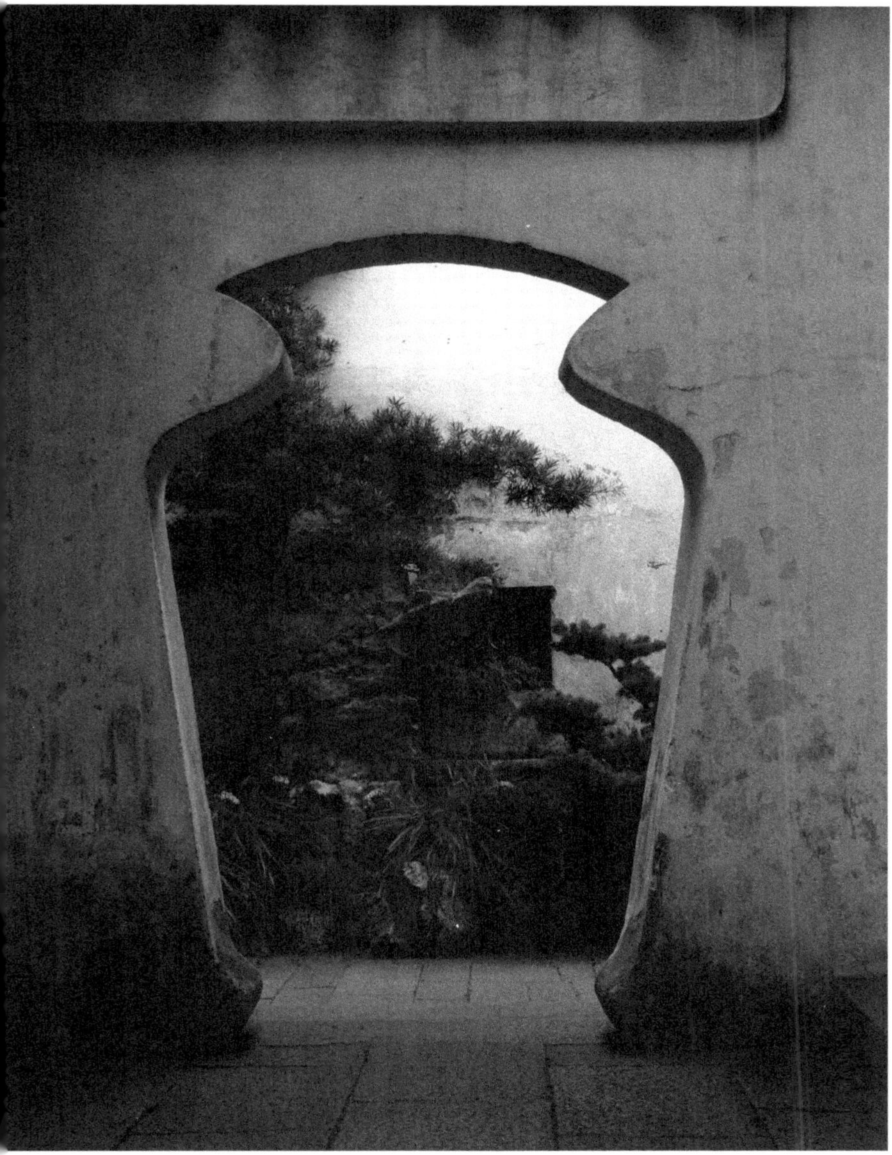

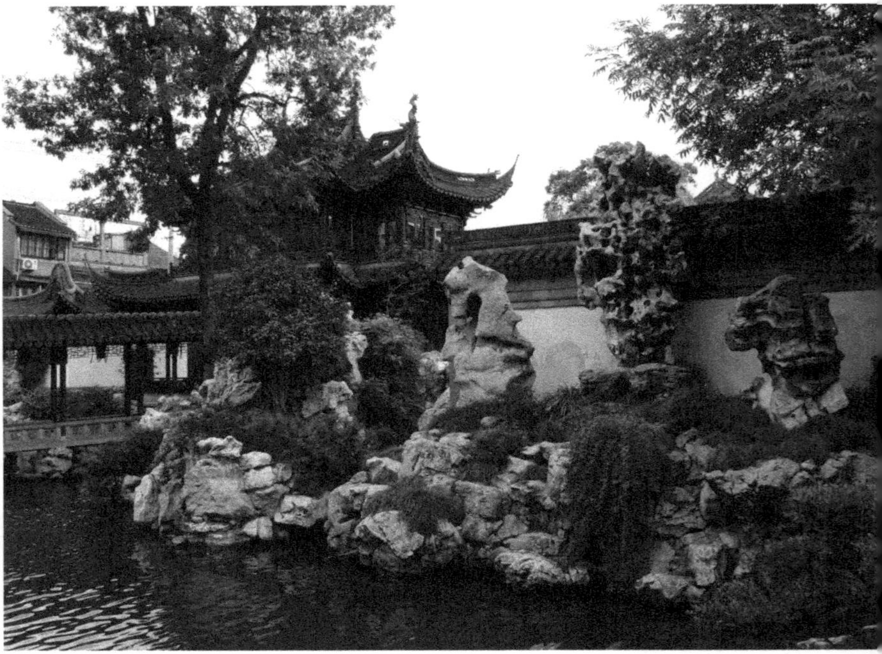

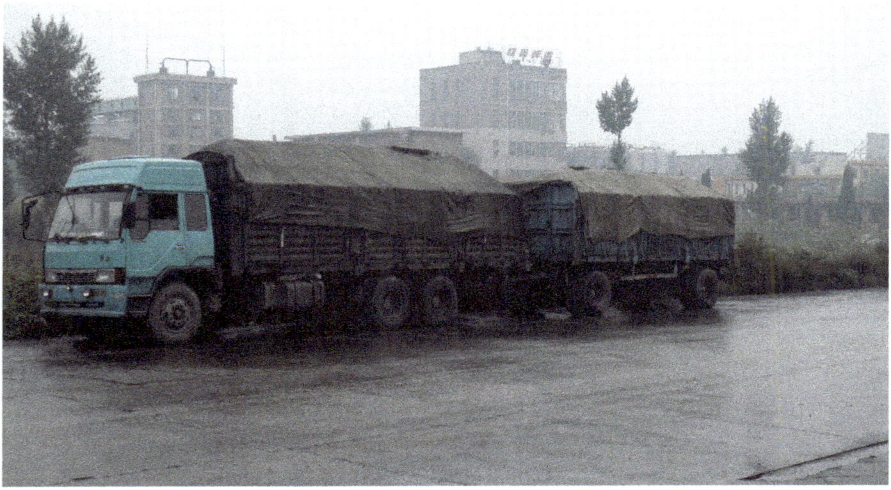

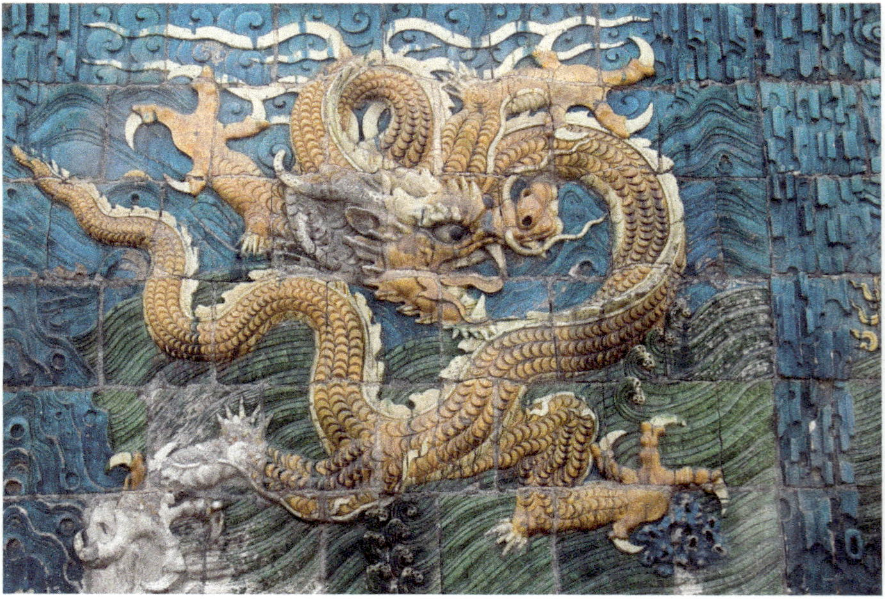

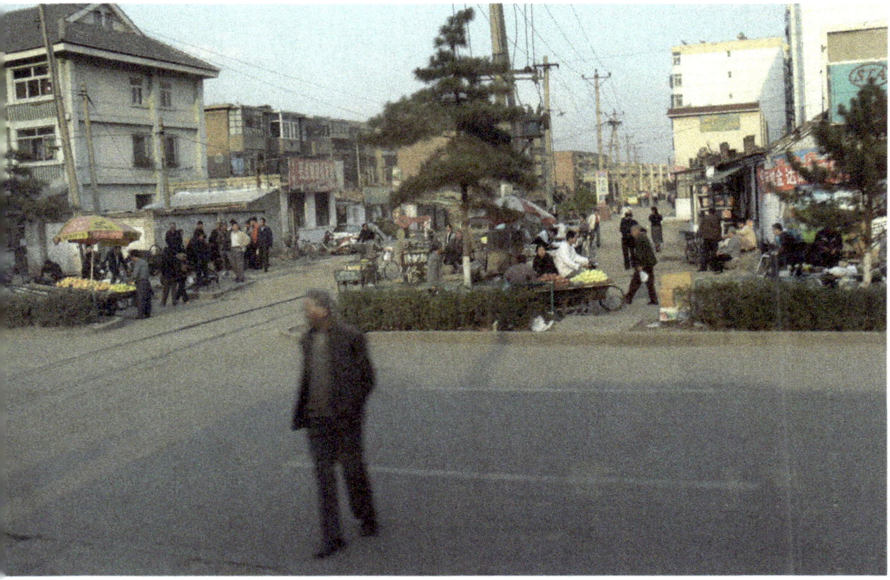

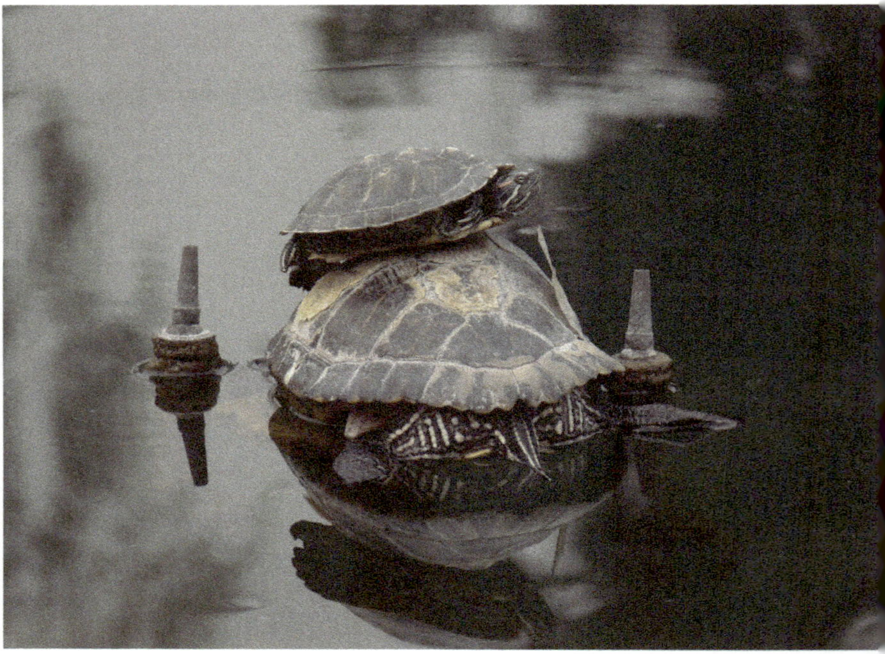

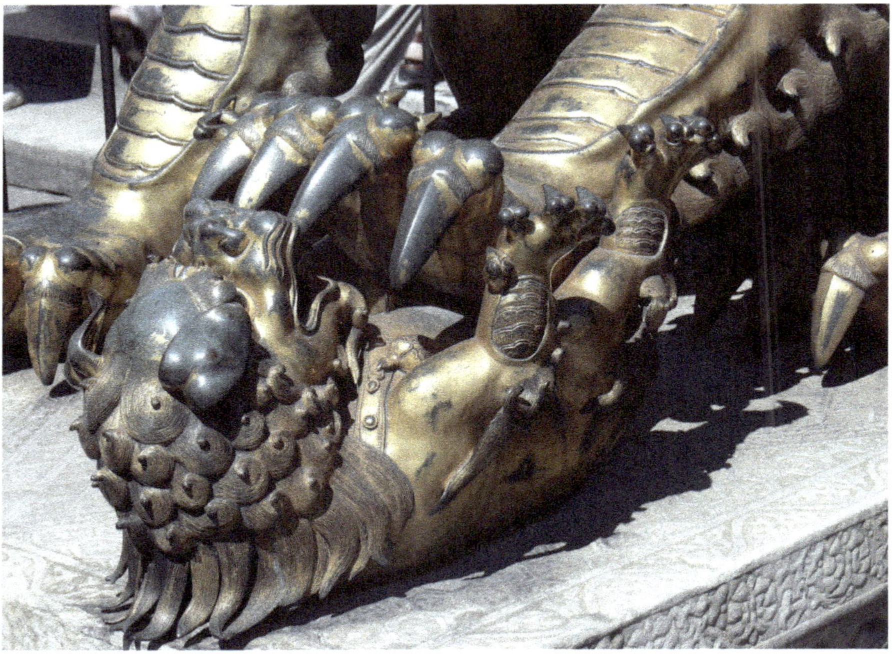

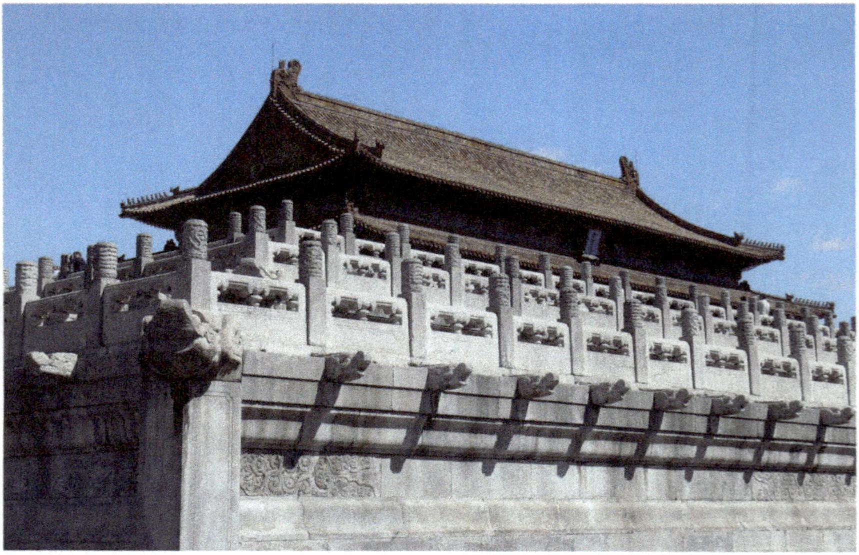

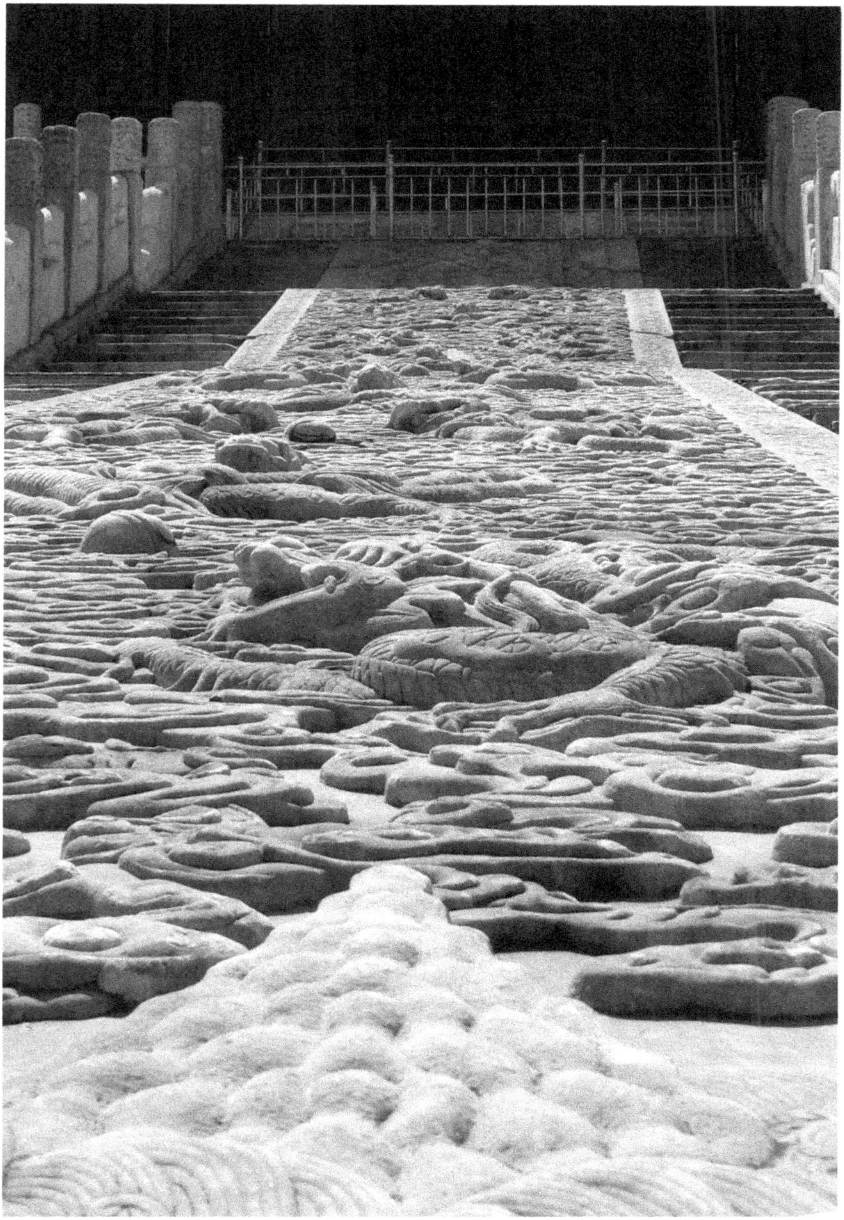

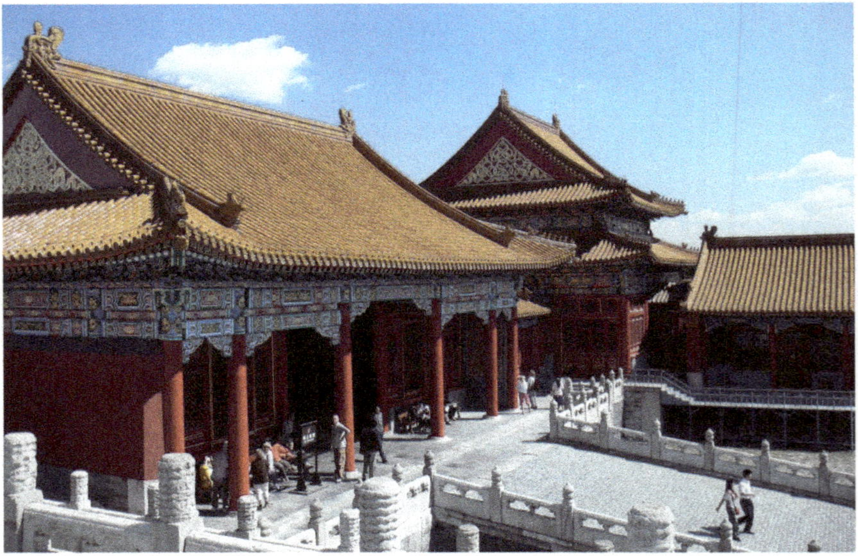

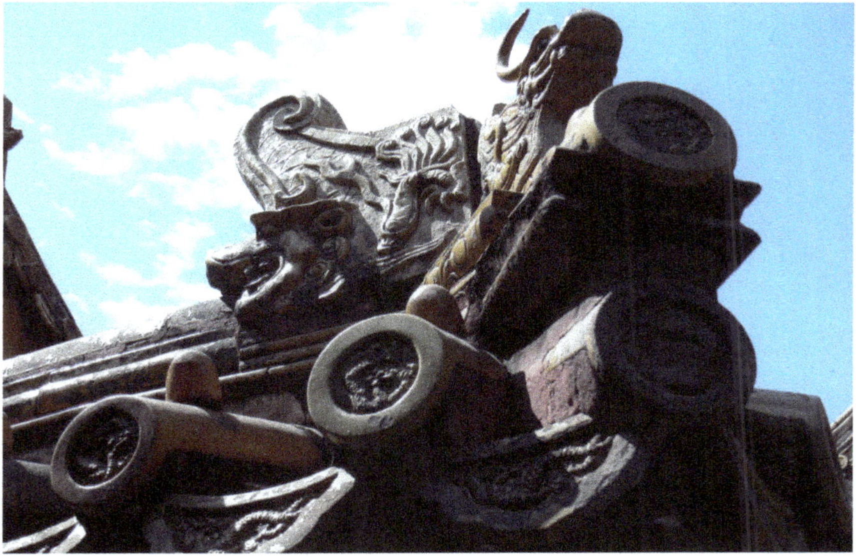

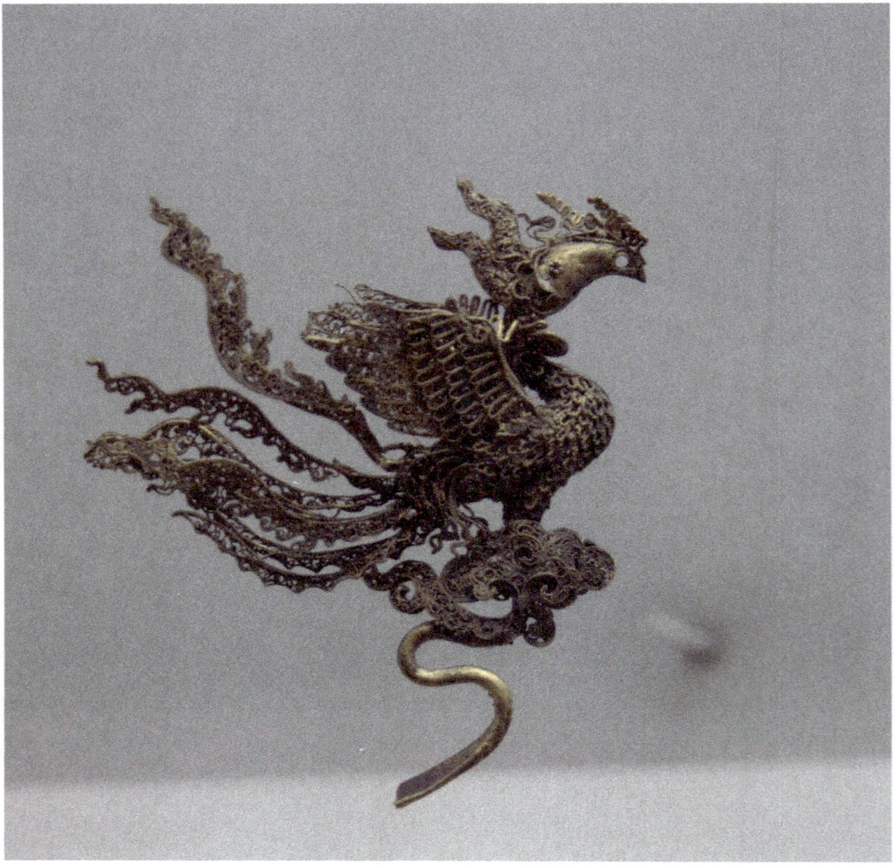

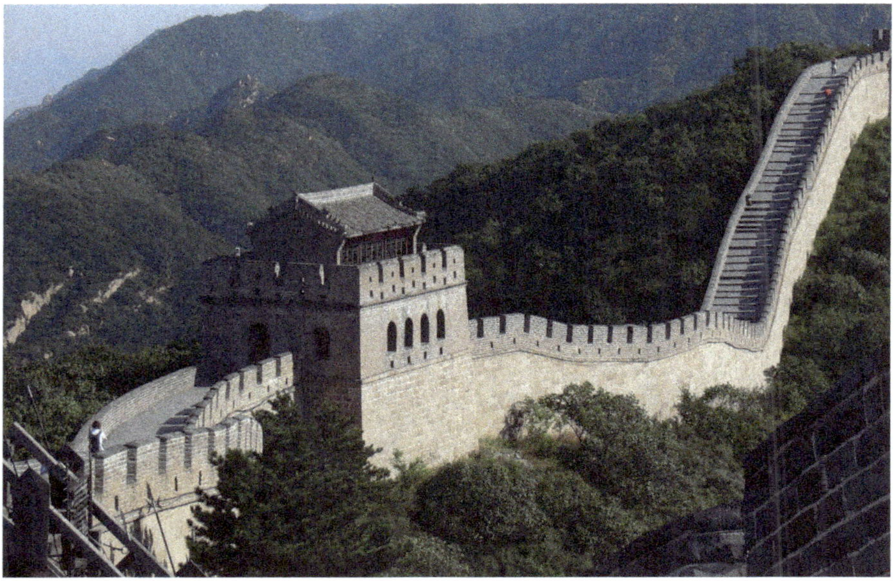

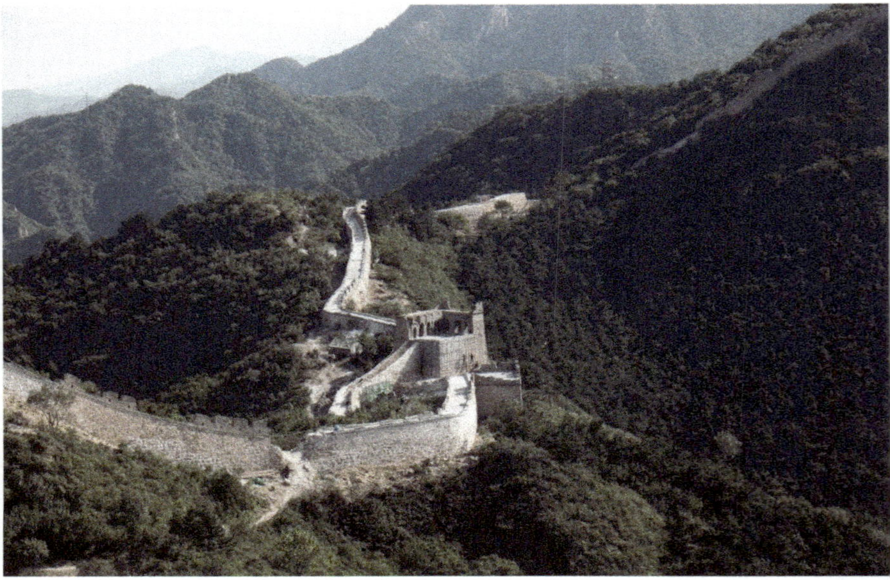

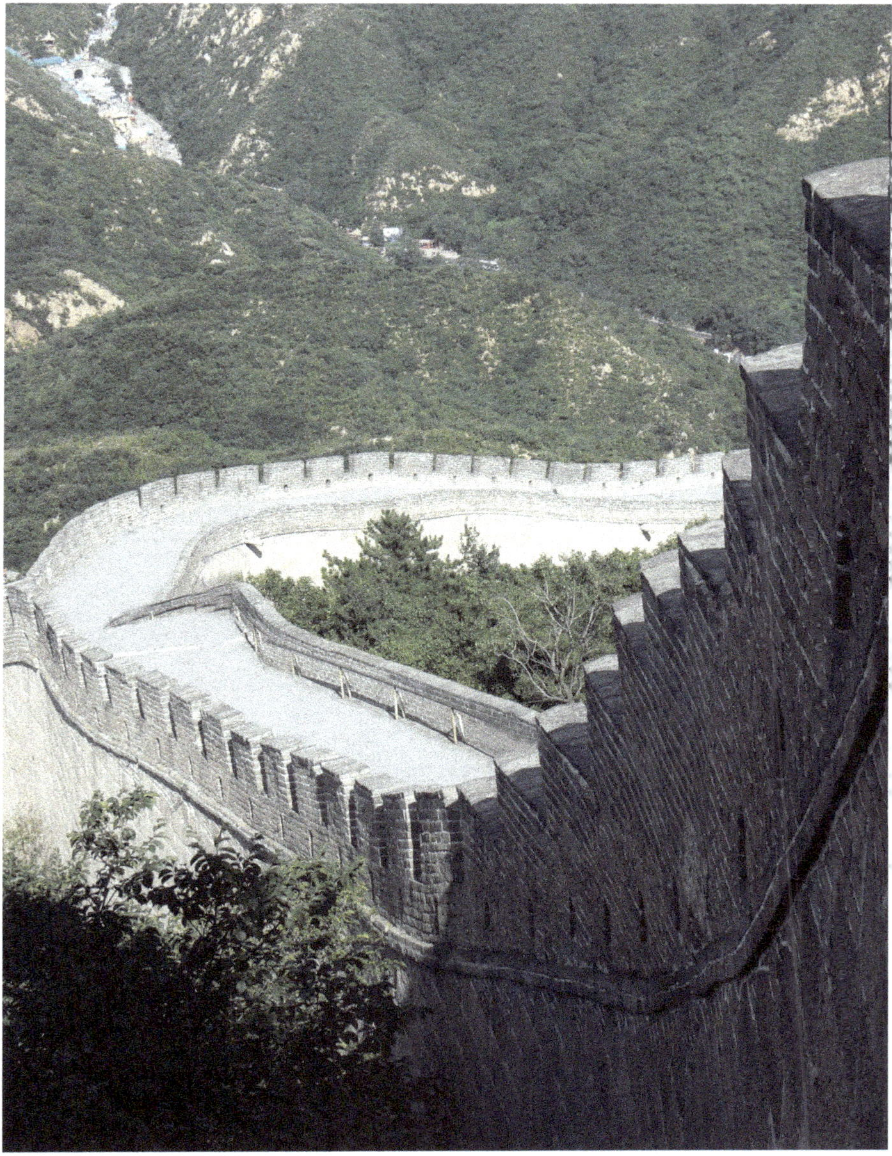

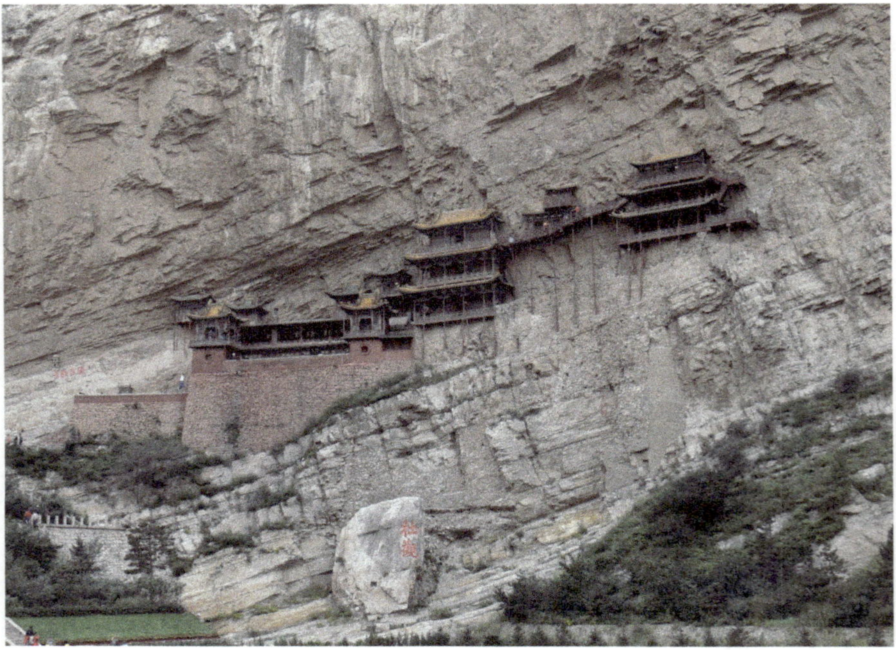

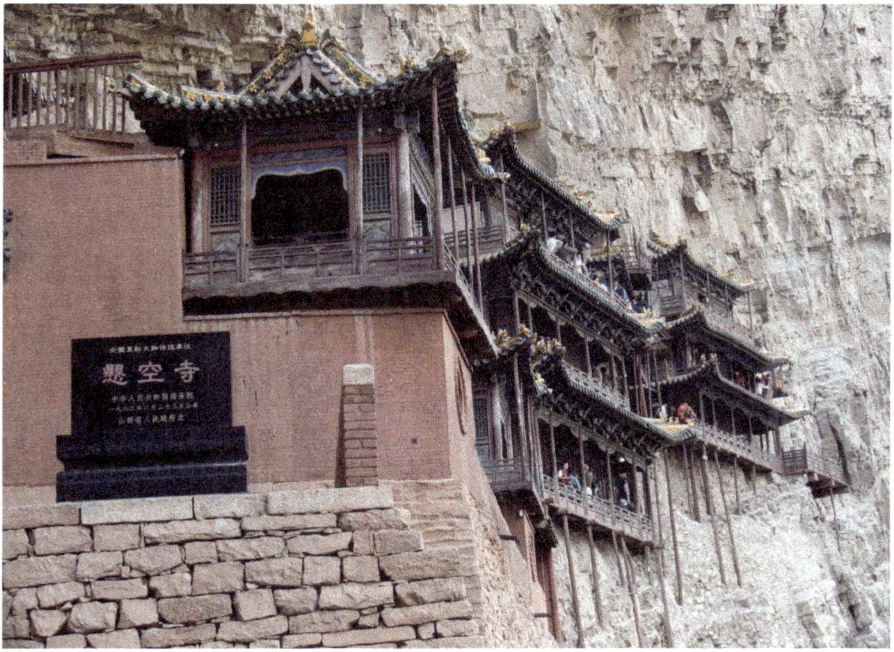
懸空寺

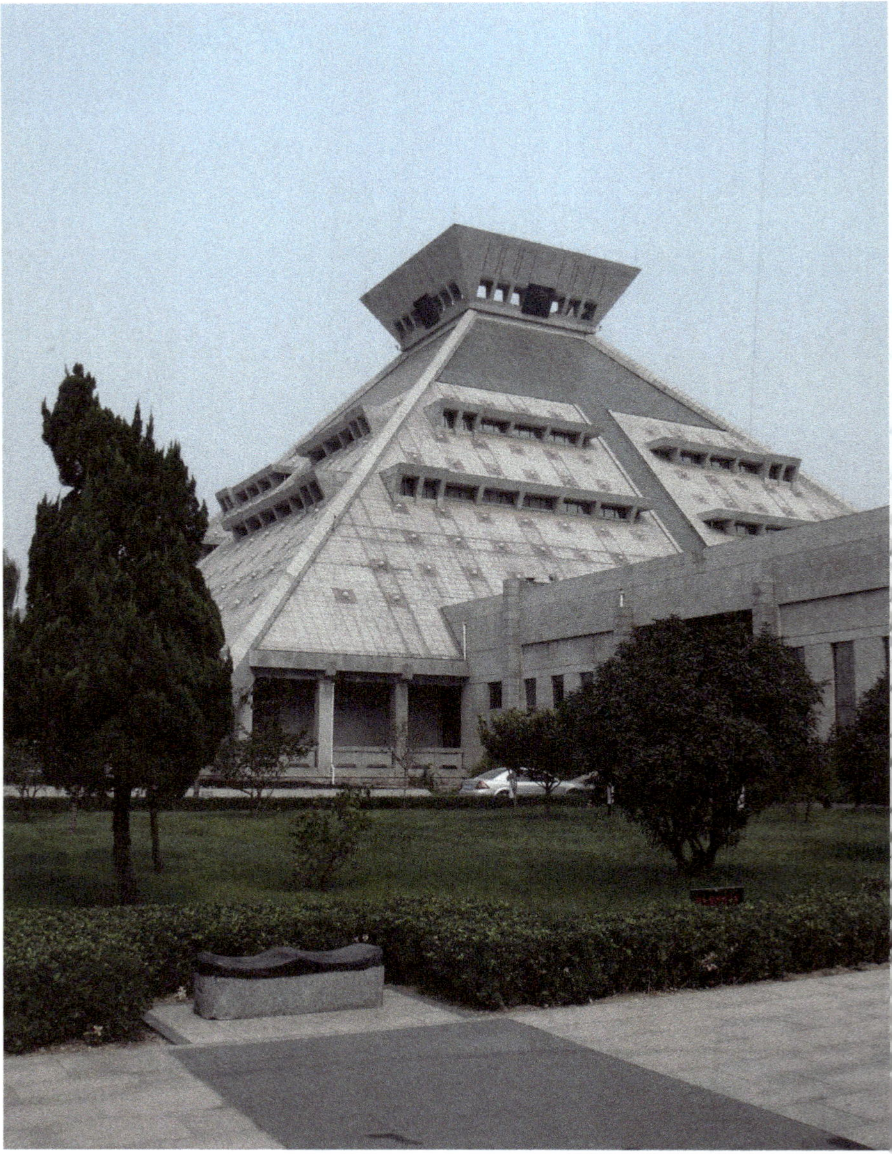

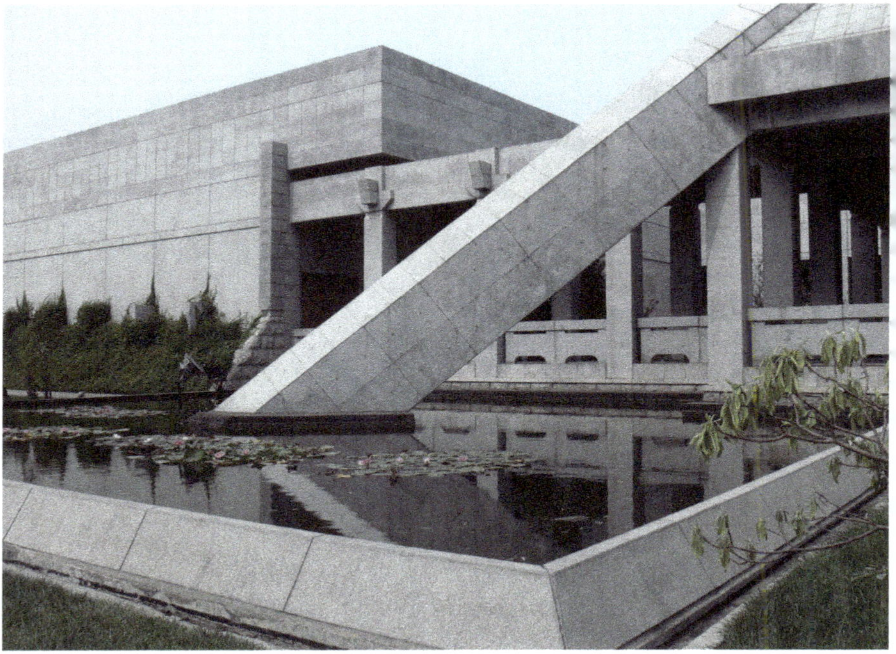

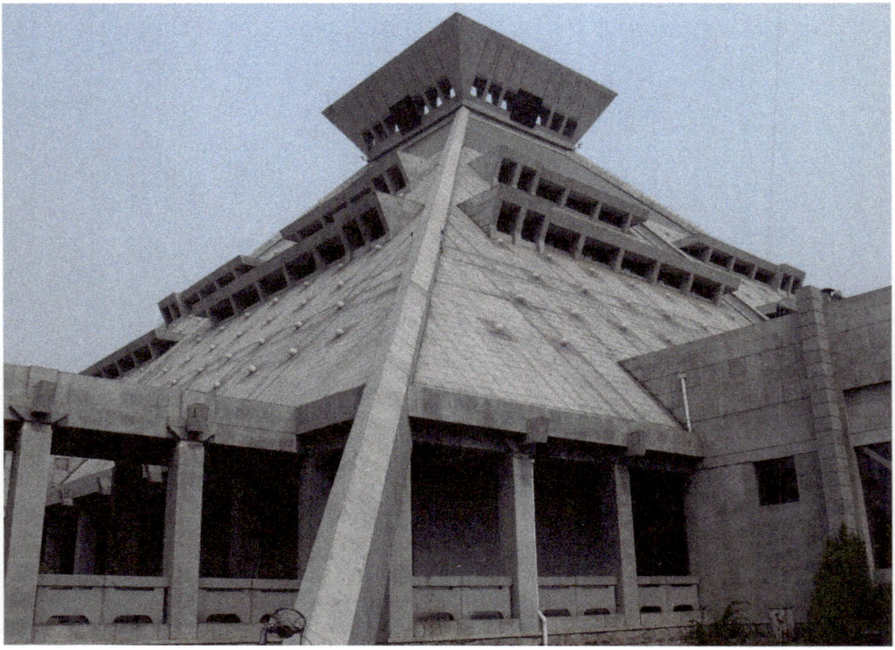

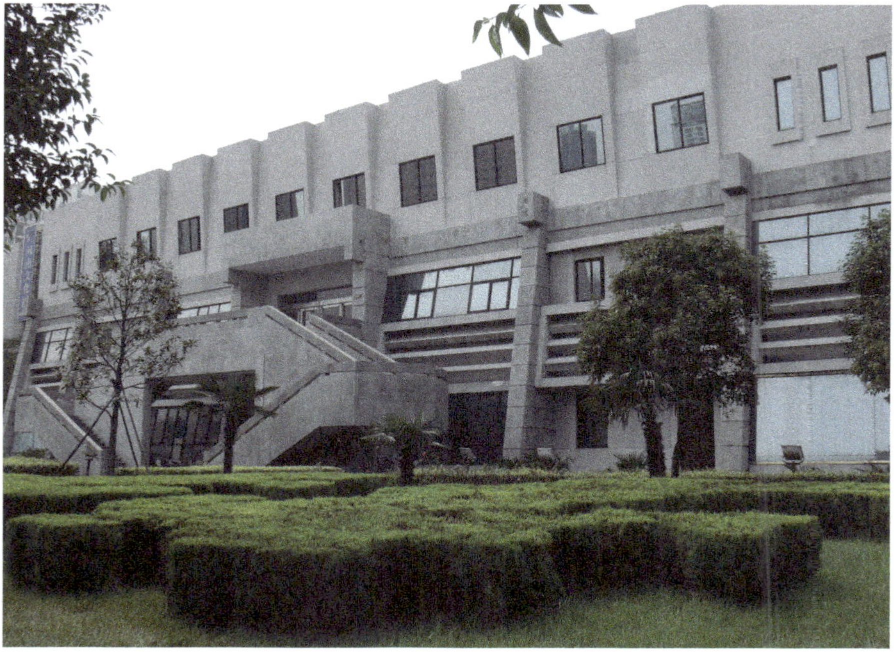

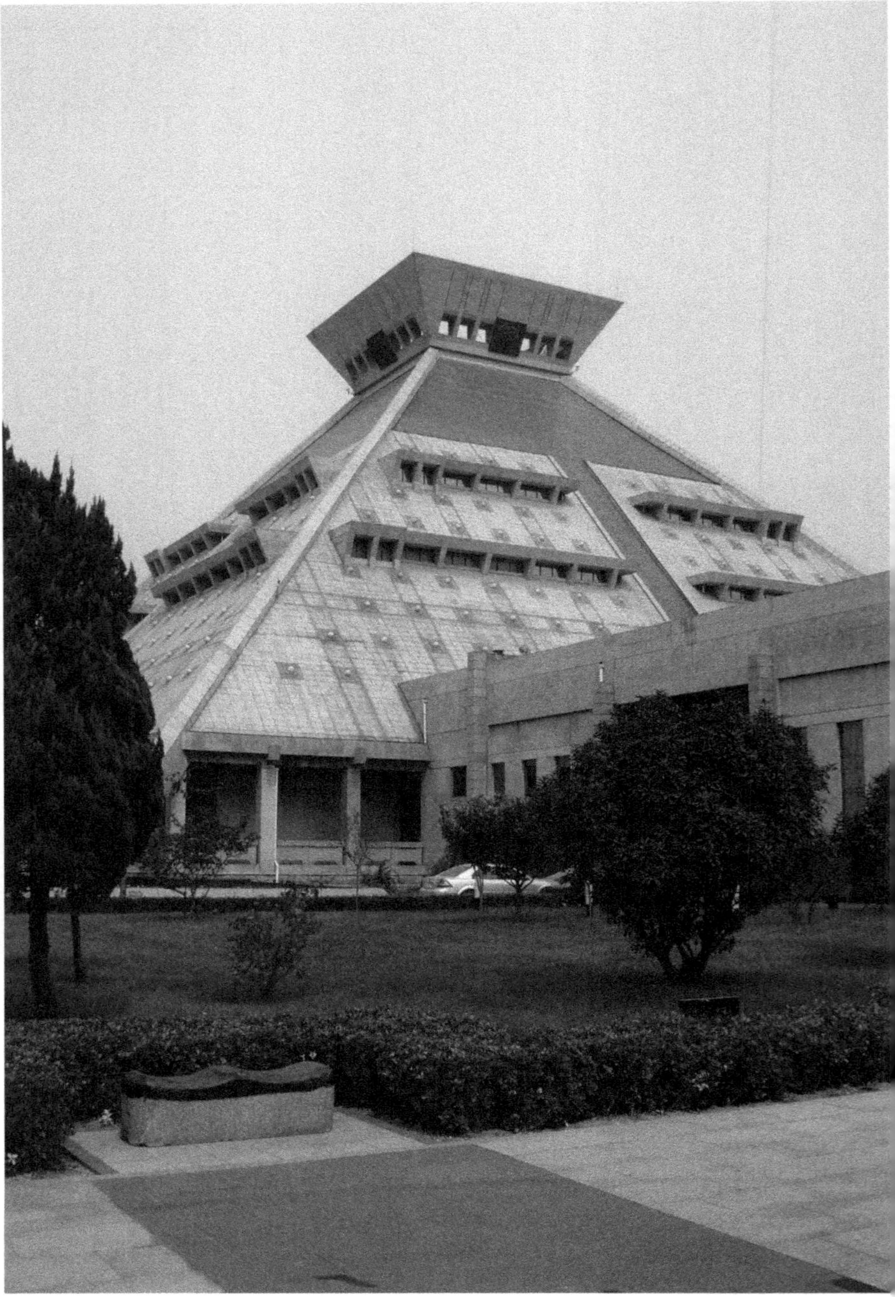

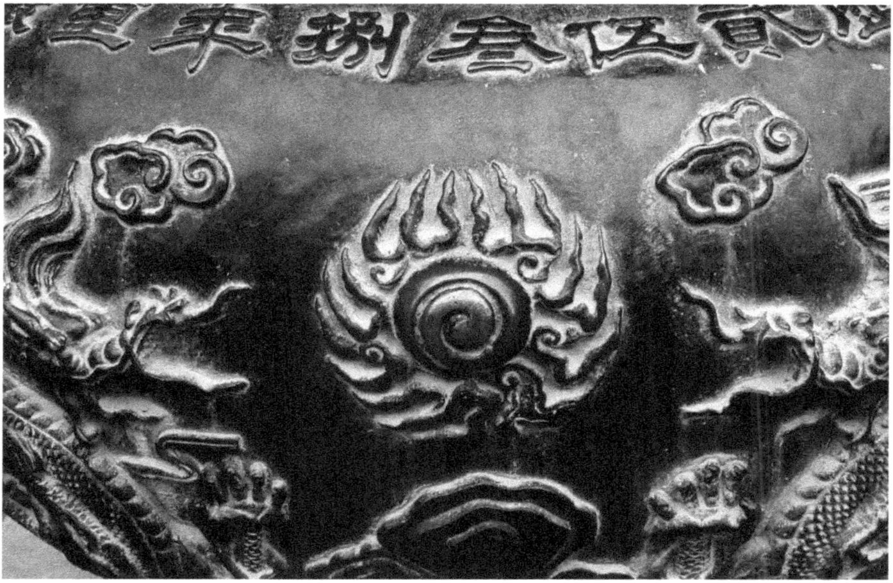
年 捌 叁 伍 貳

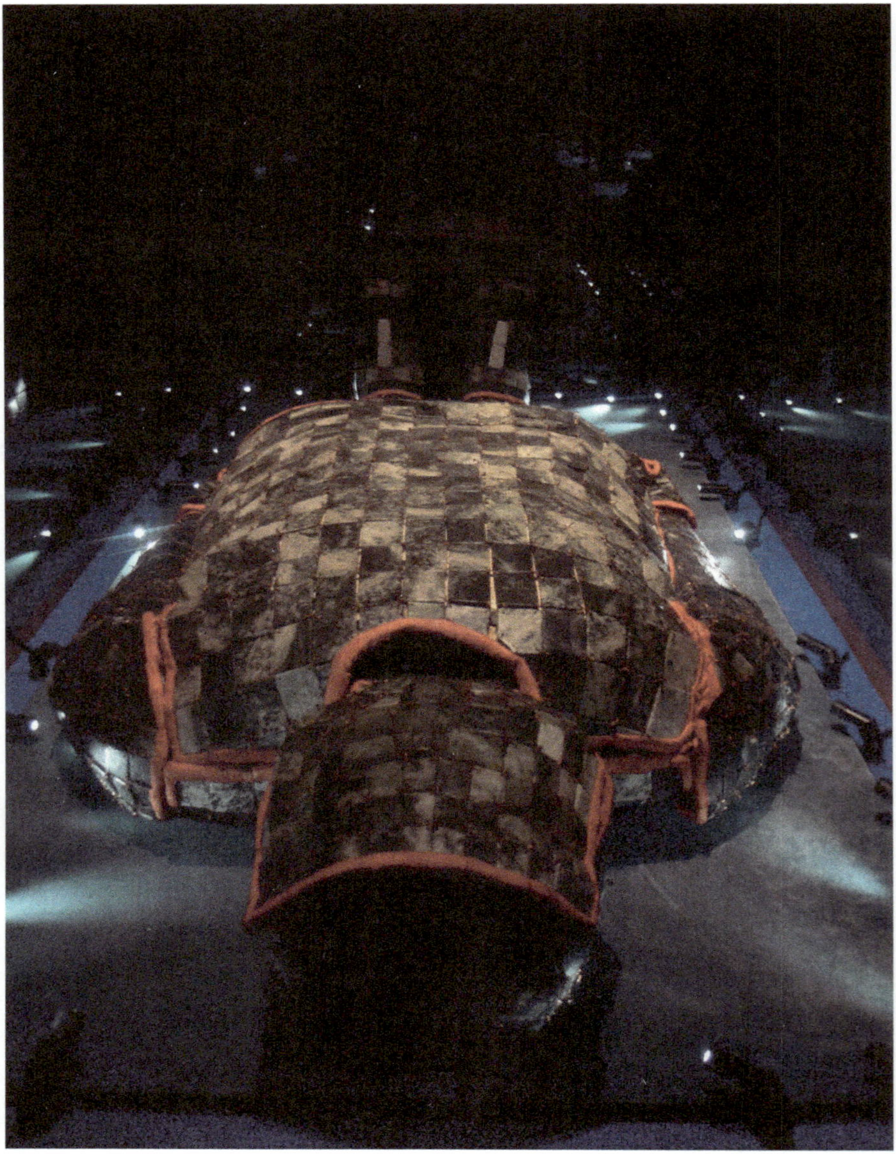

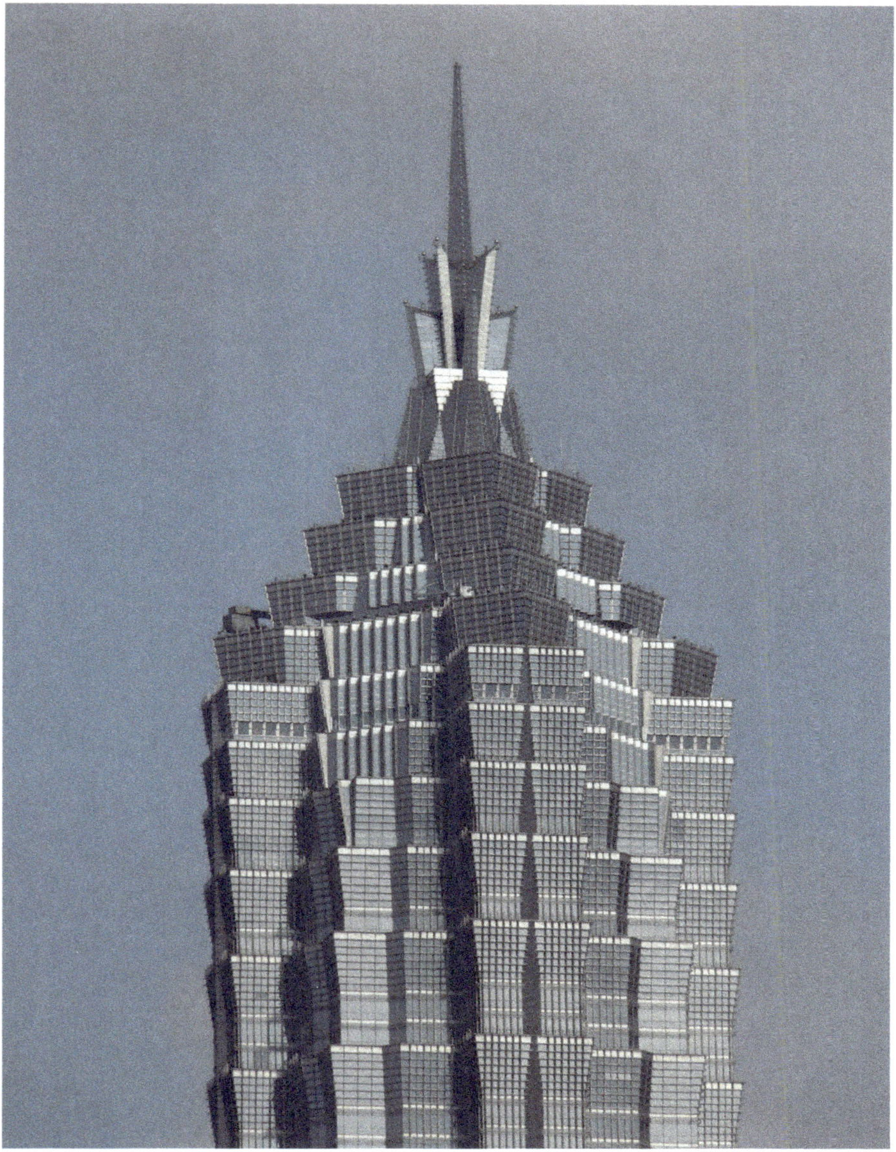

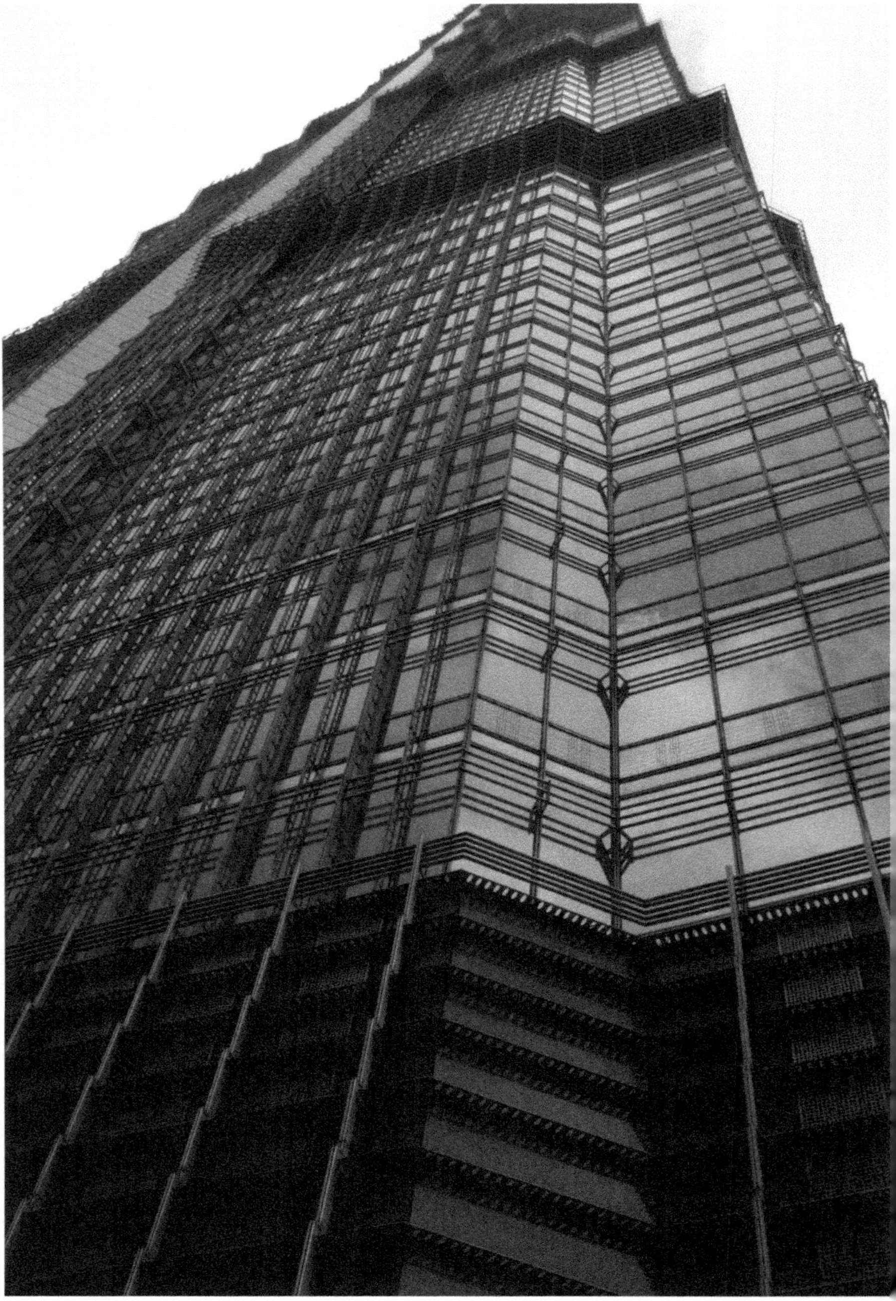

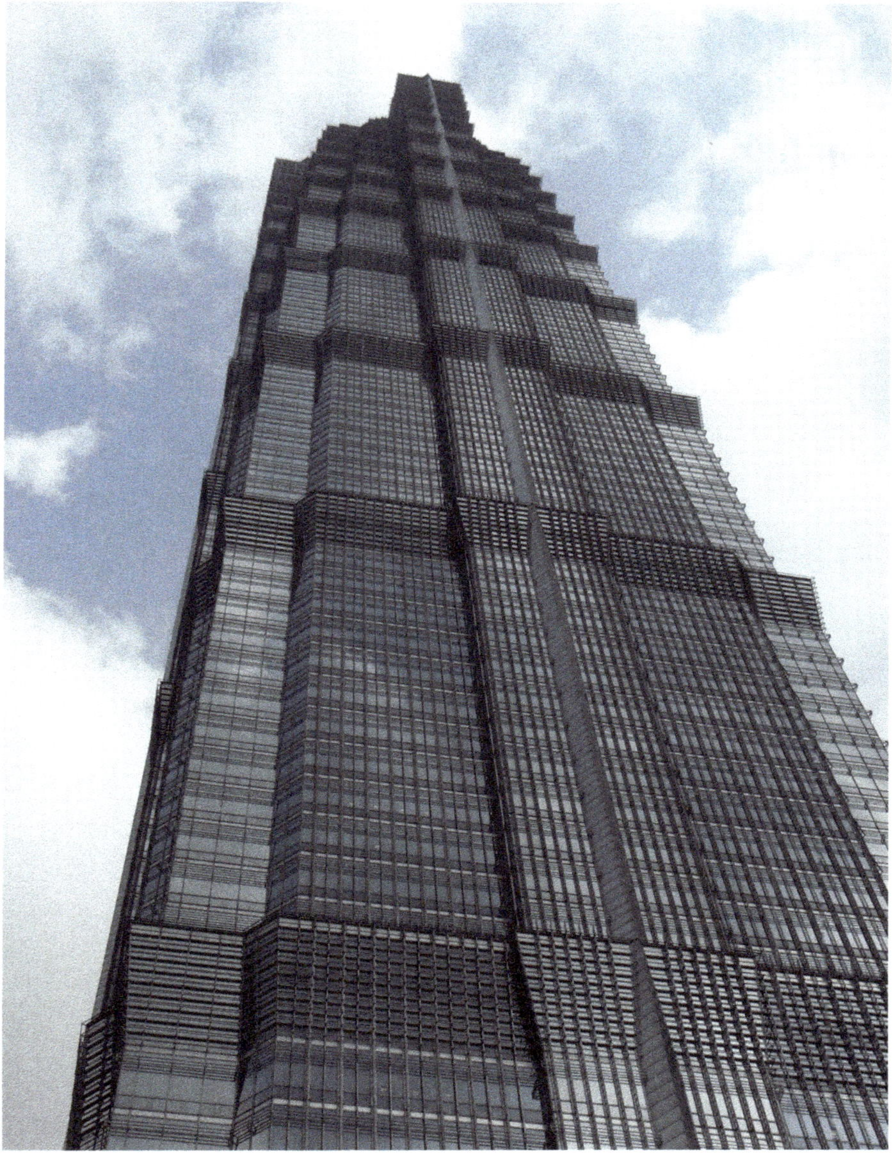

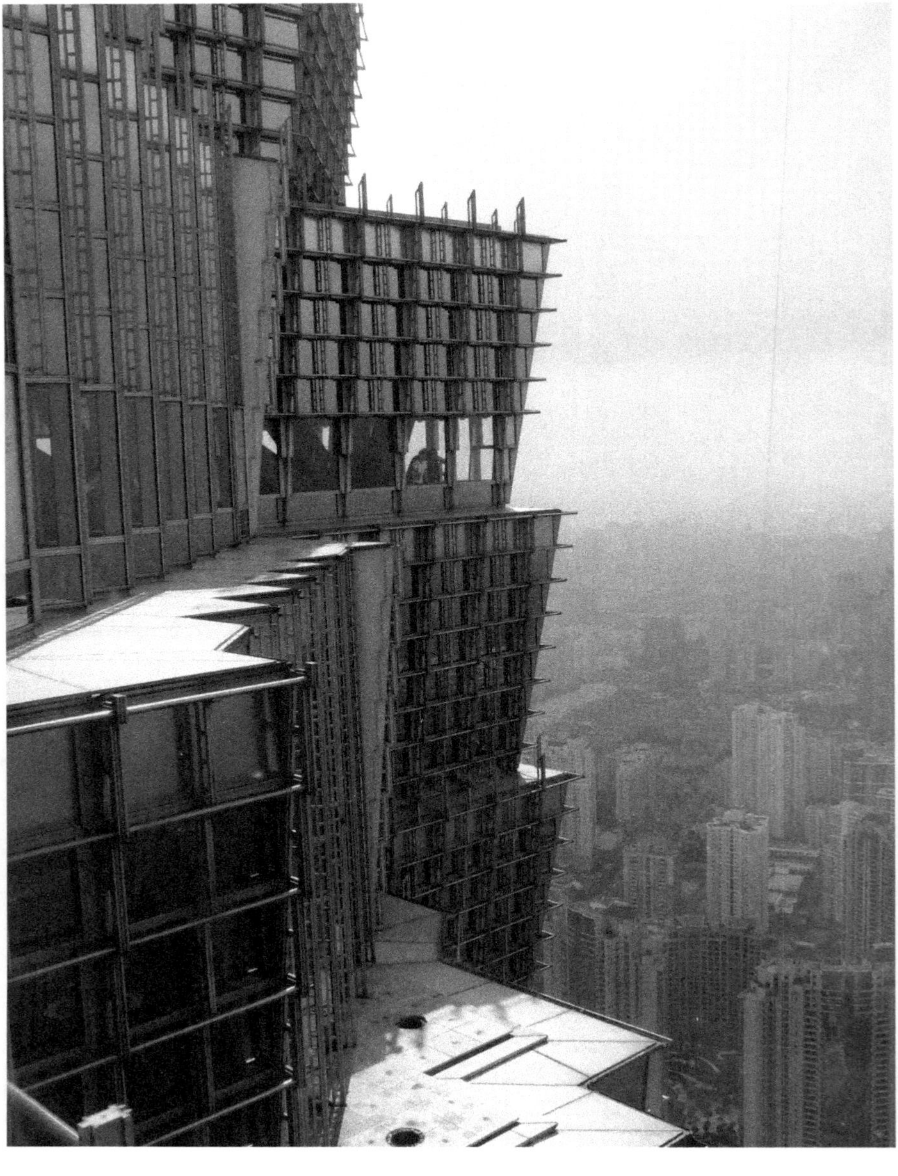

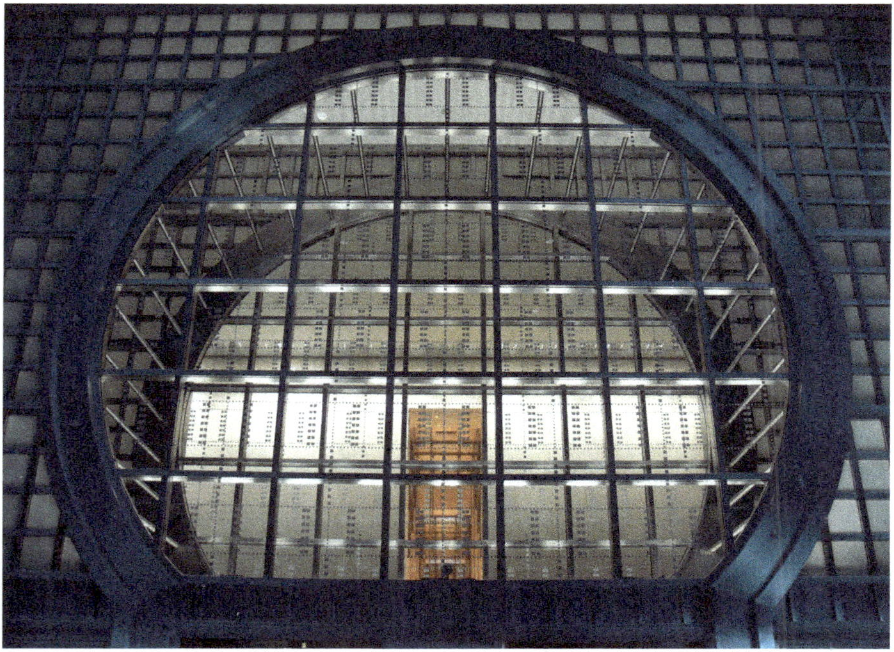

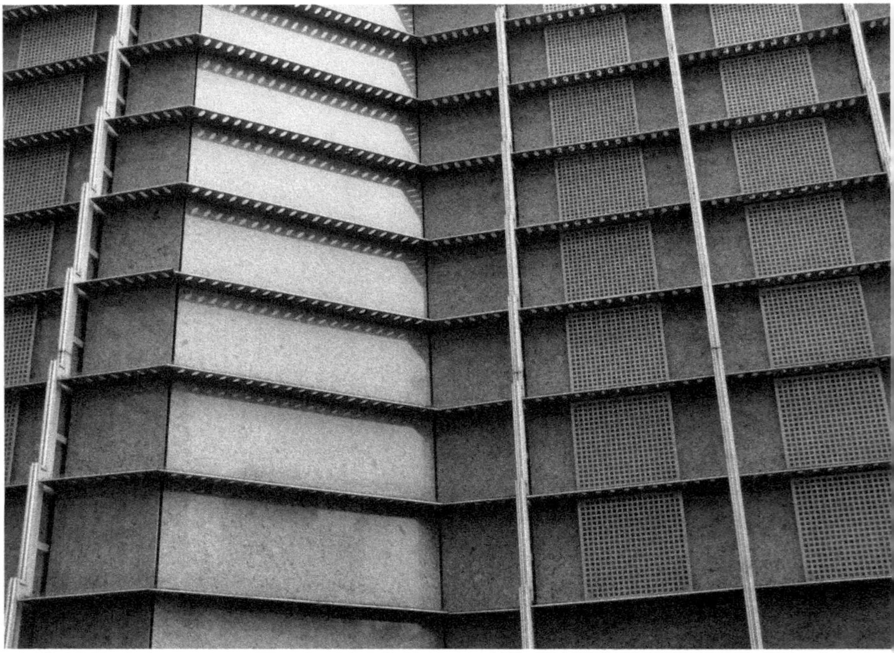

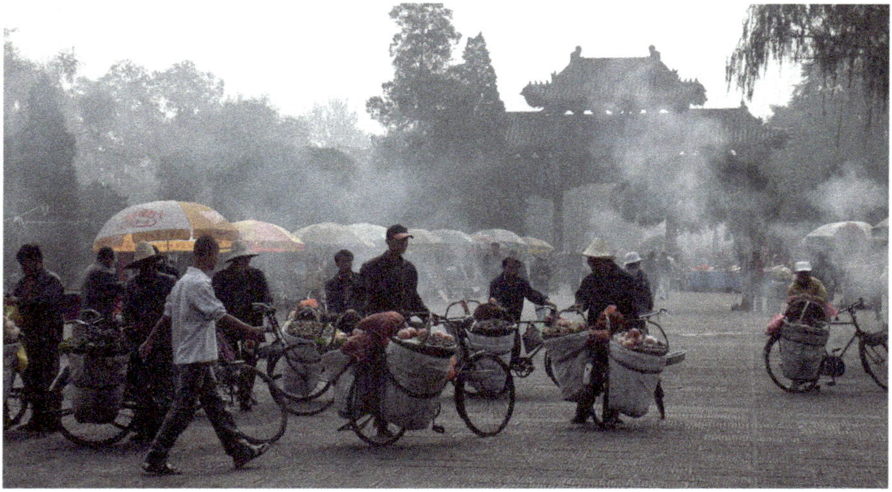

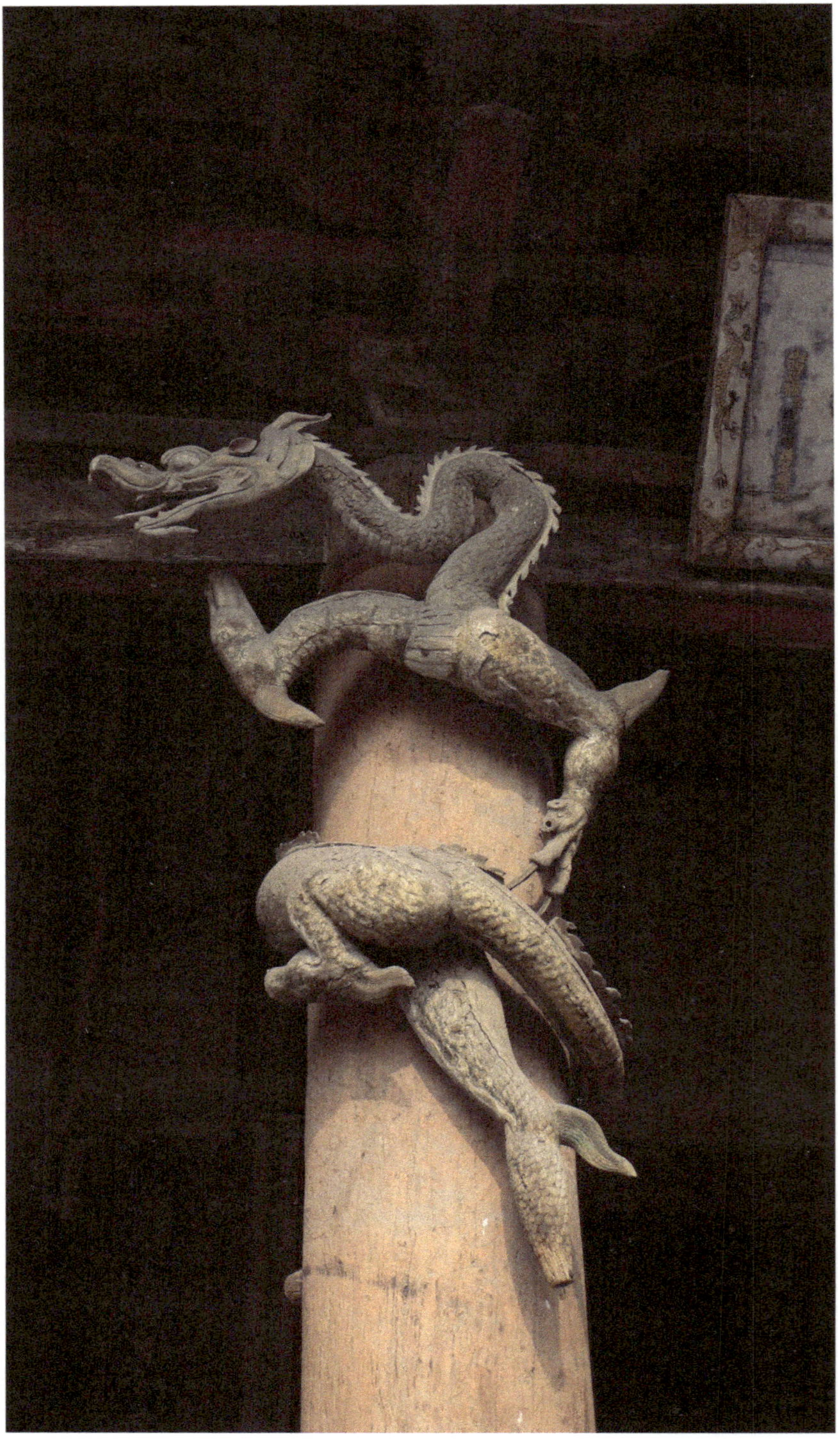

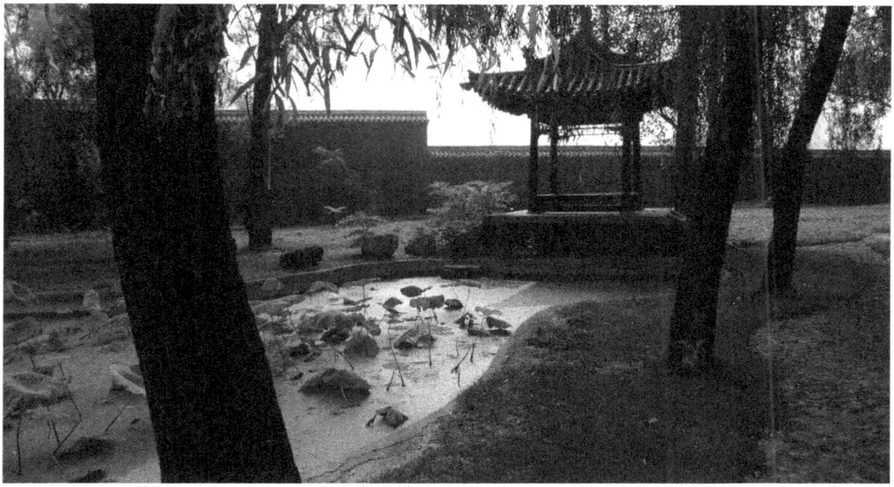

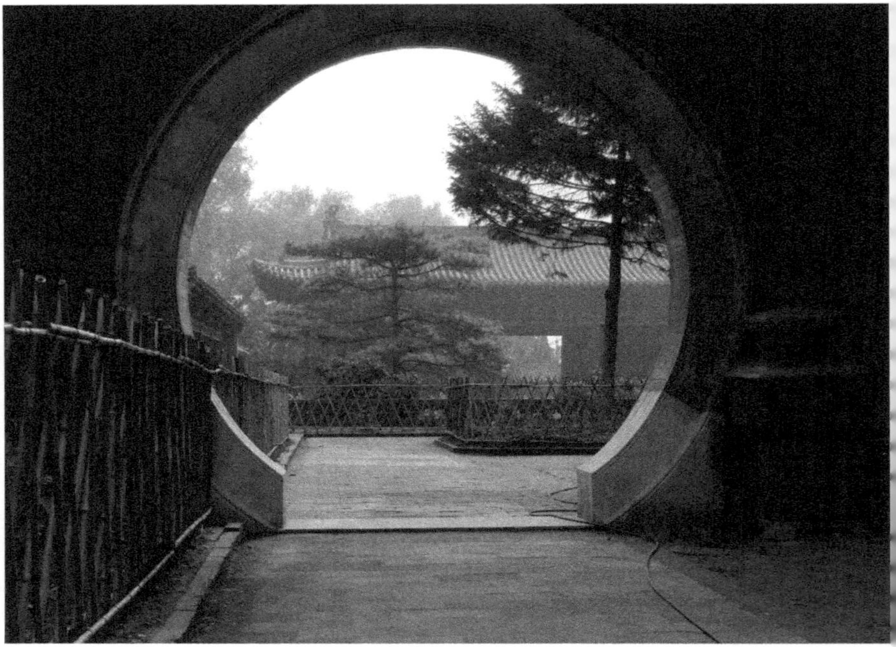

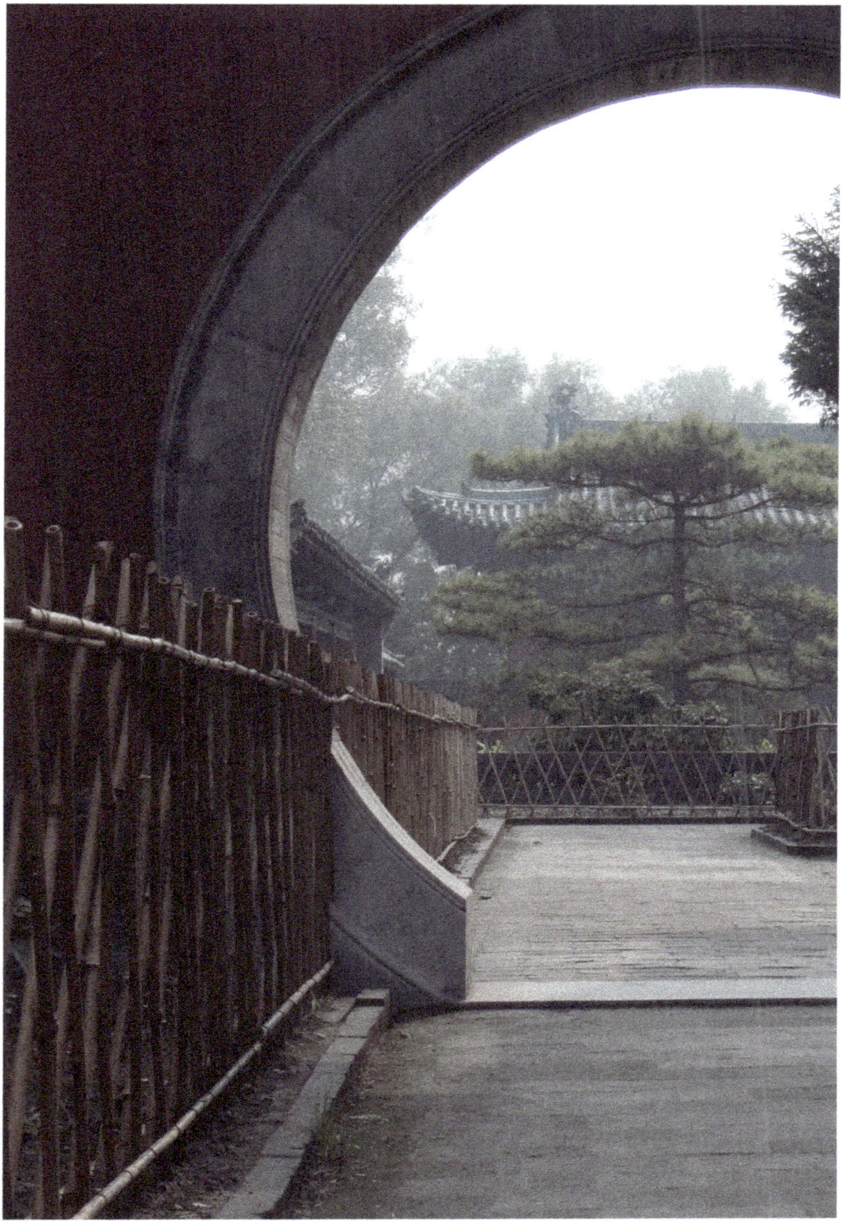

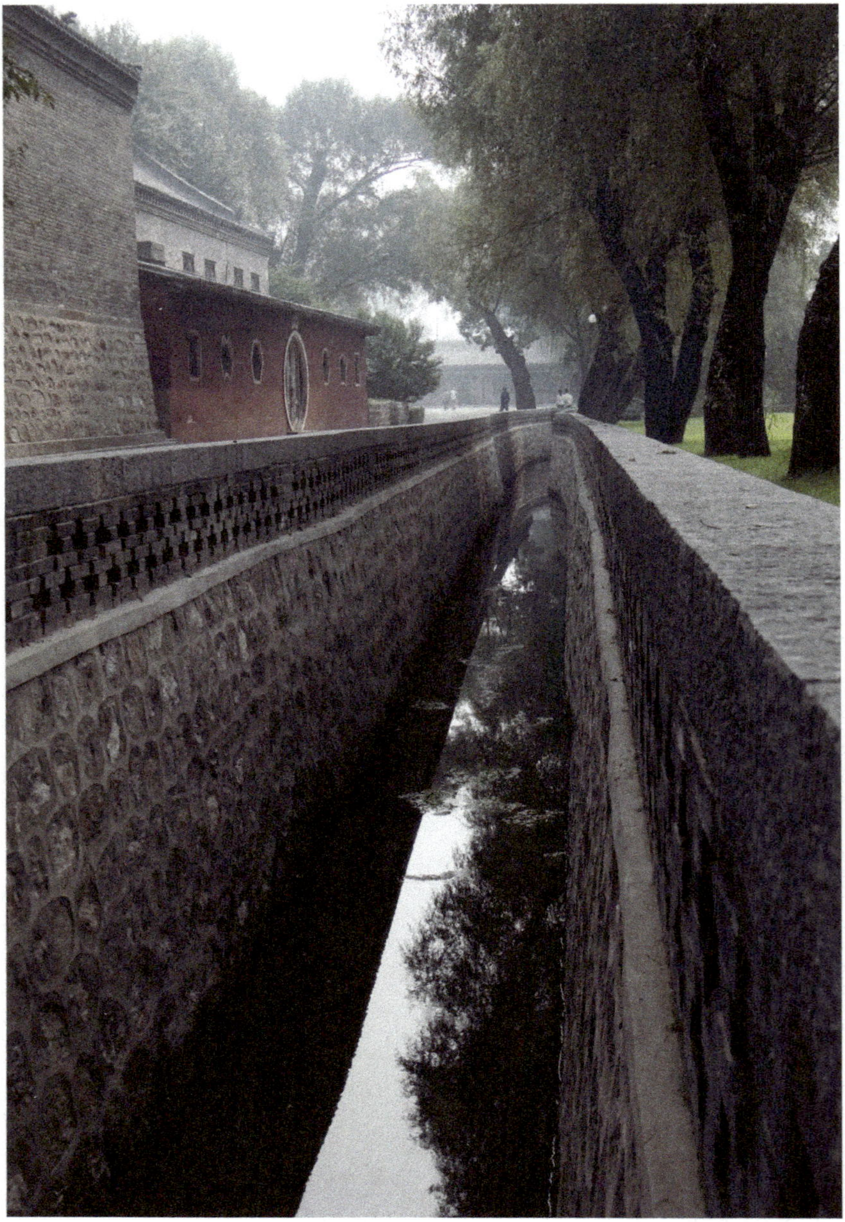

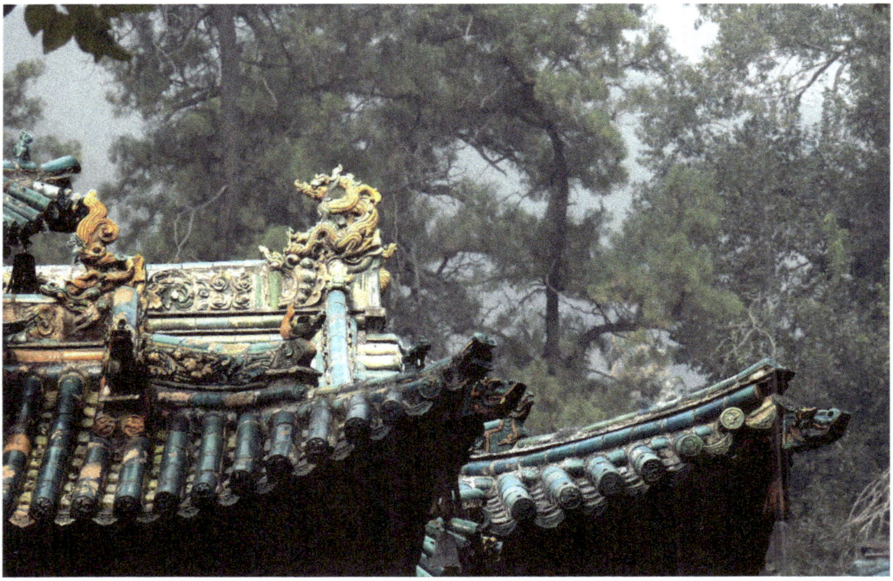

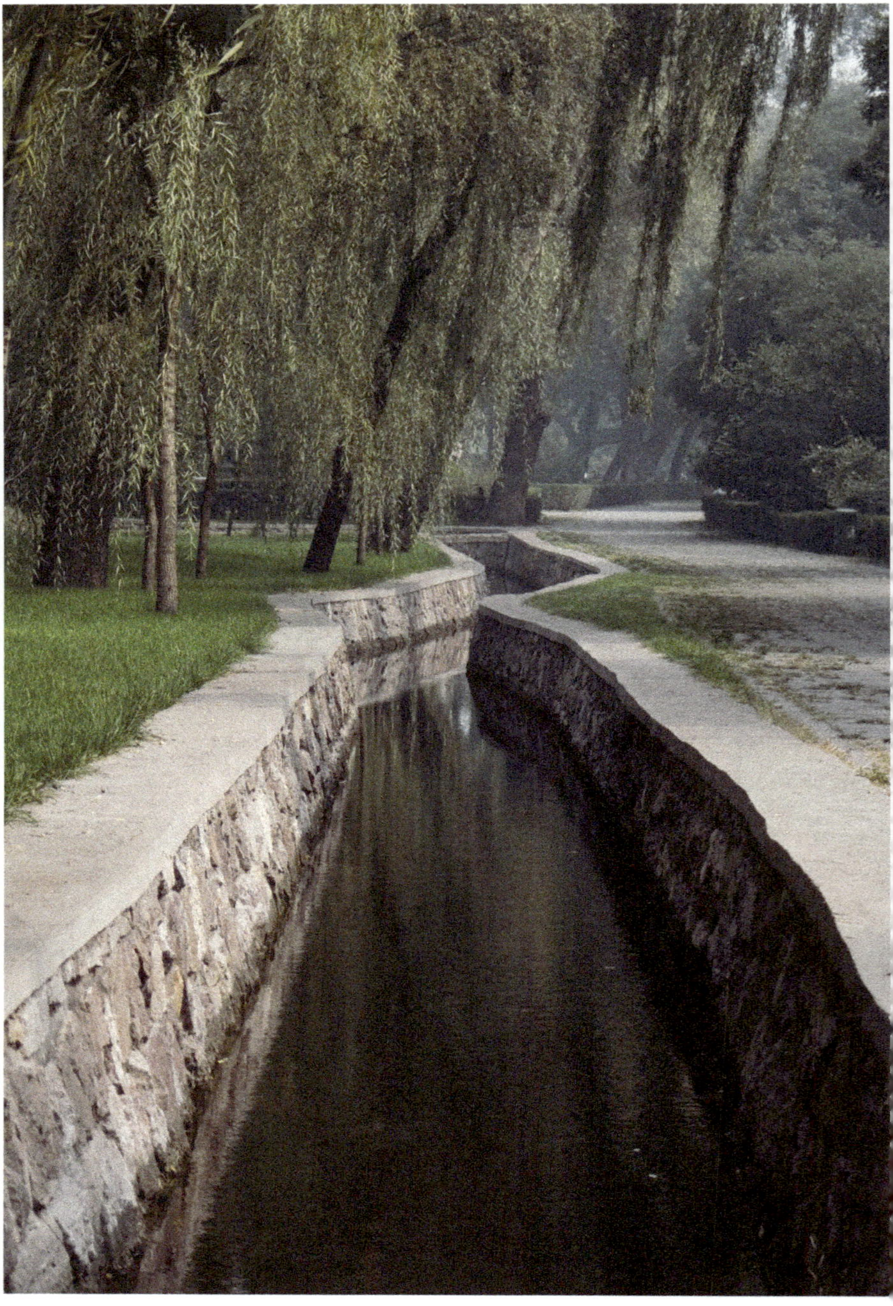

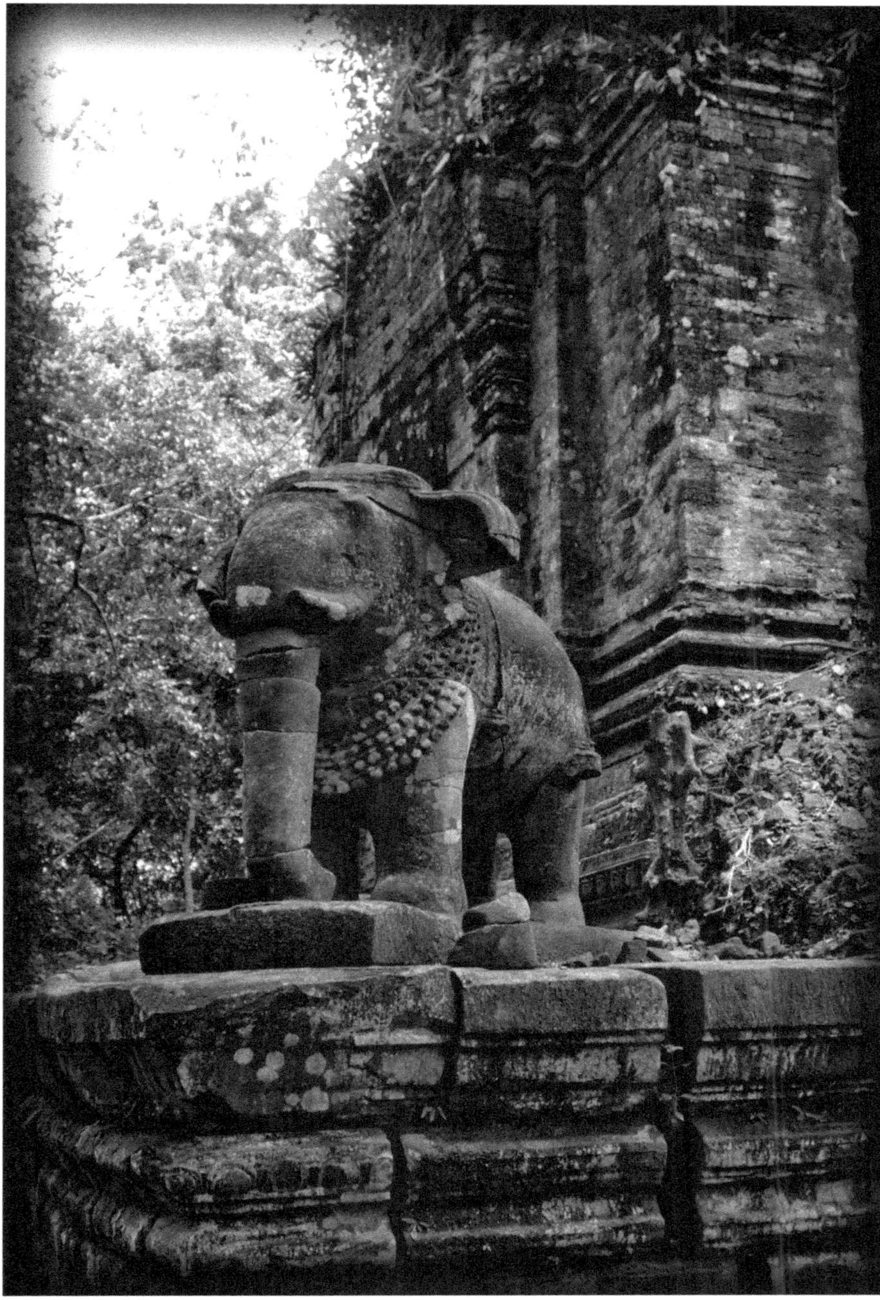

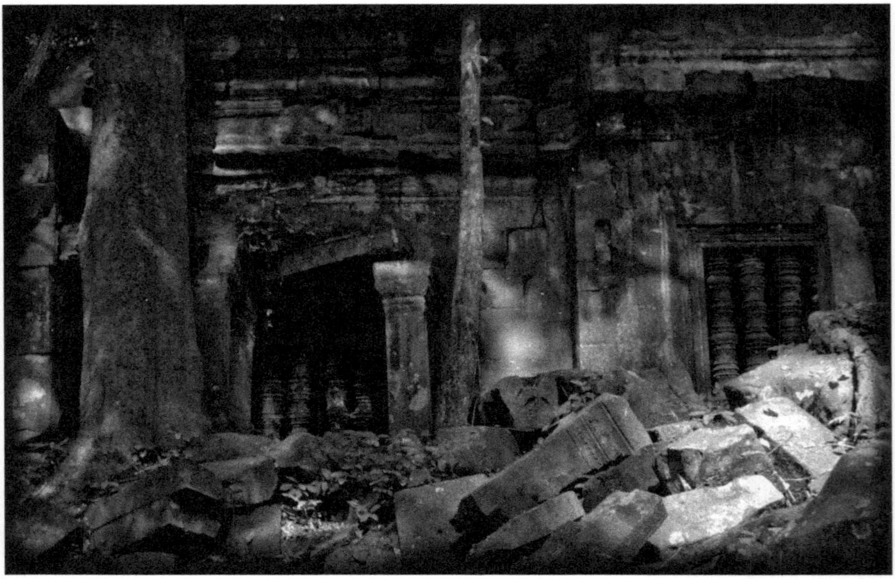

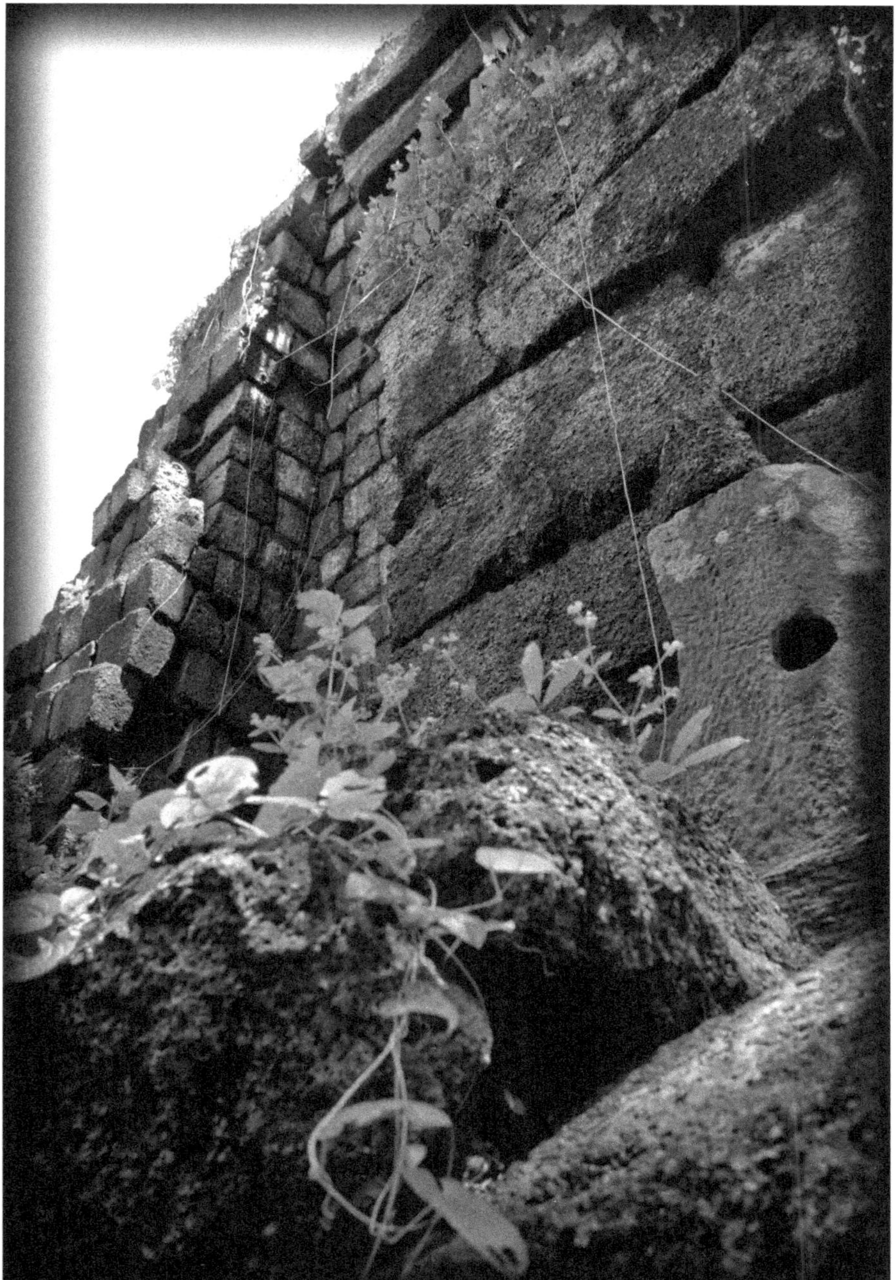

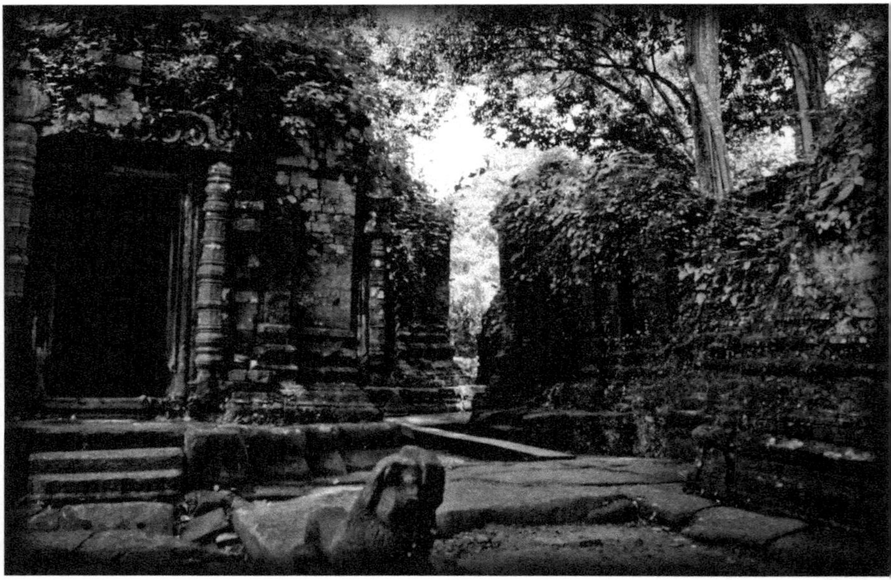

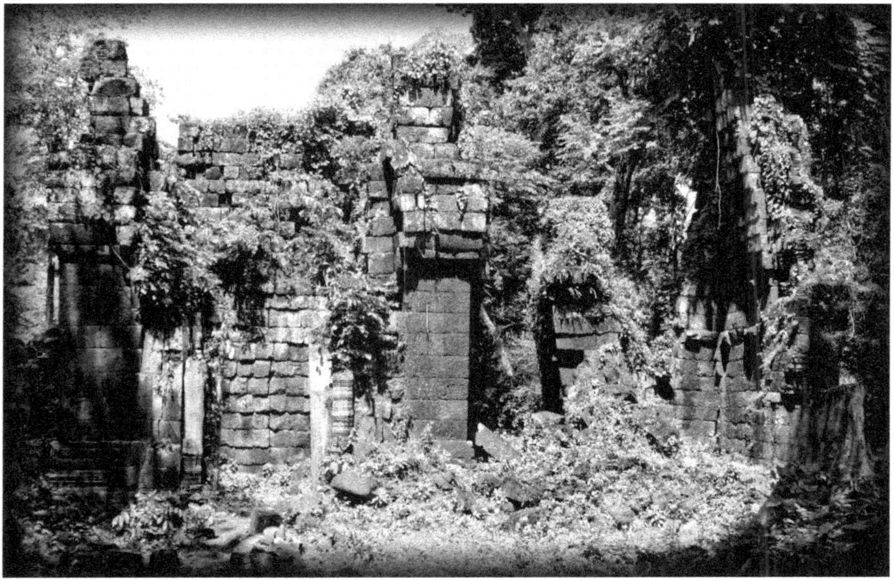

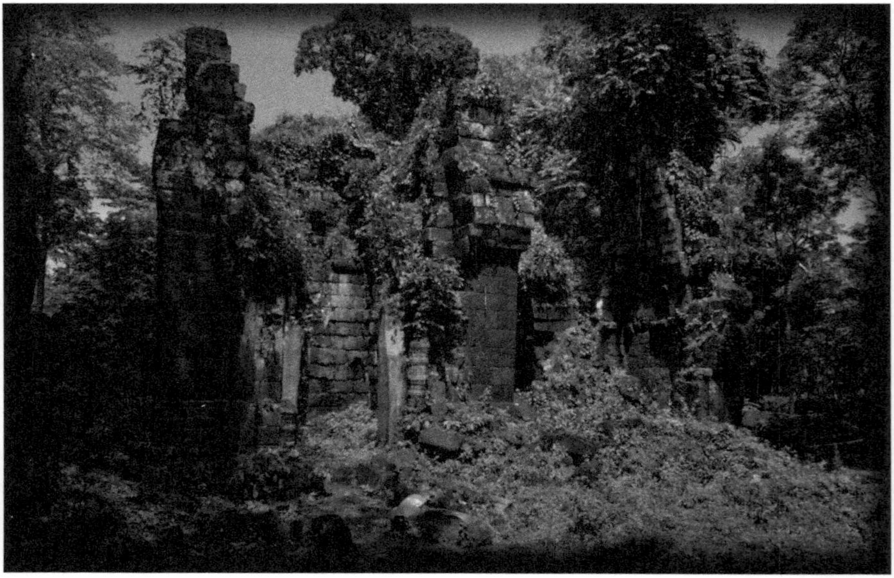

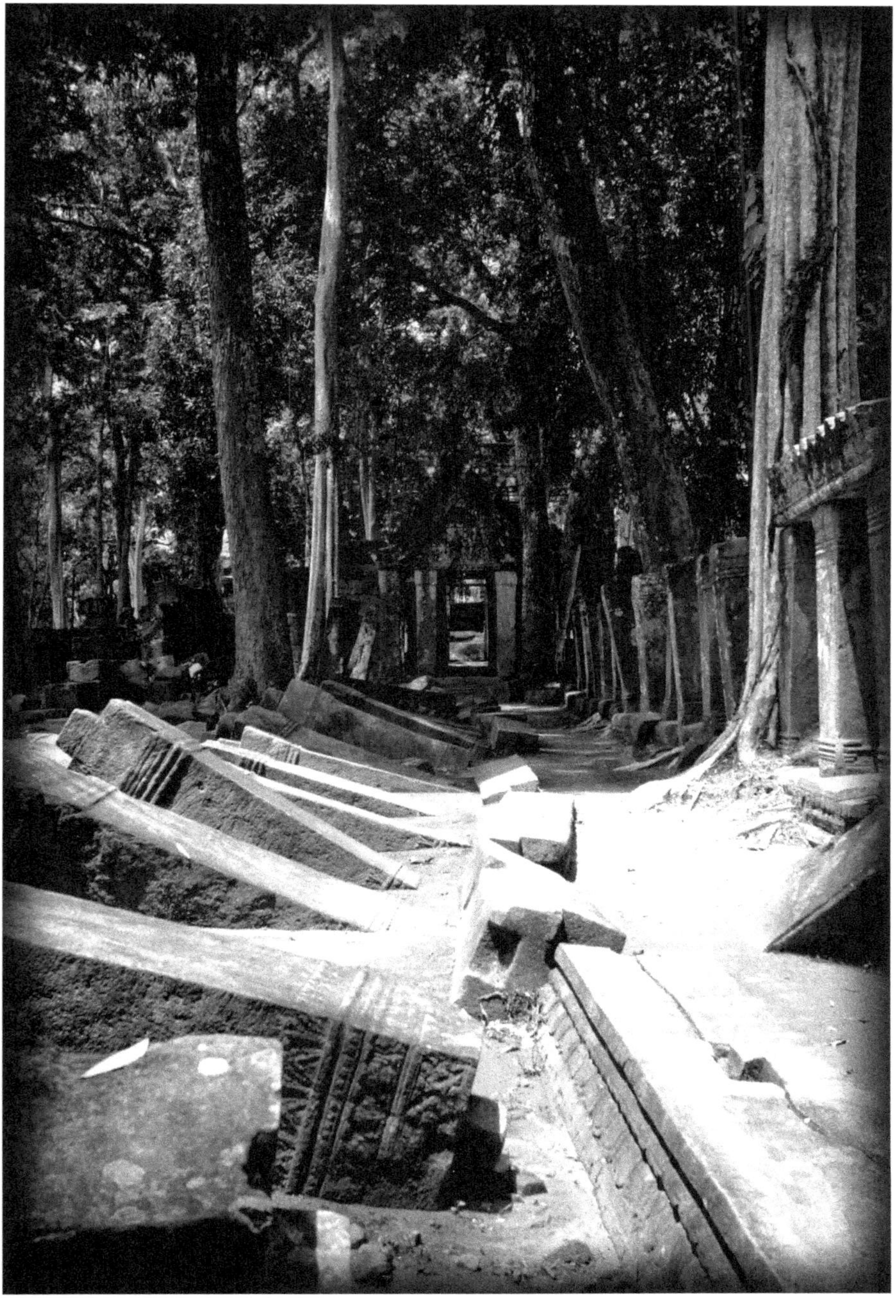

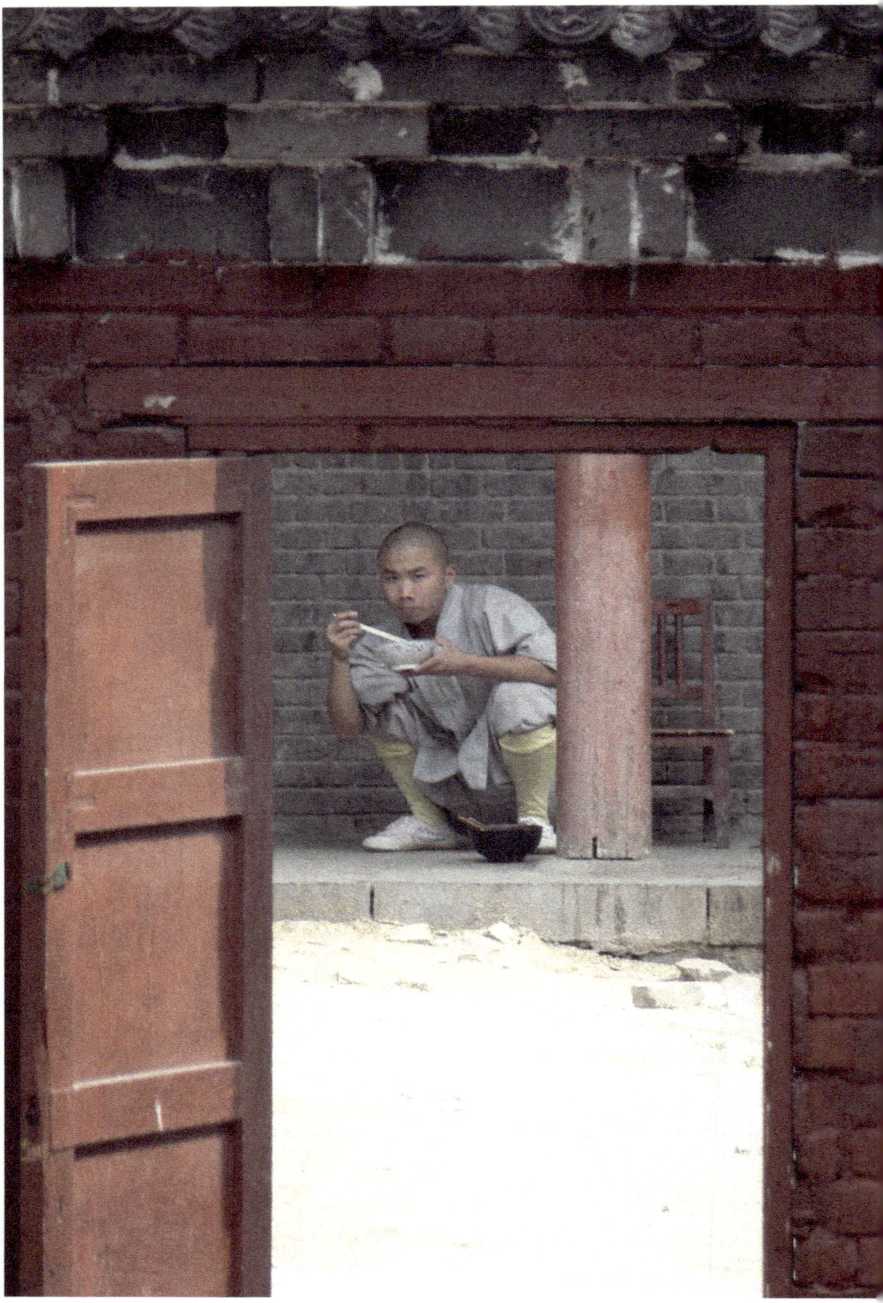

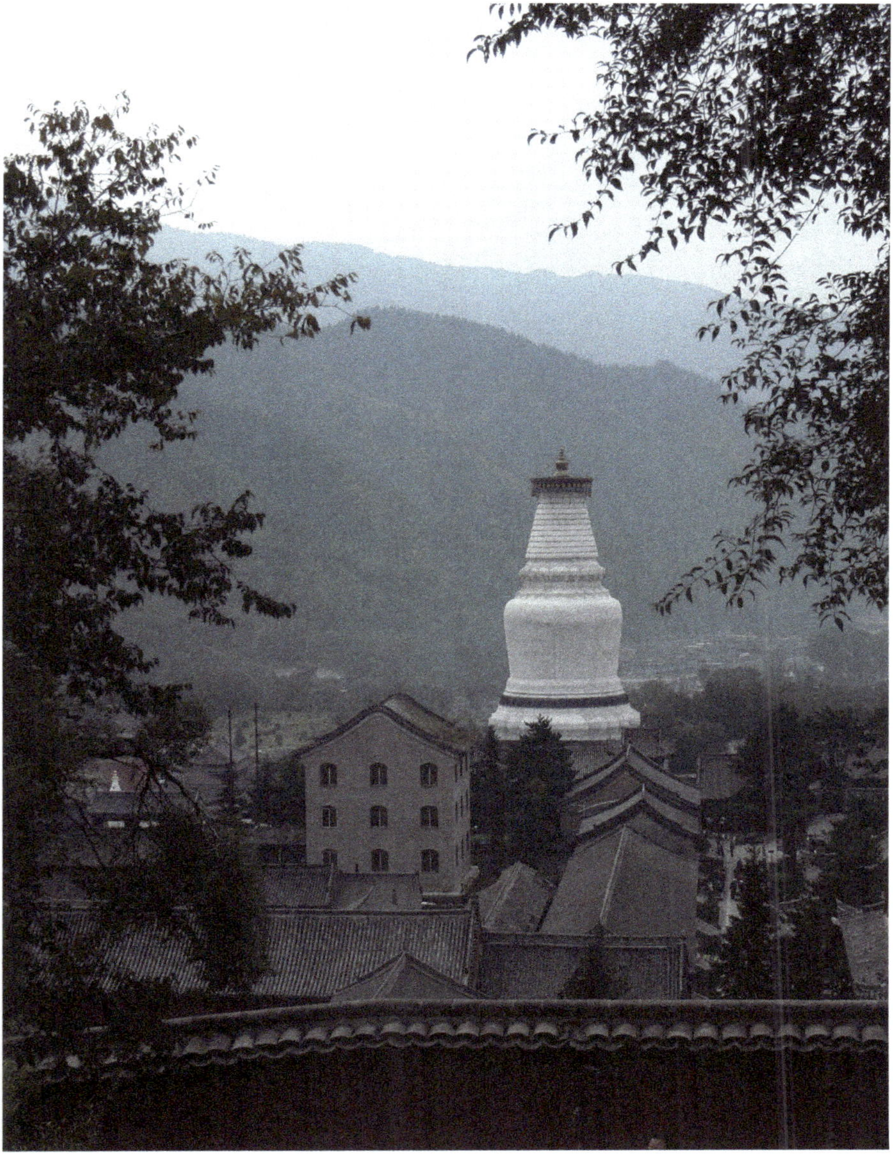

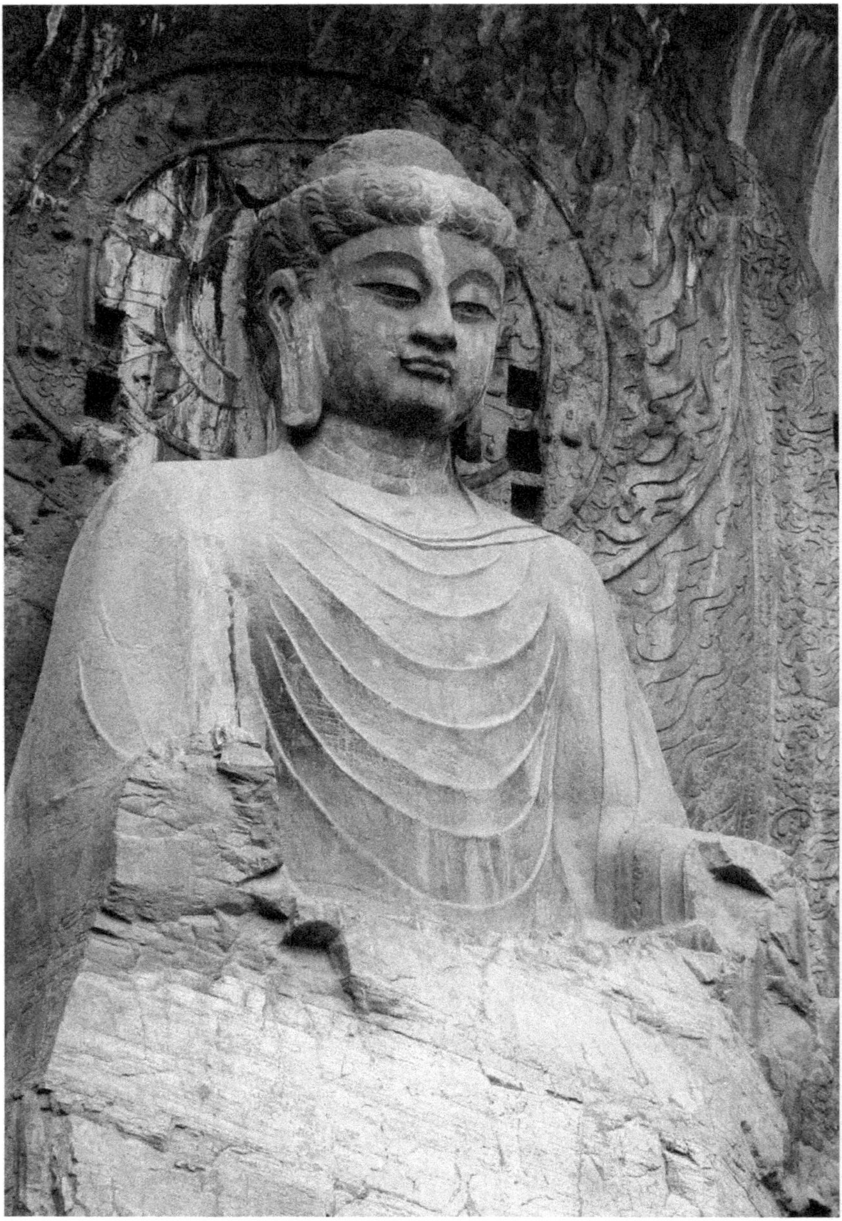

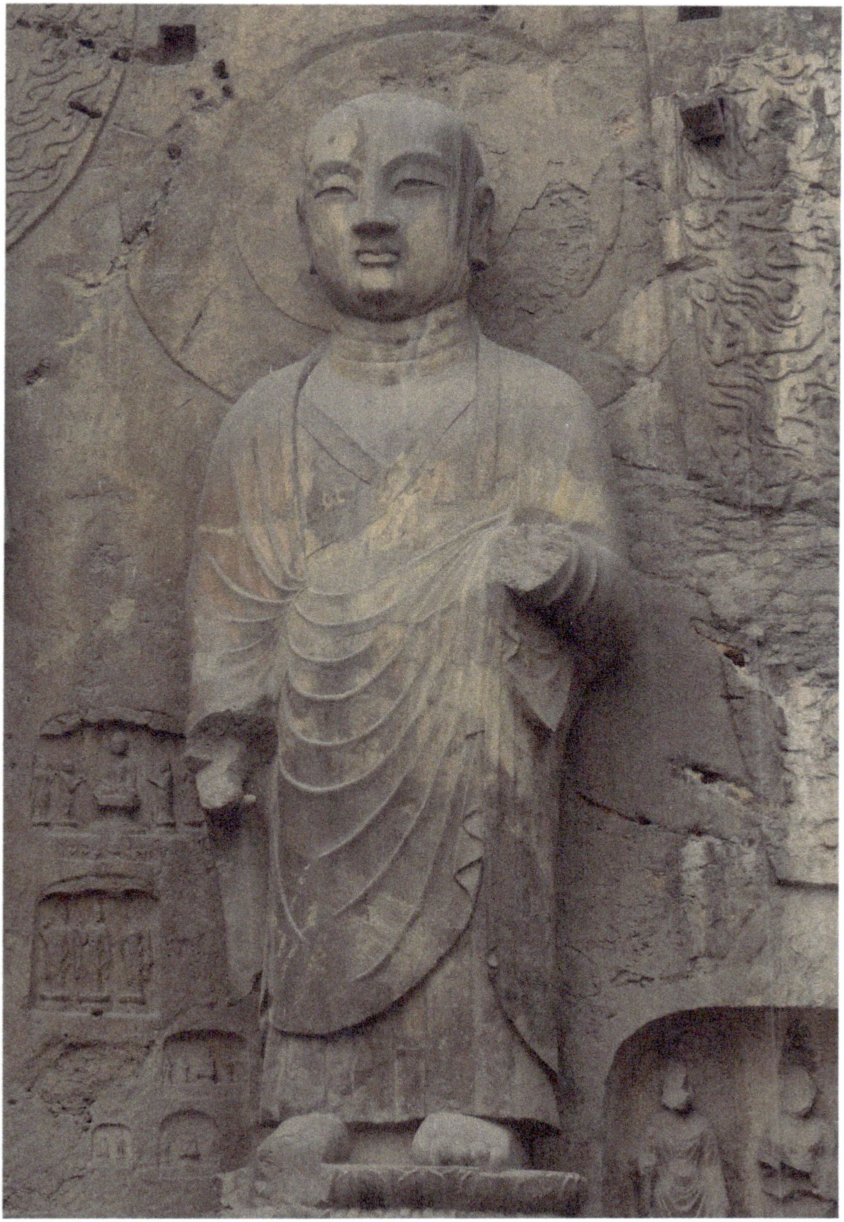

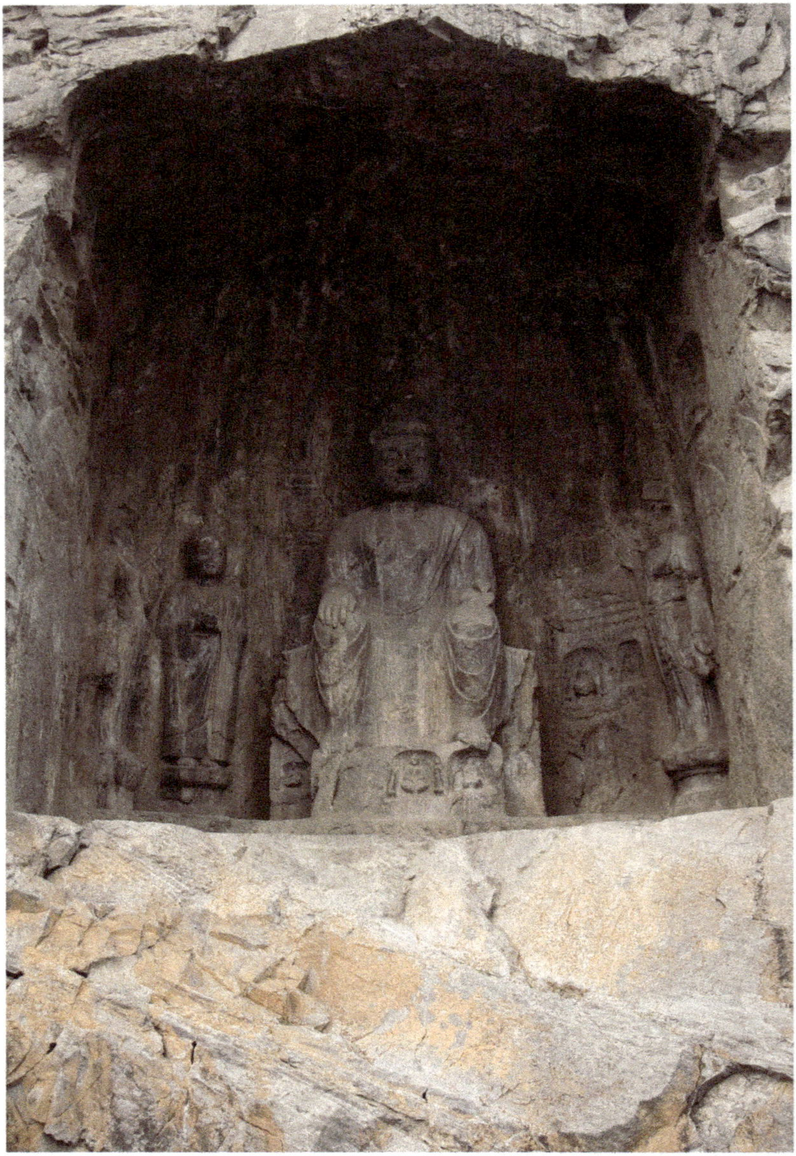

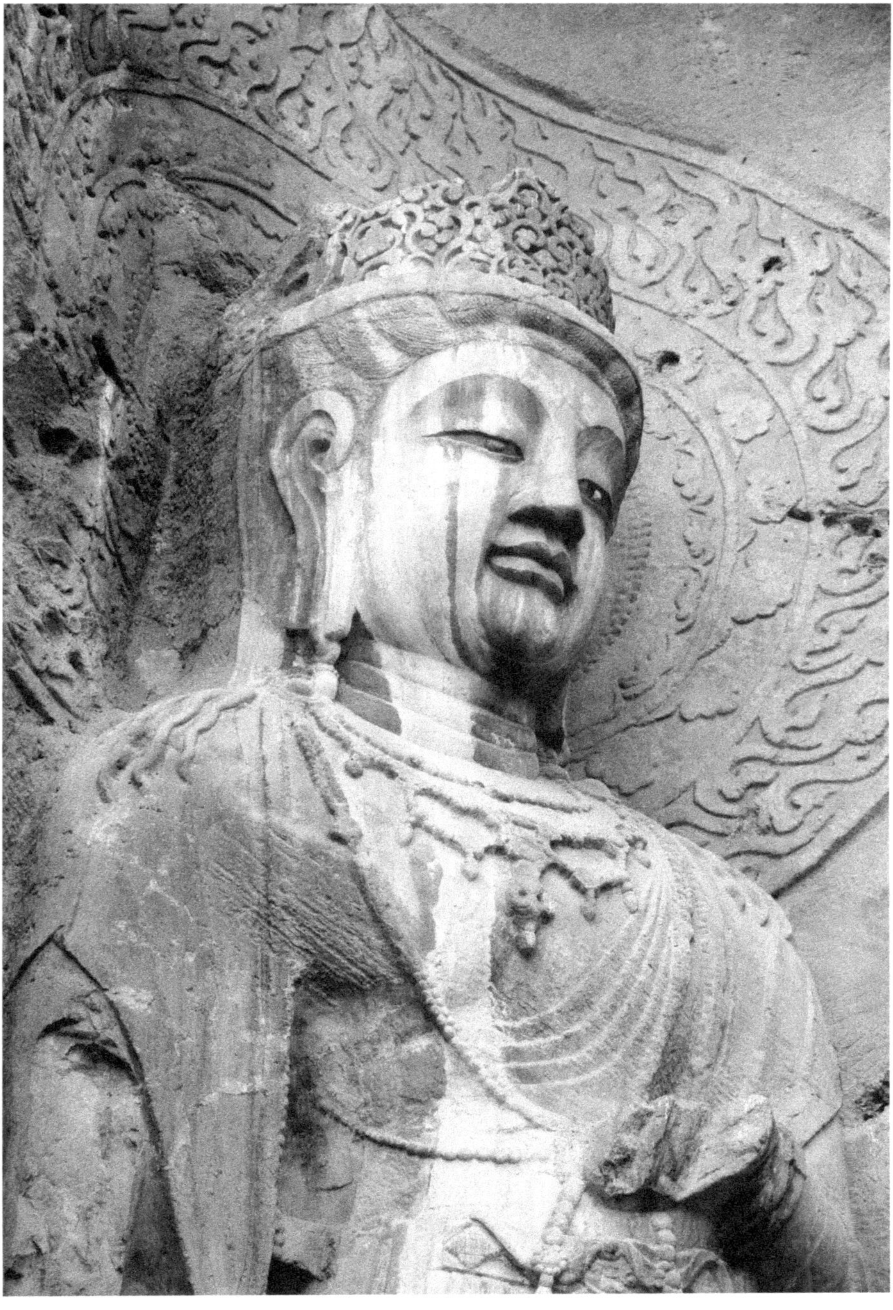

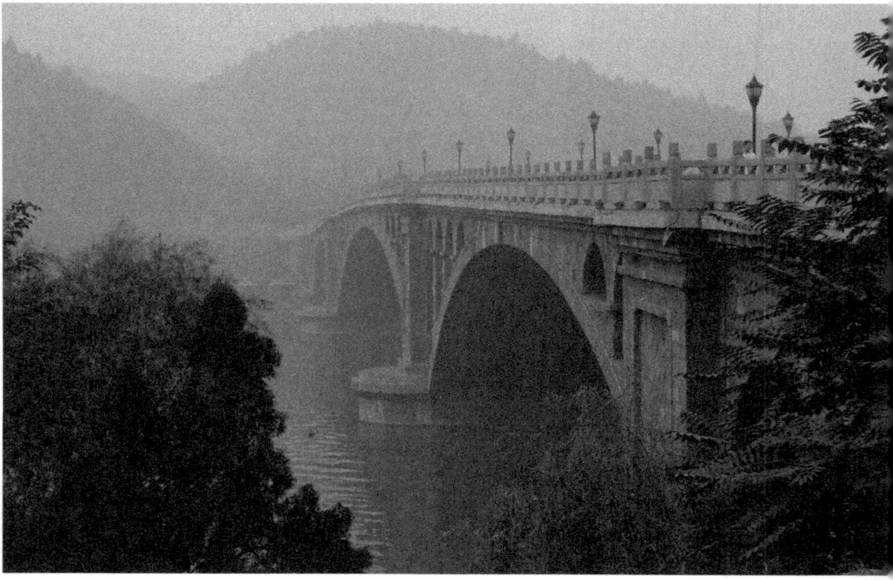

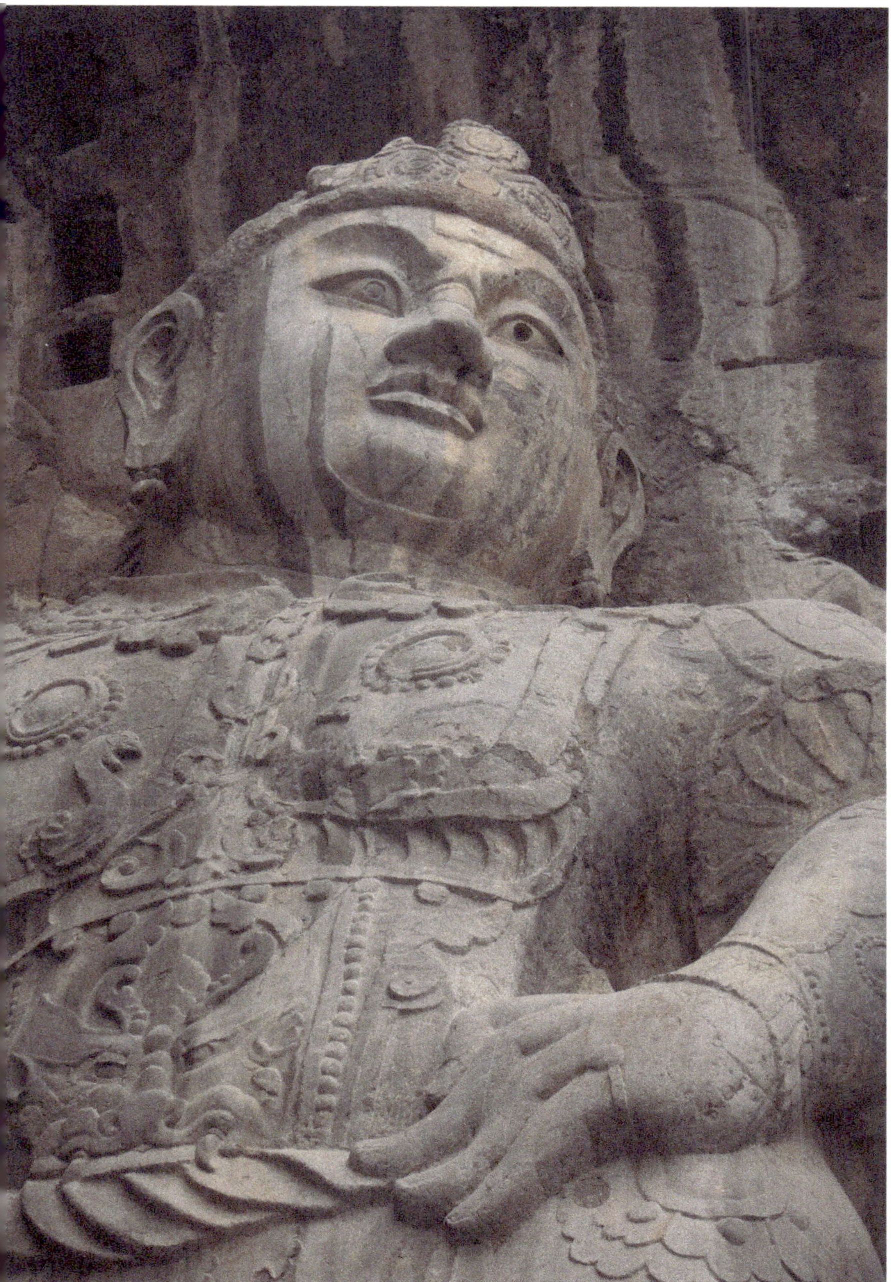

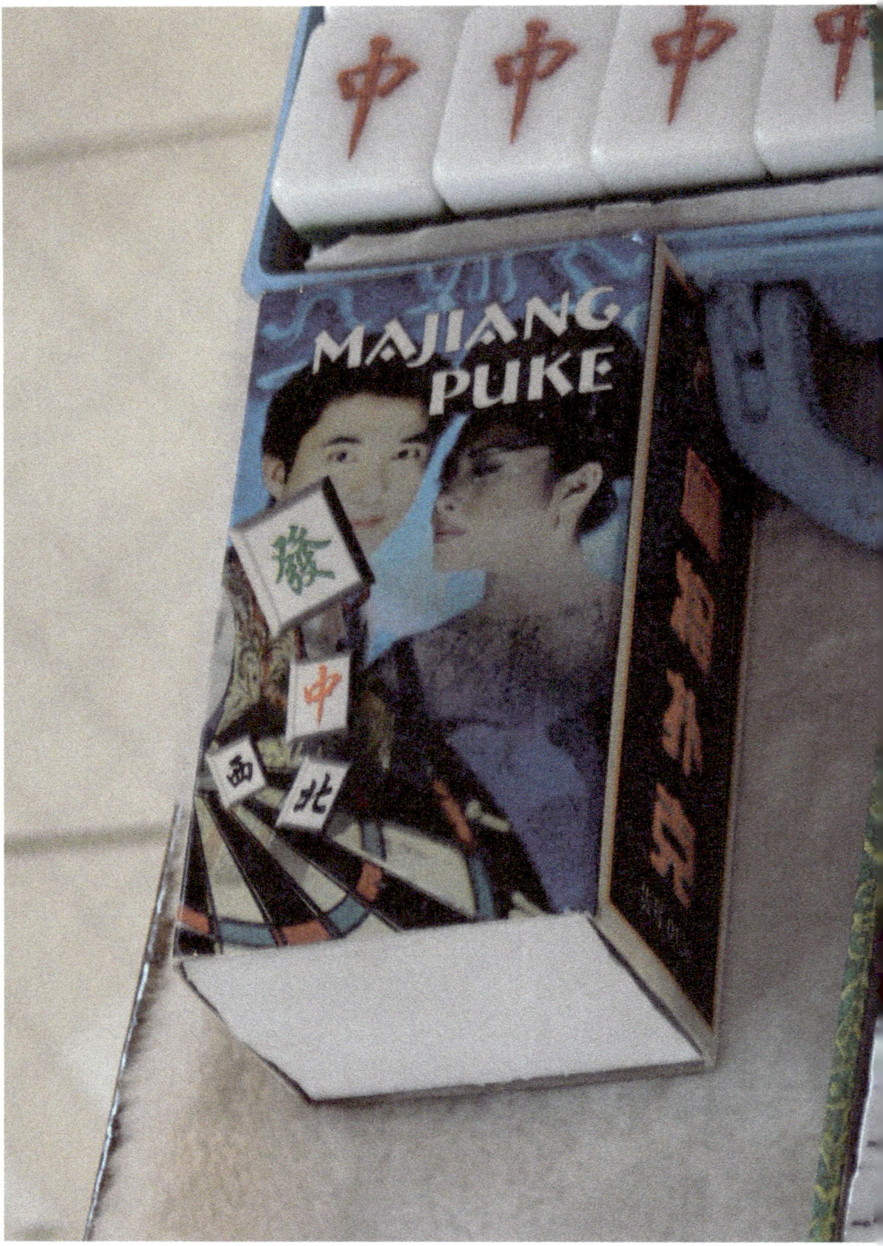
中 中 中 中
MAJIANG
PUKE
發
中
西
北

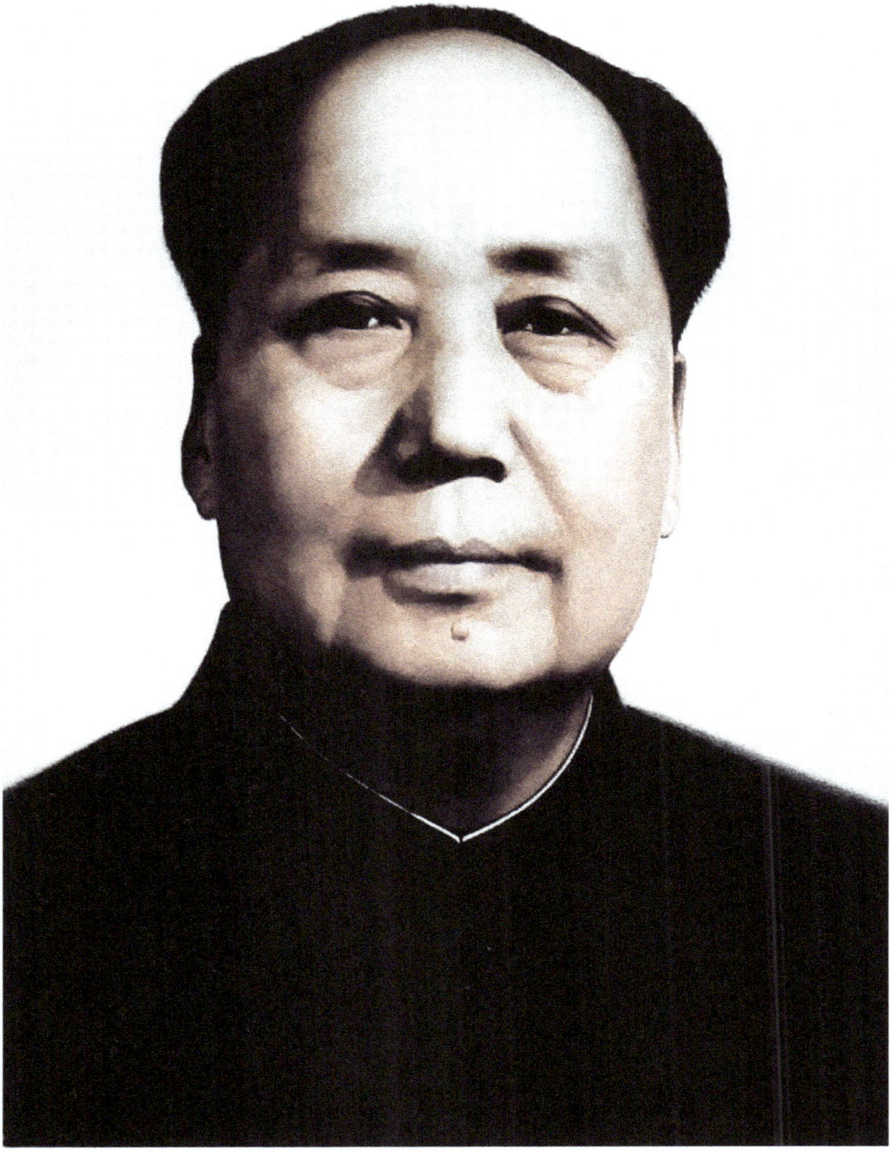

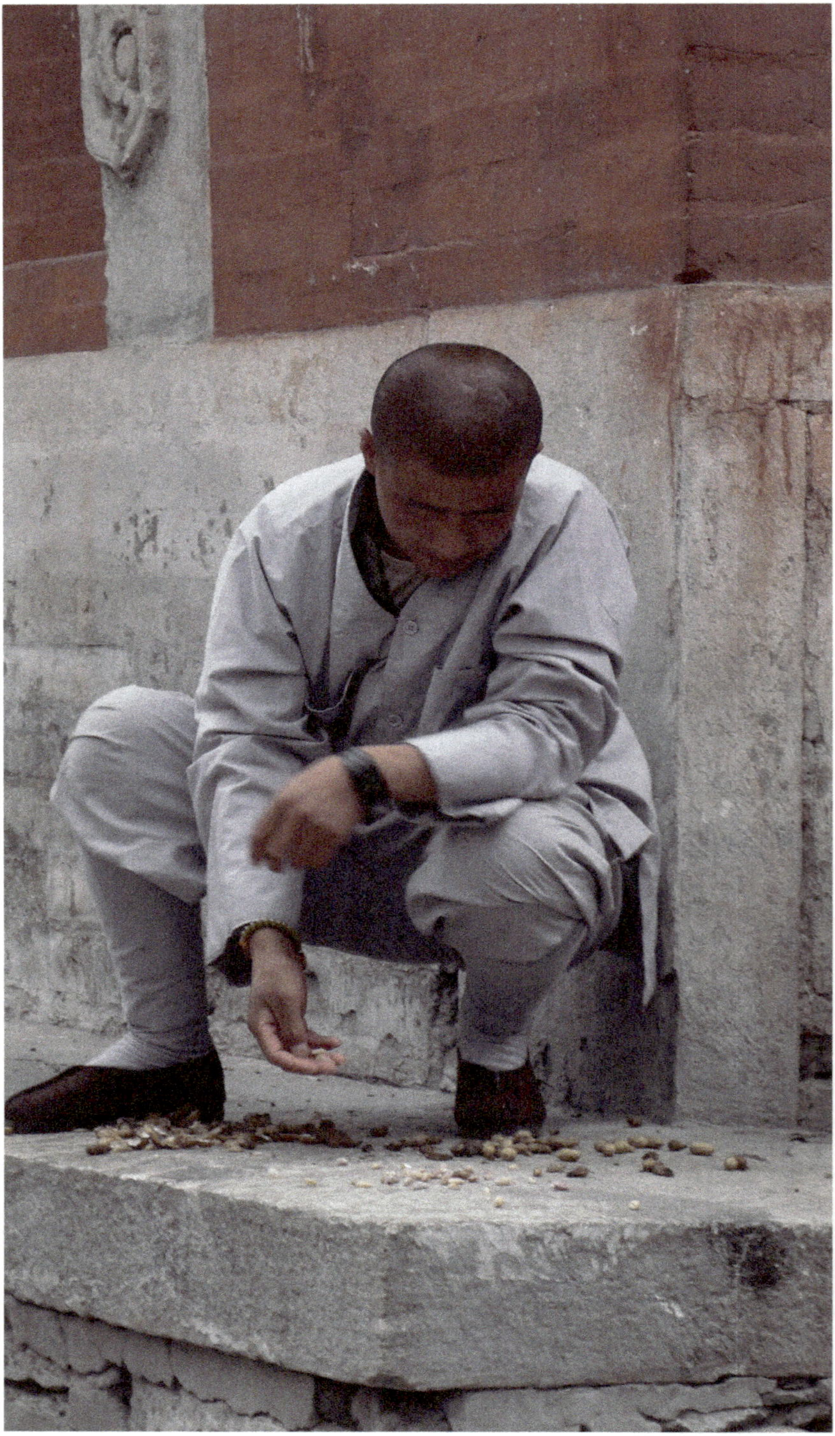

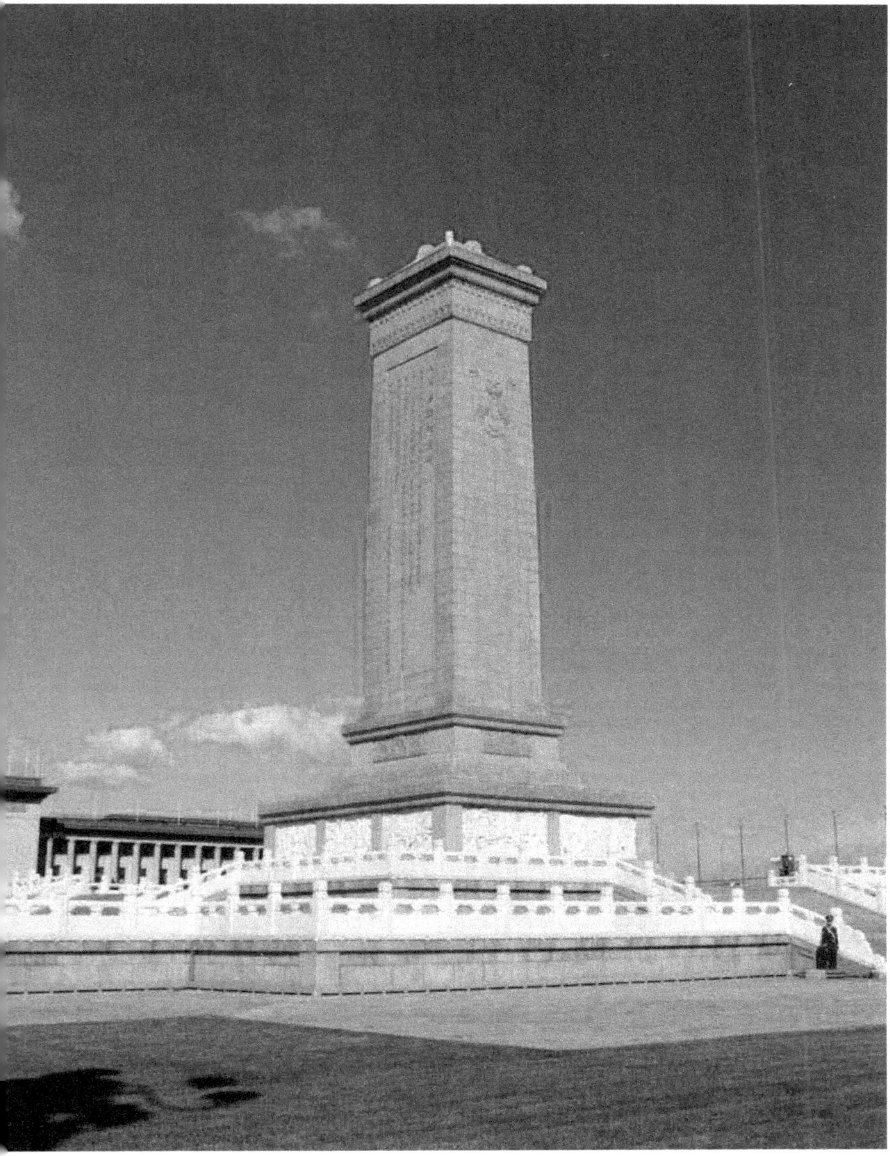

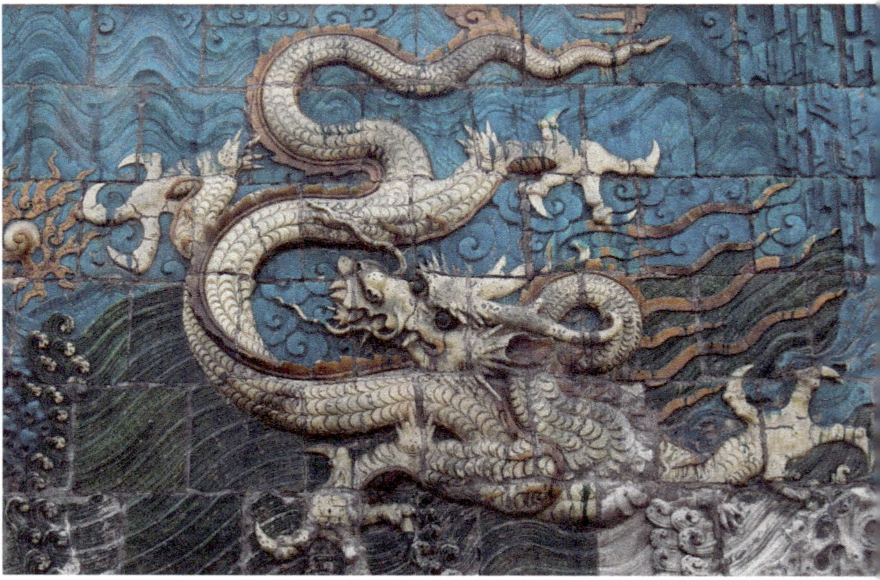

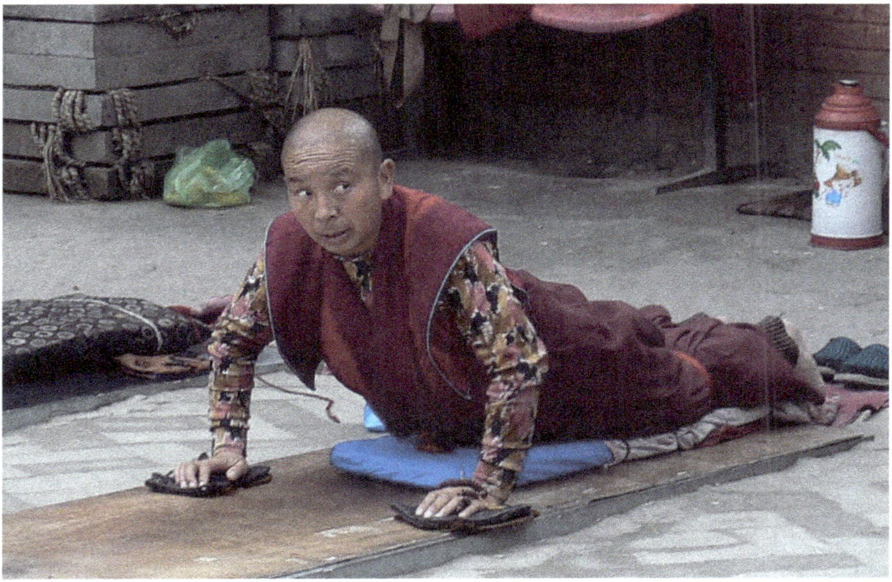

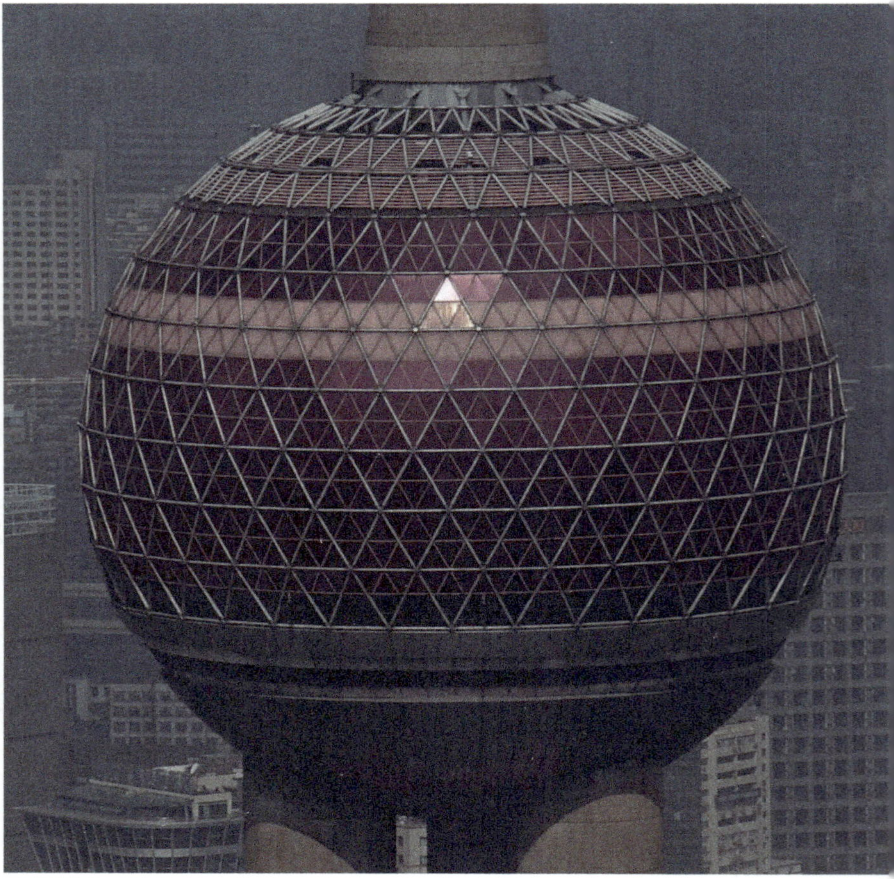

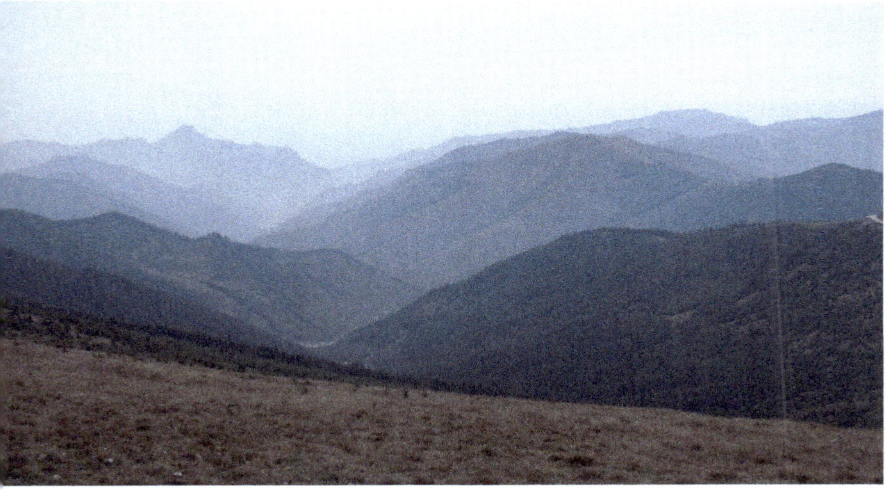

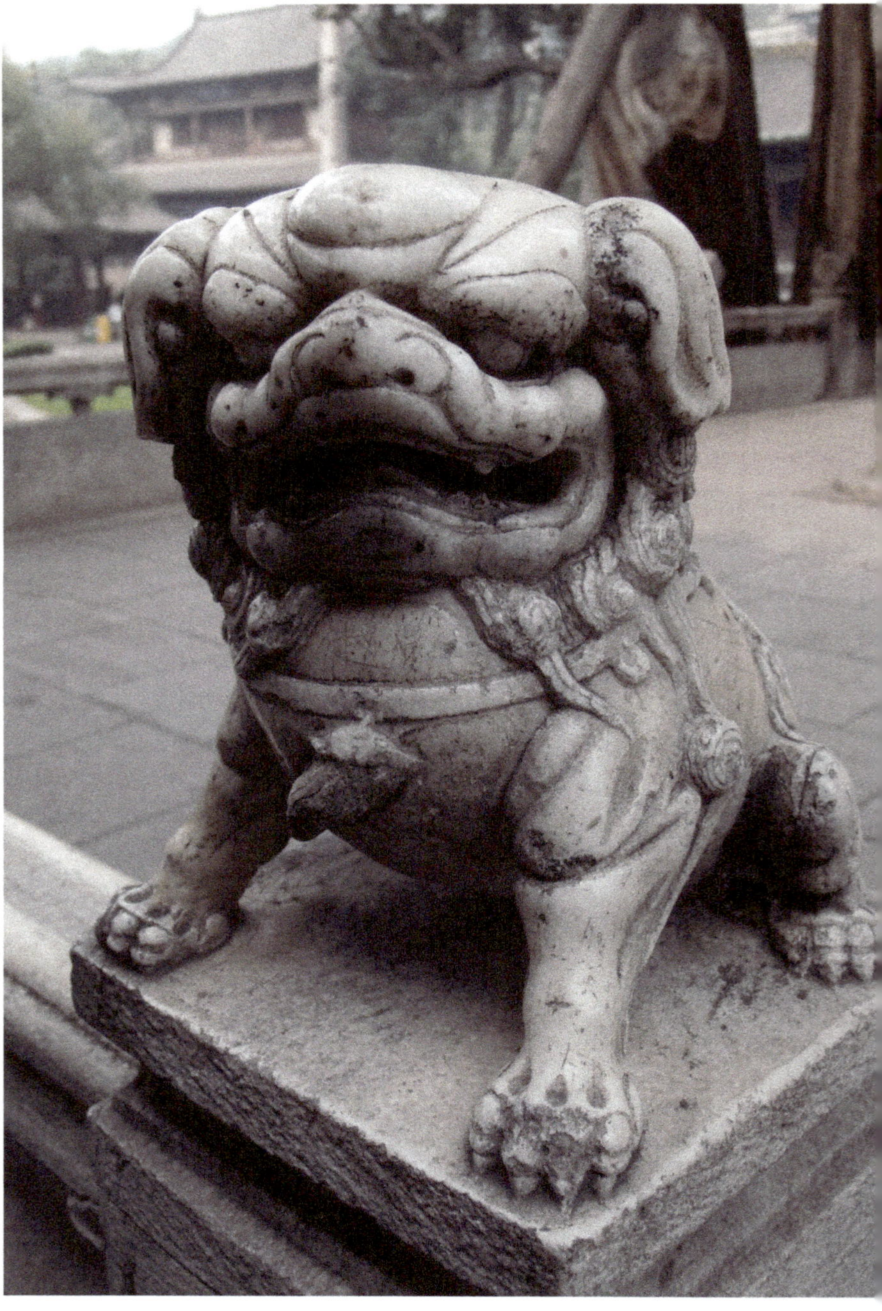

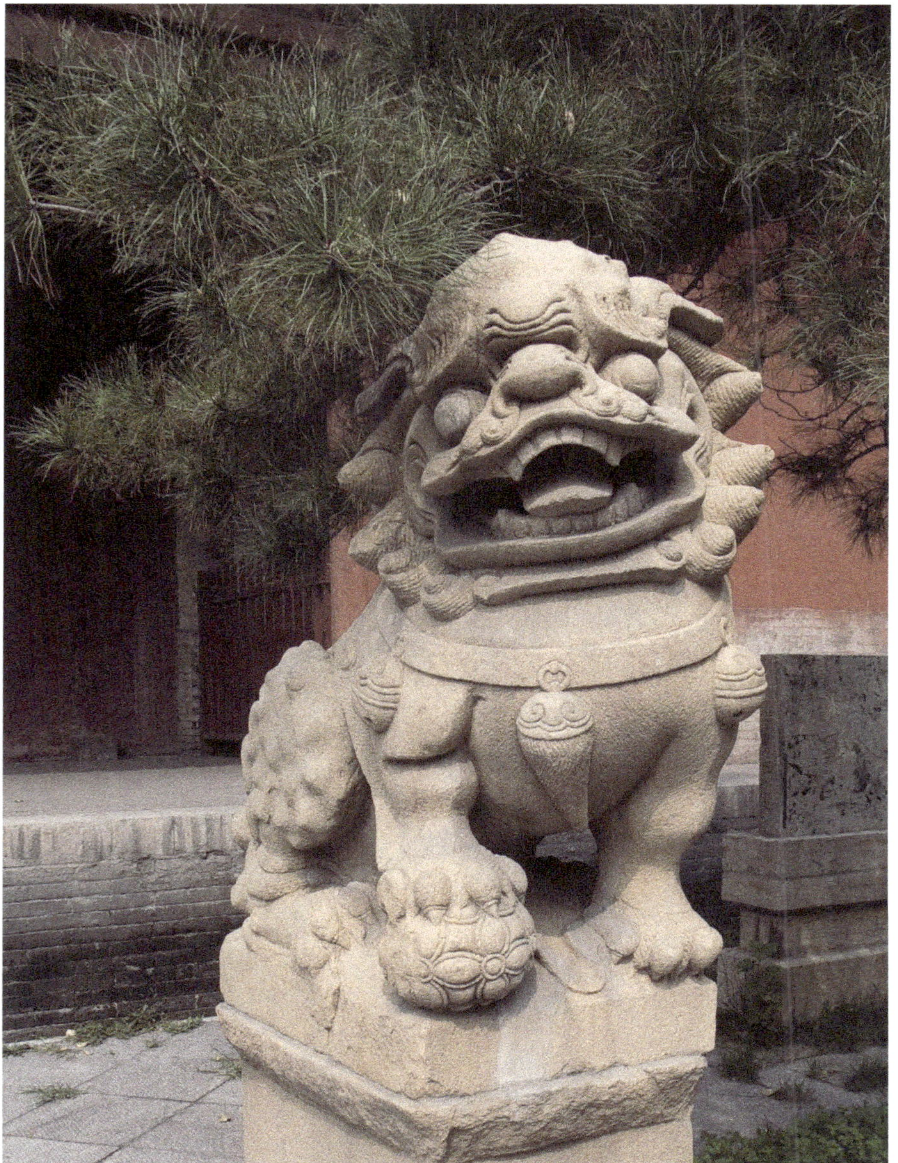

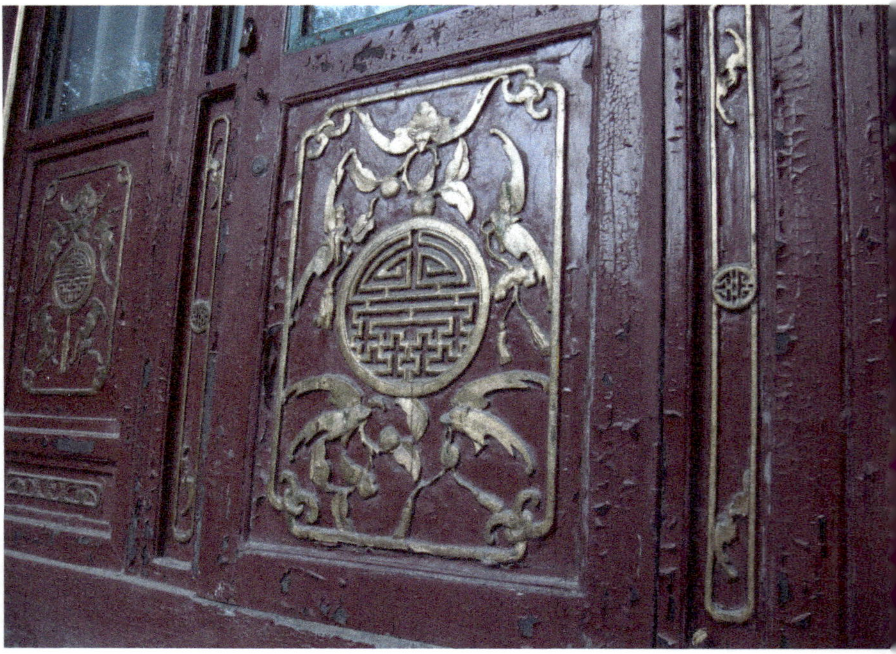

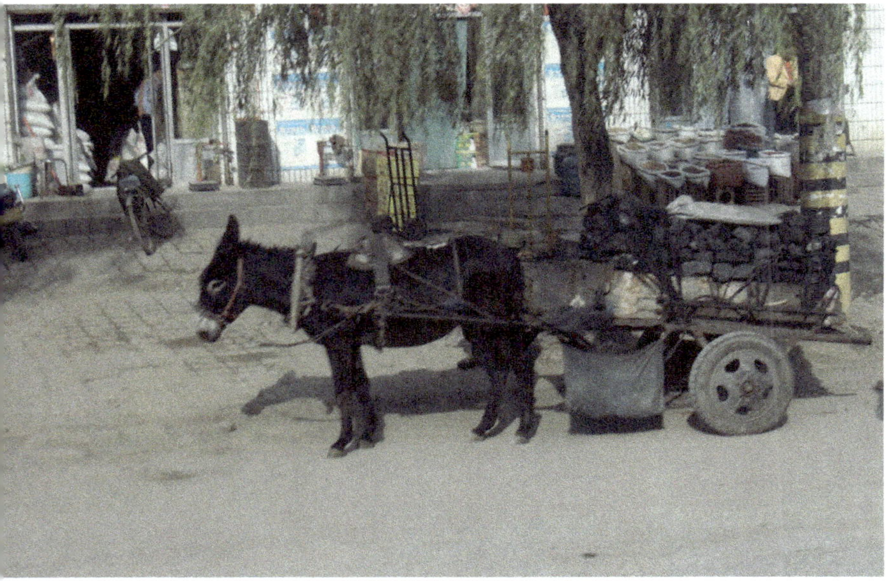

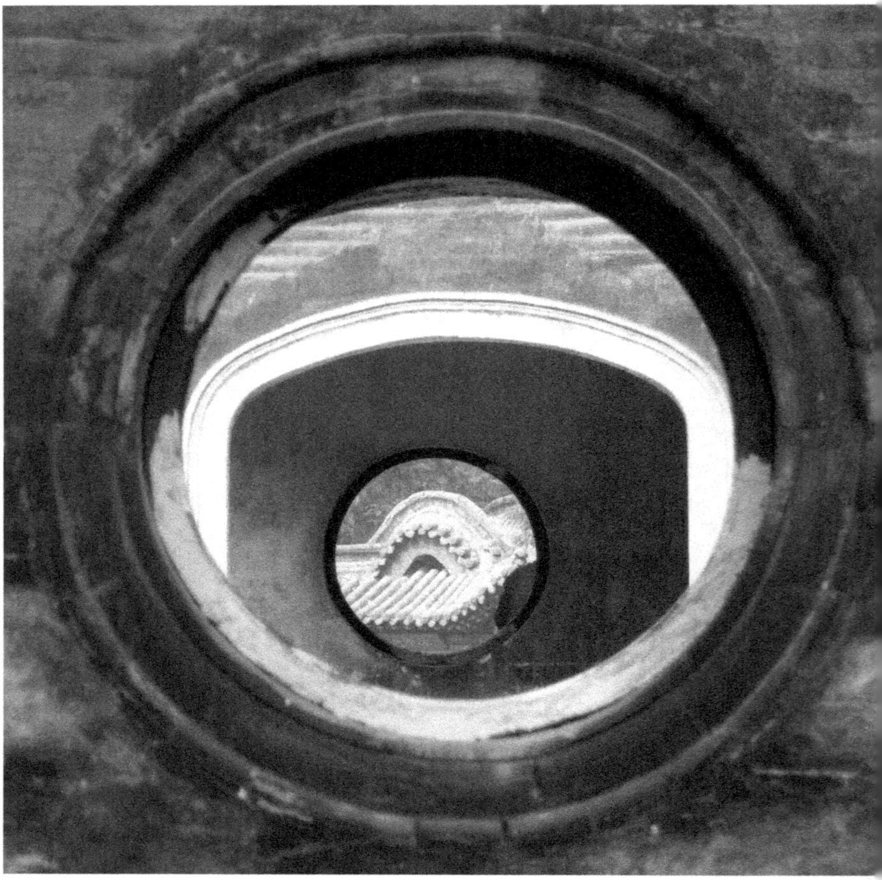

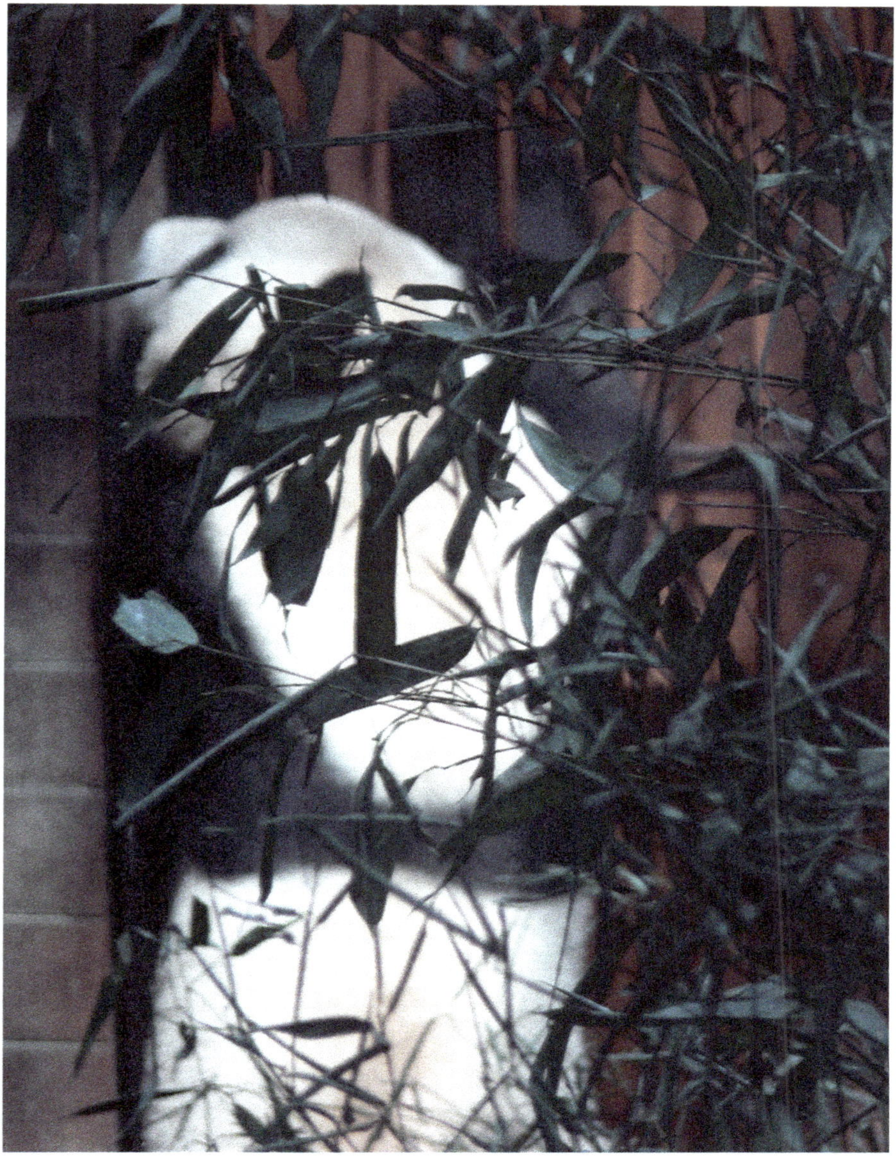

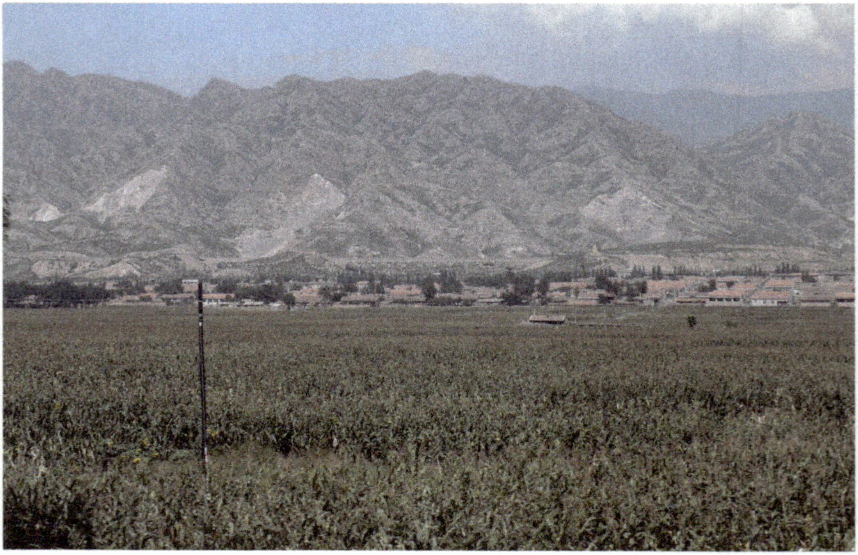

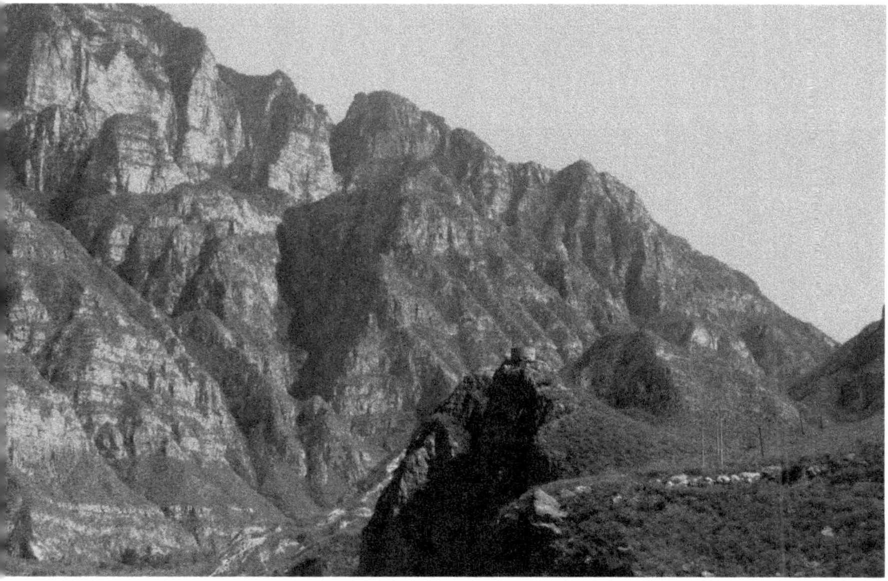

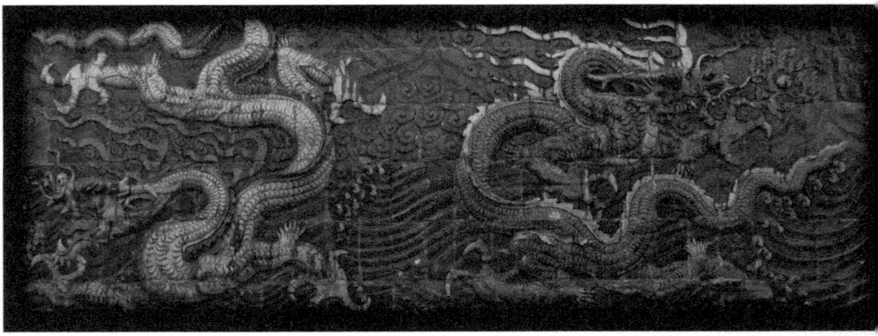

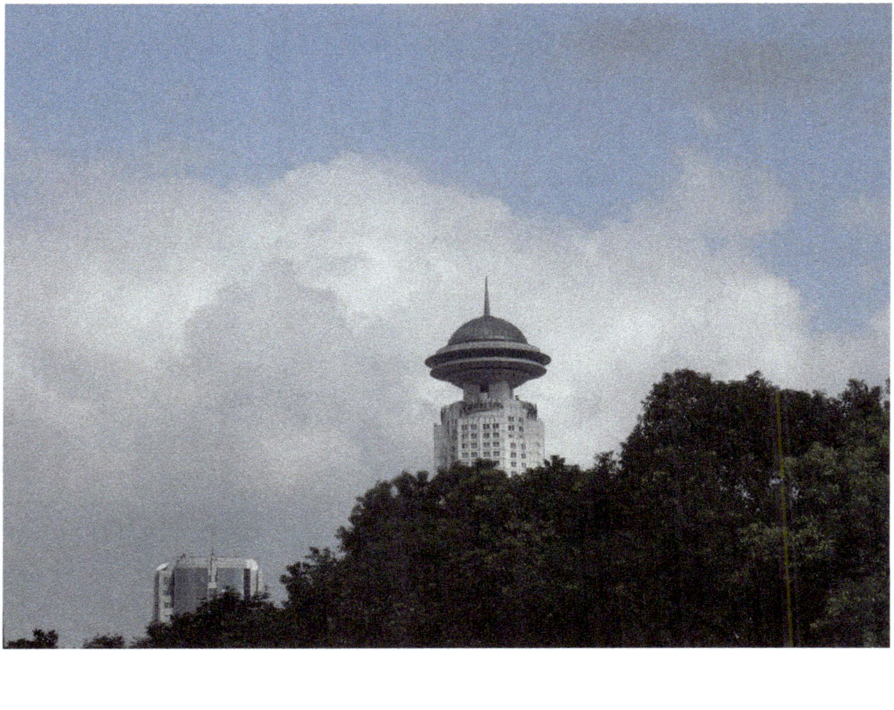

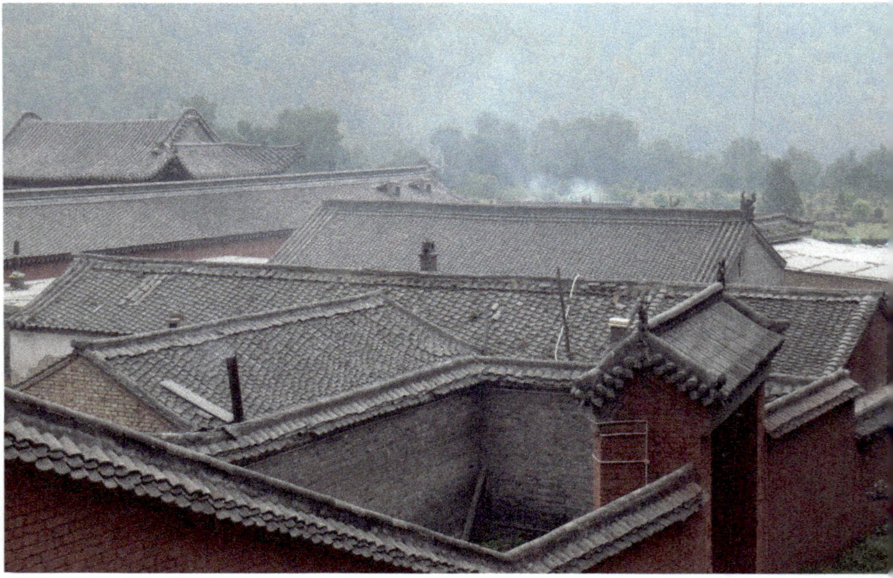

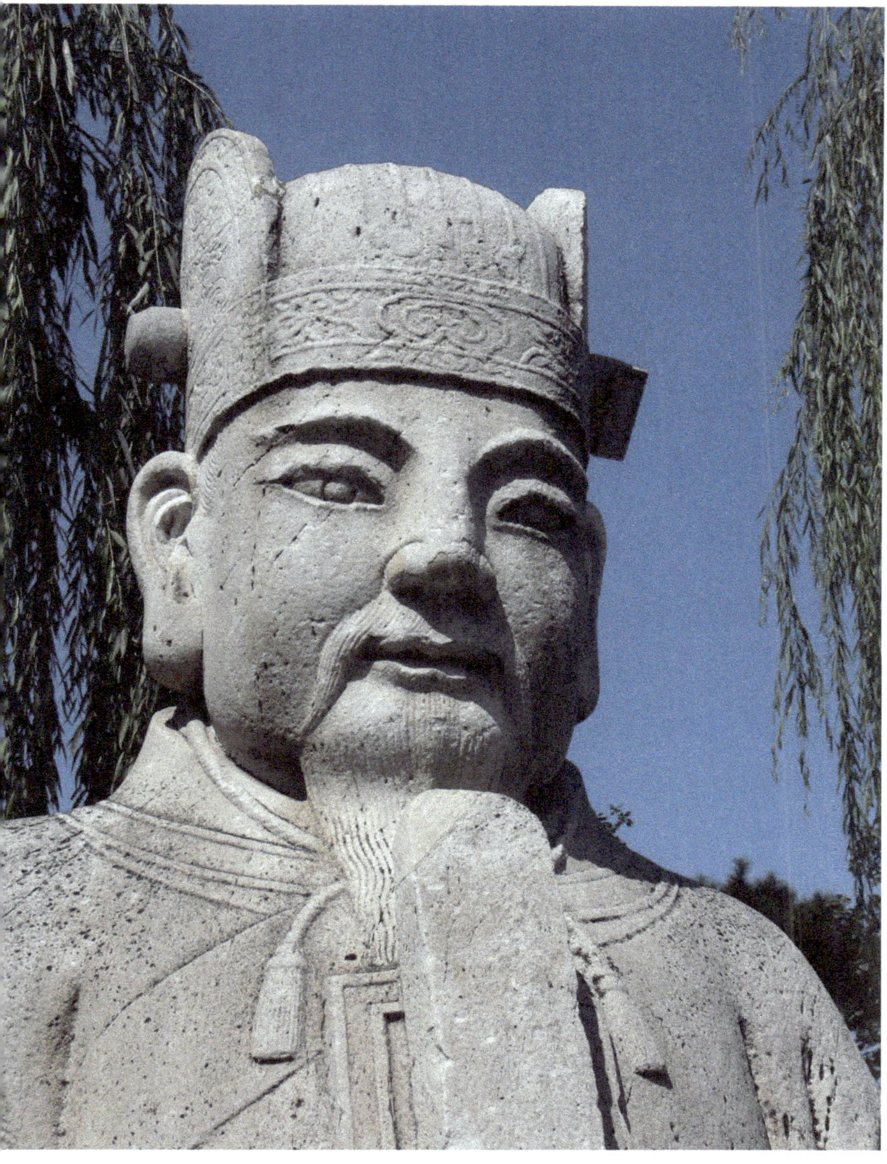

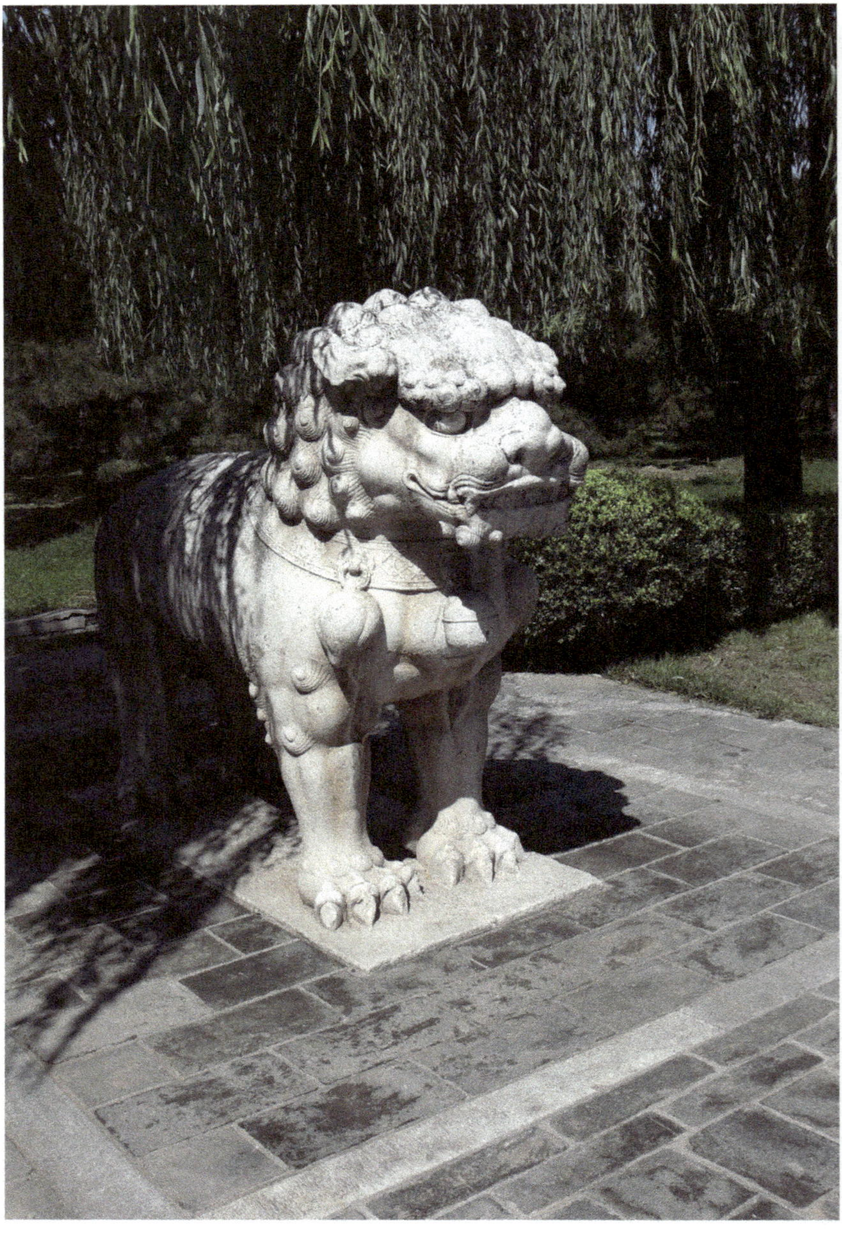

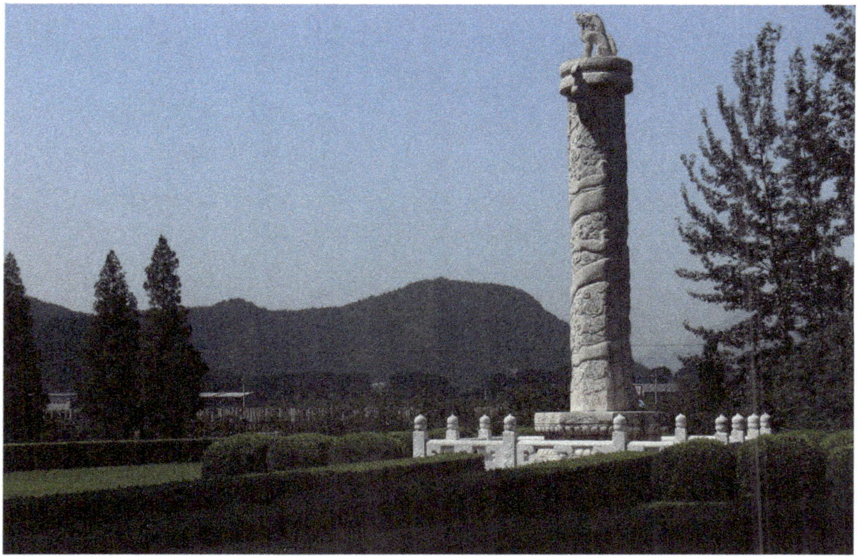

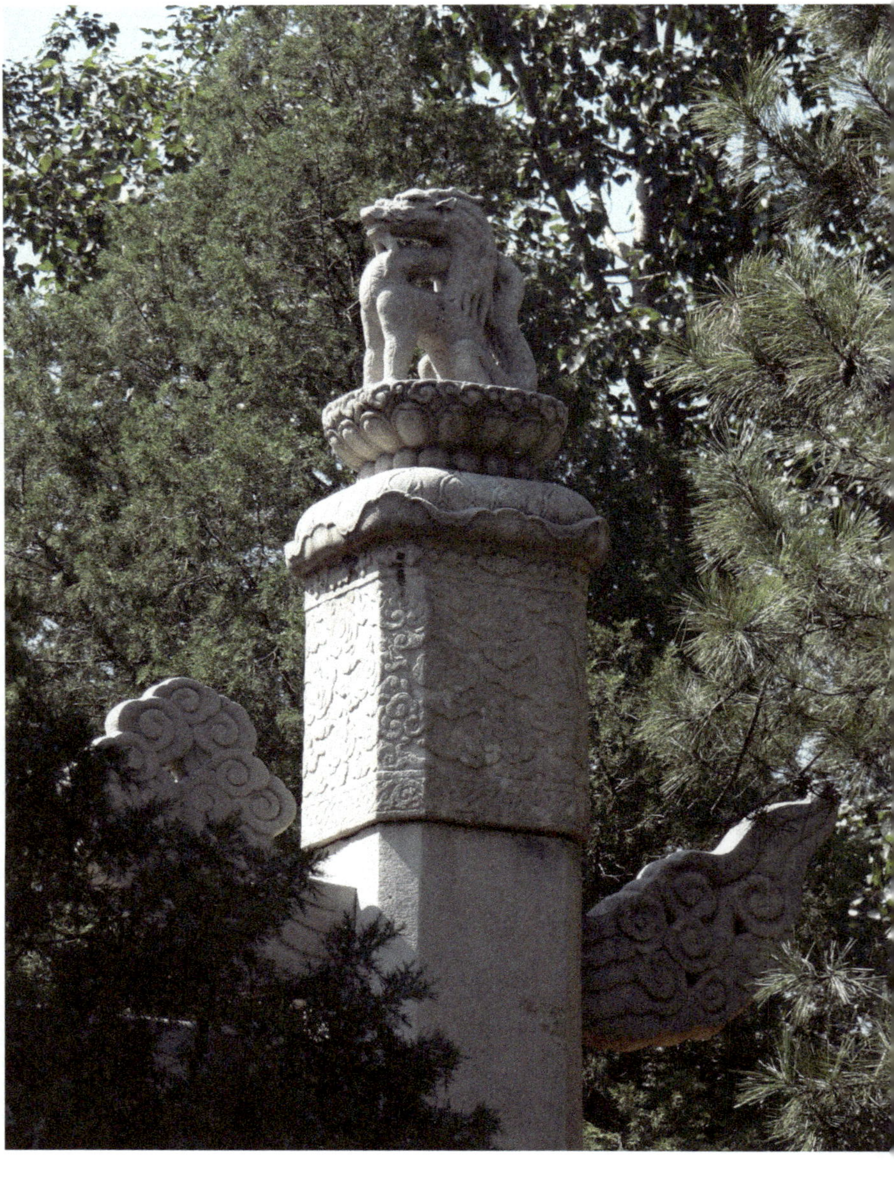

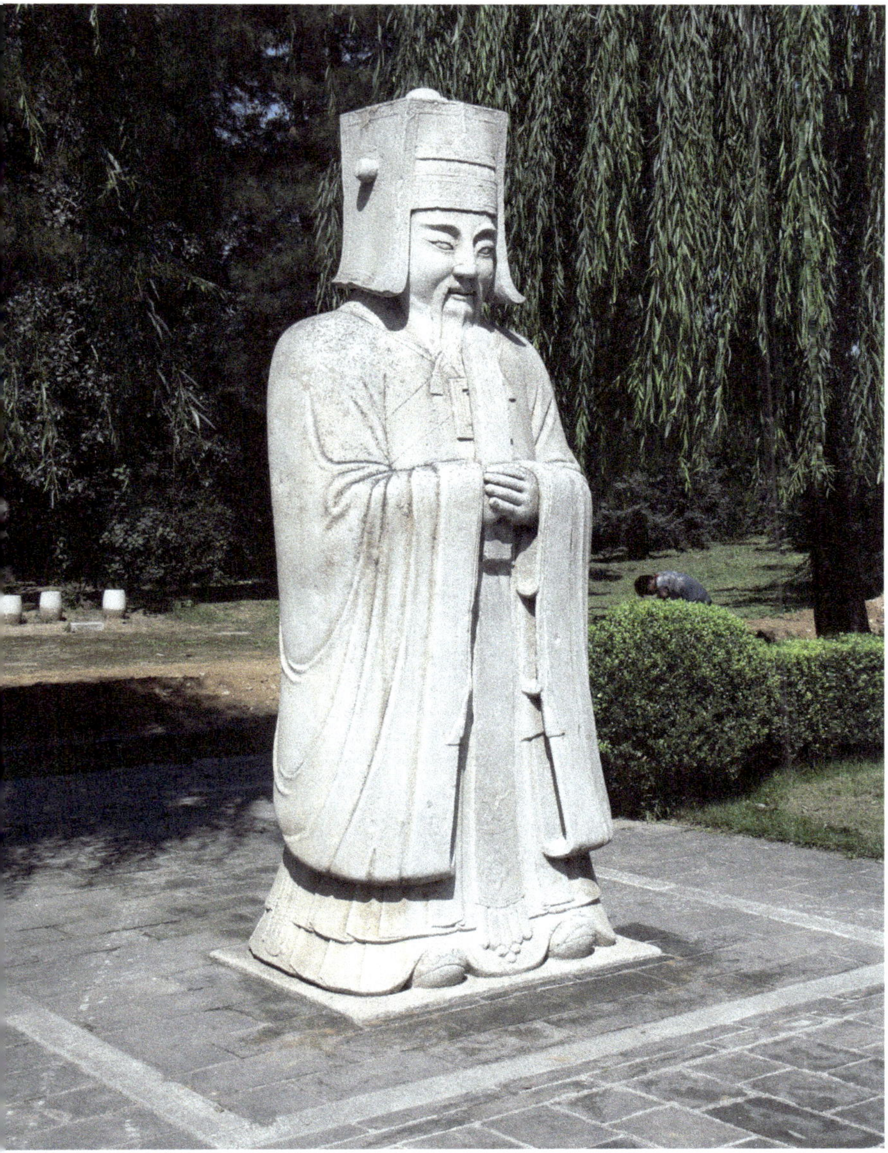

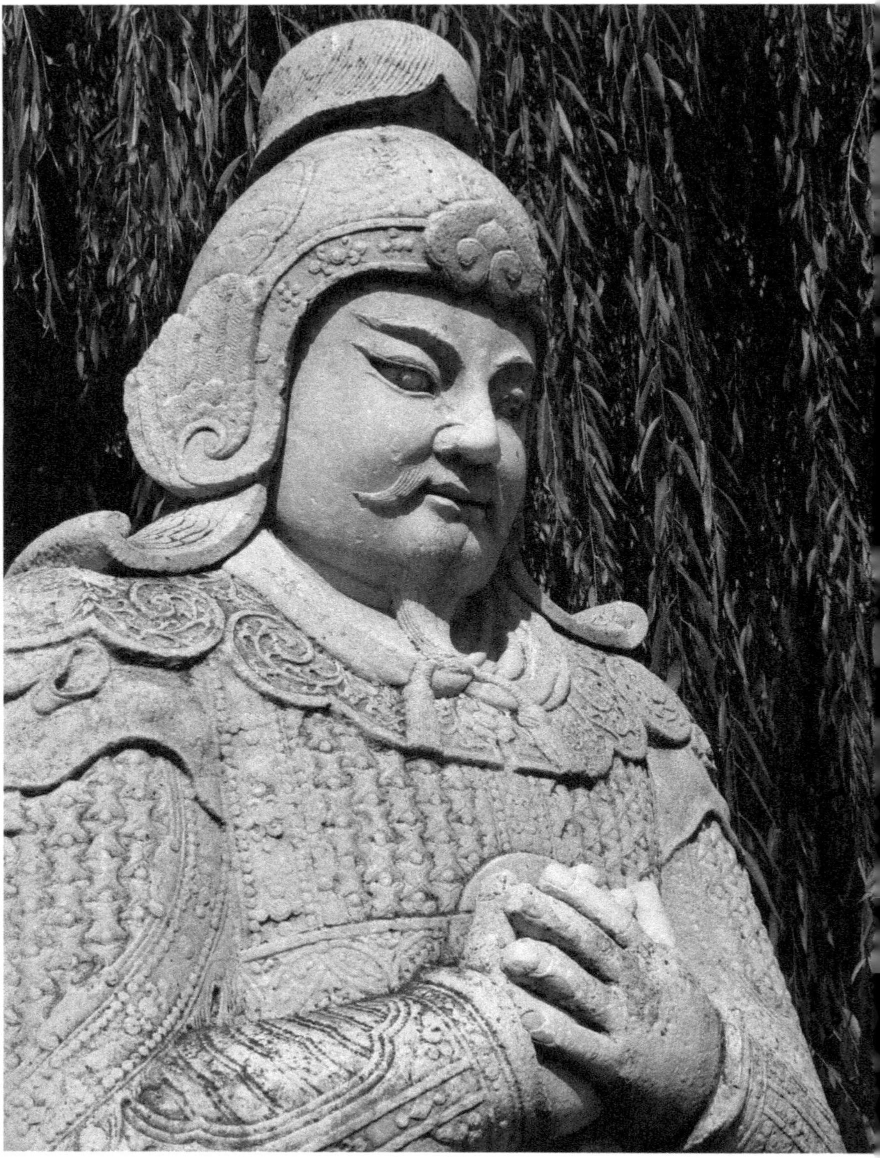

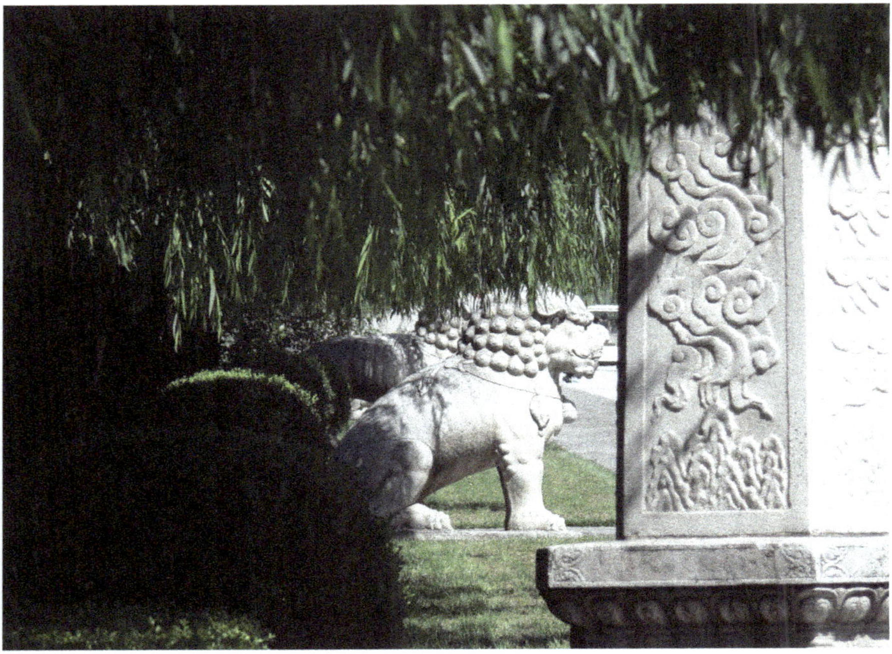

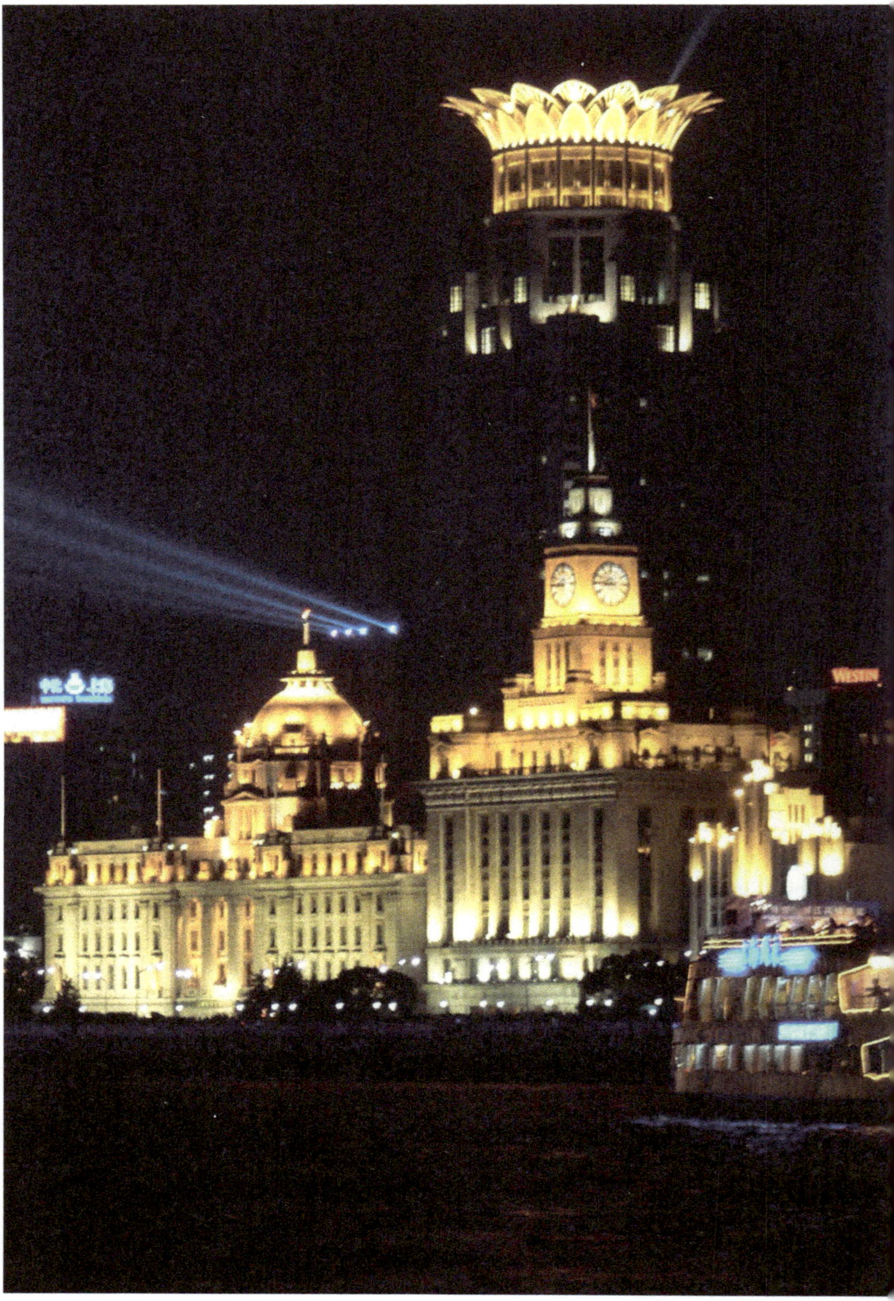
WESTIN

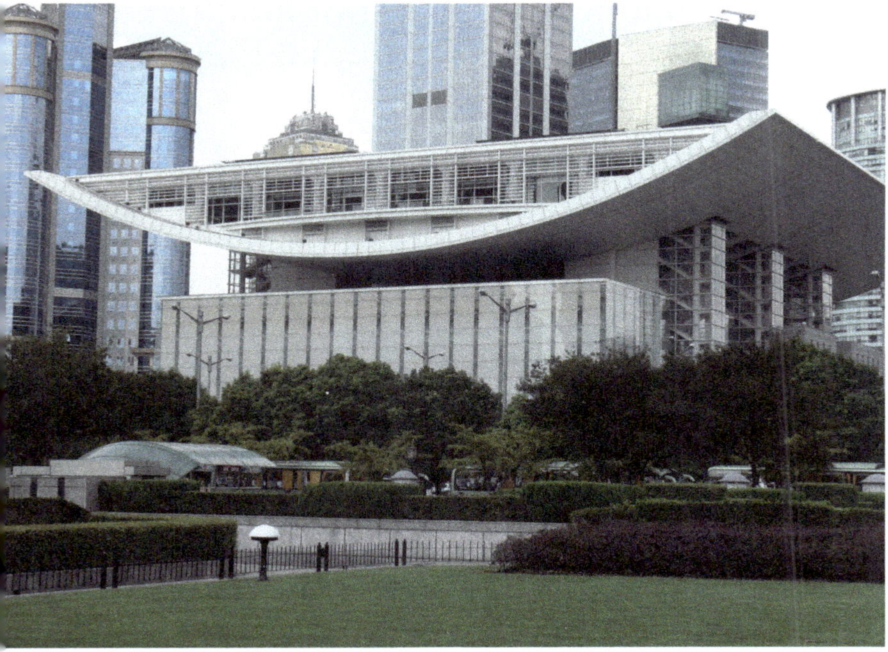

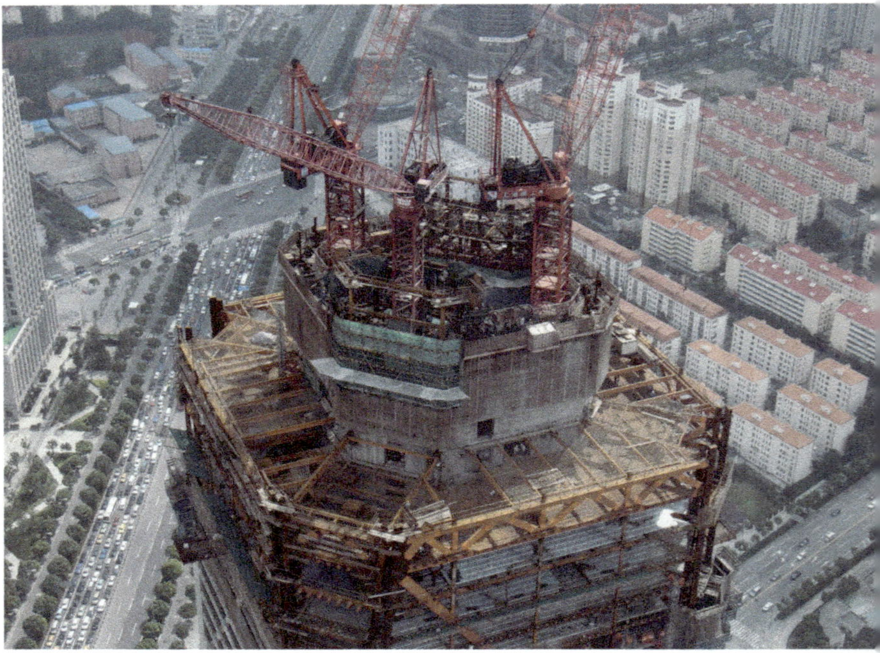

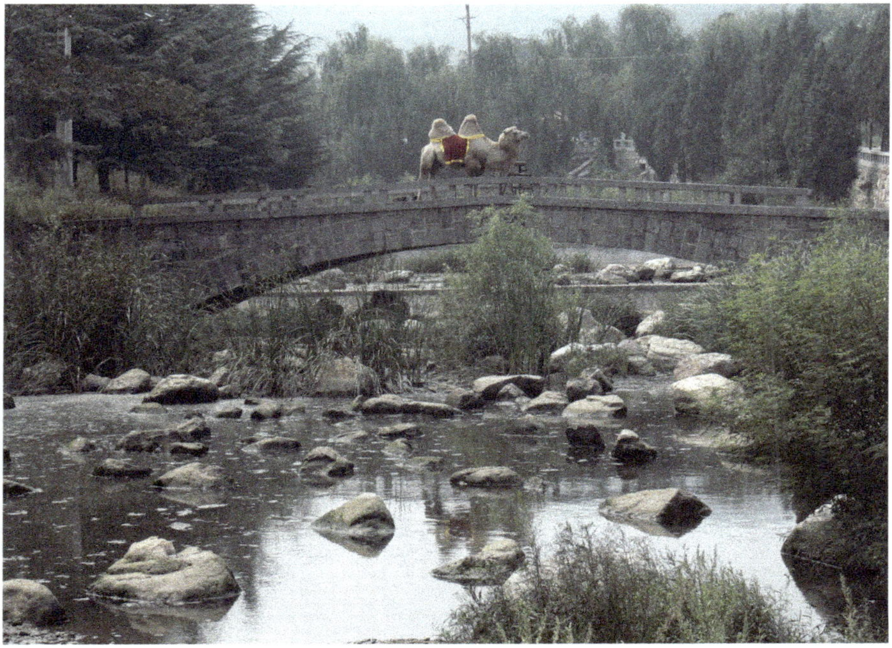

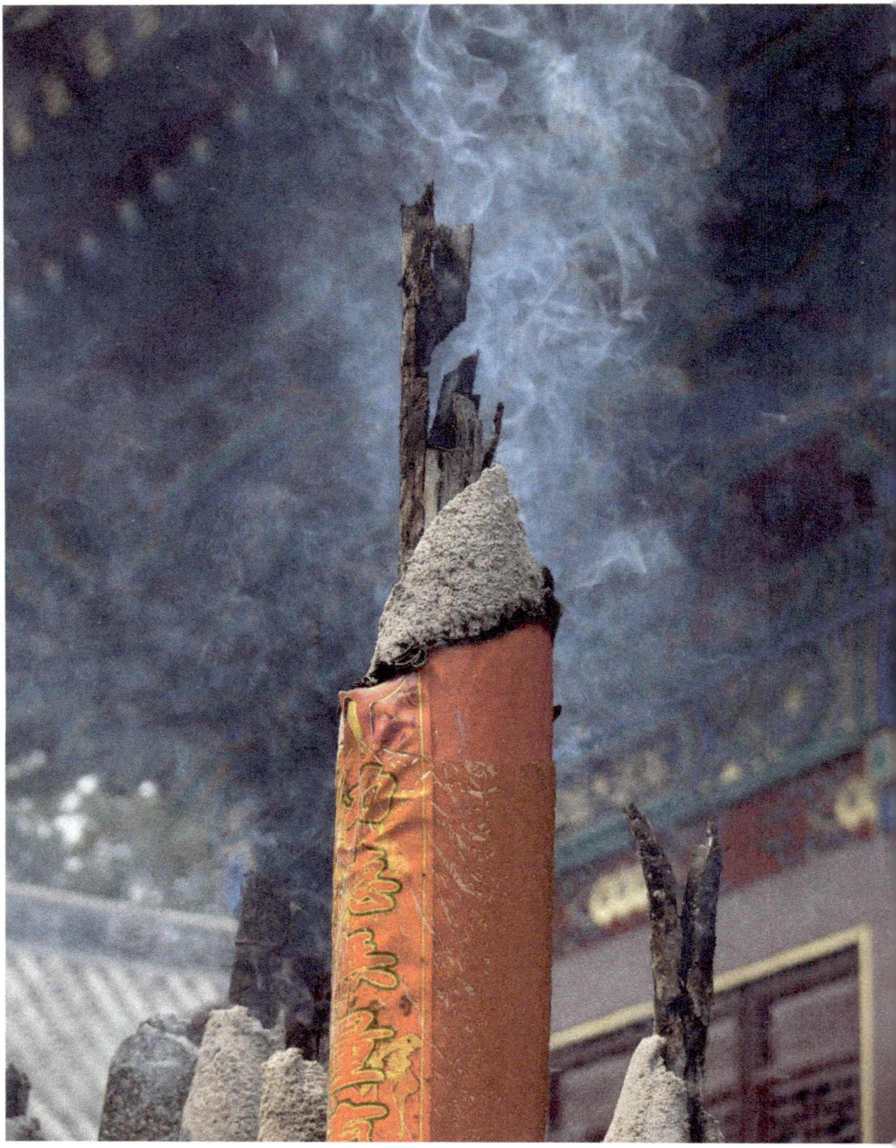

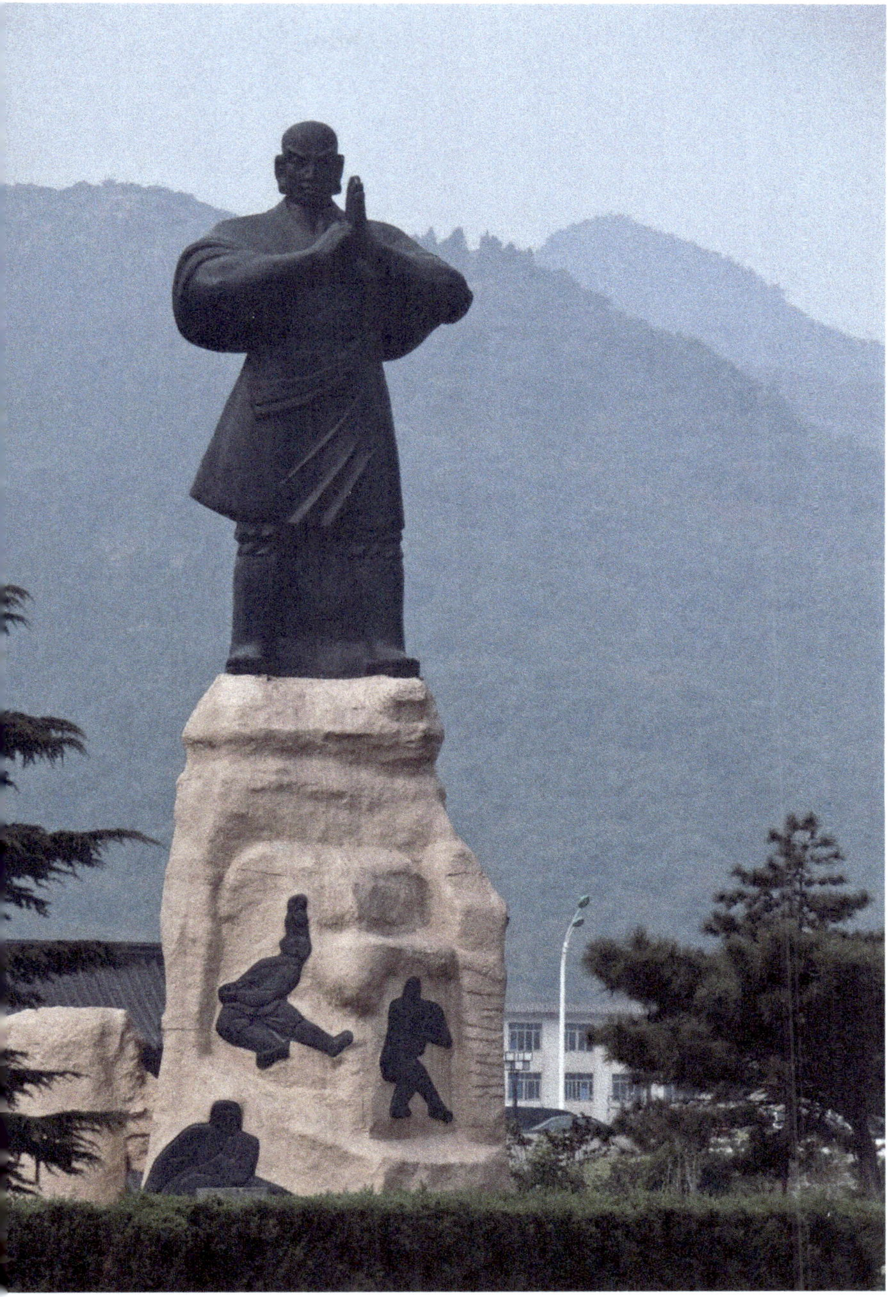

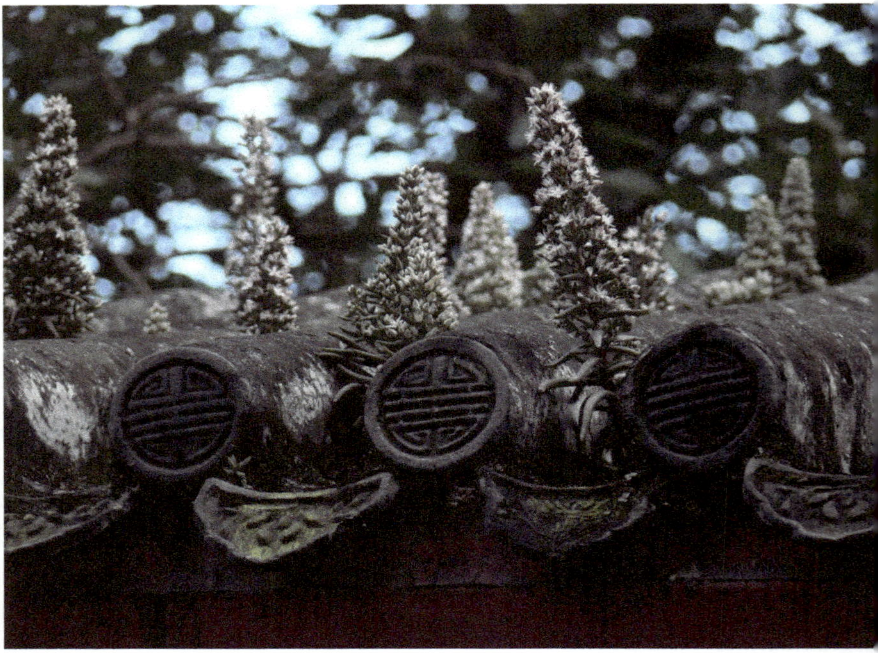

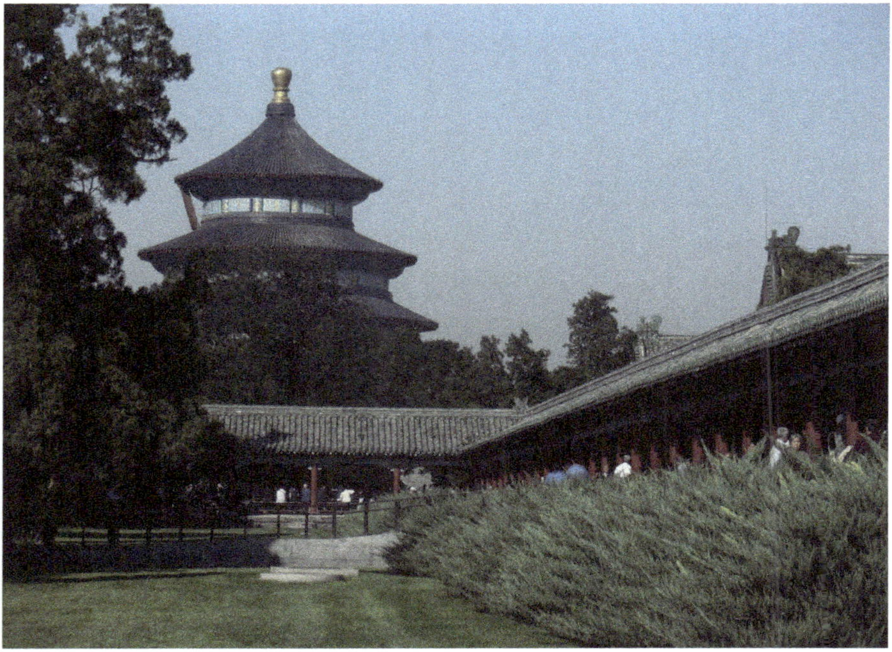

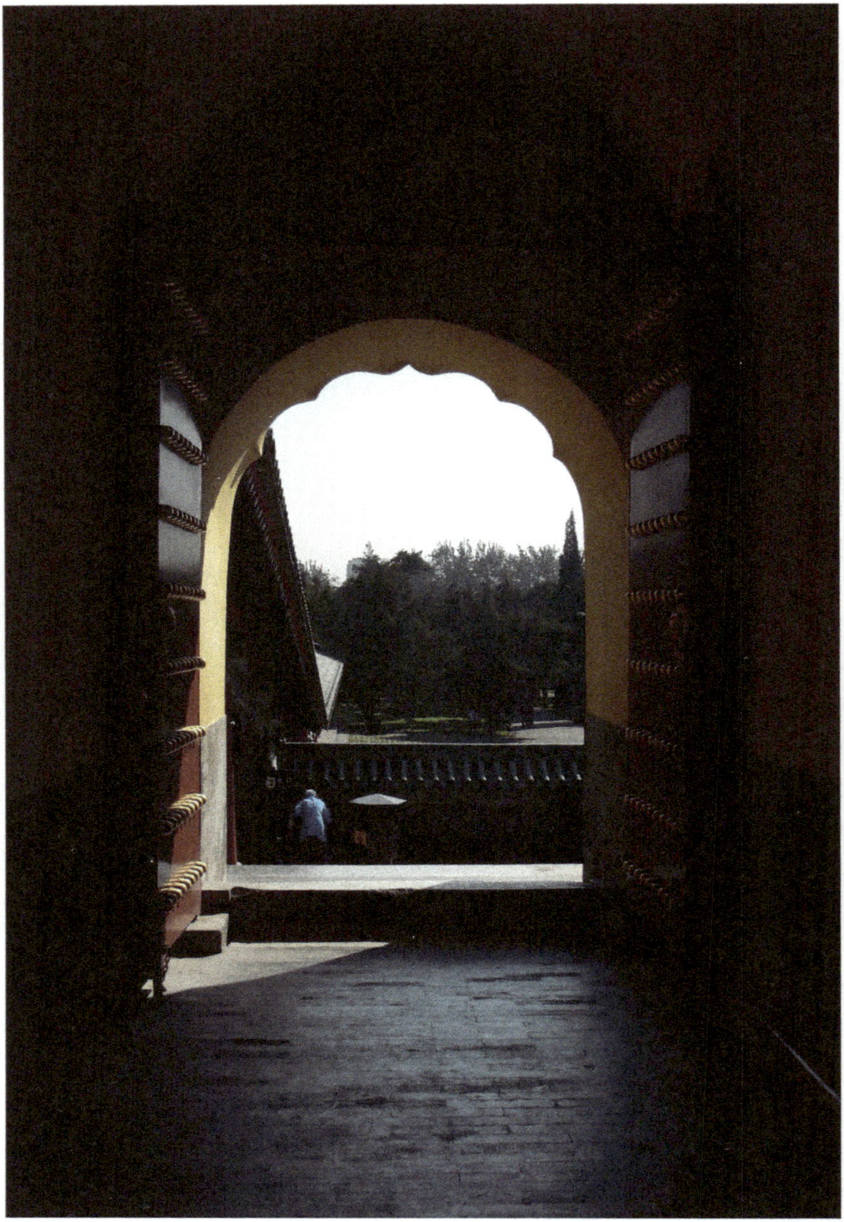

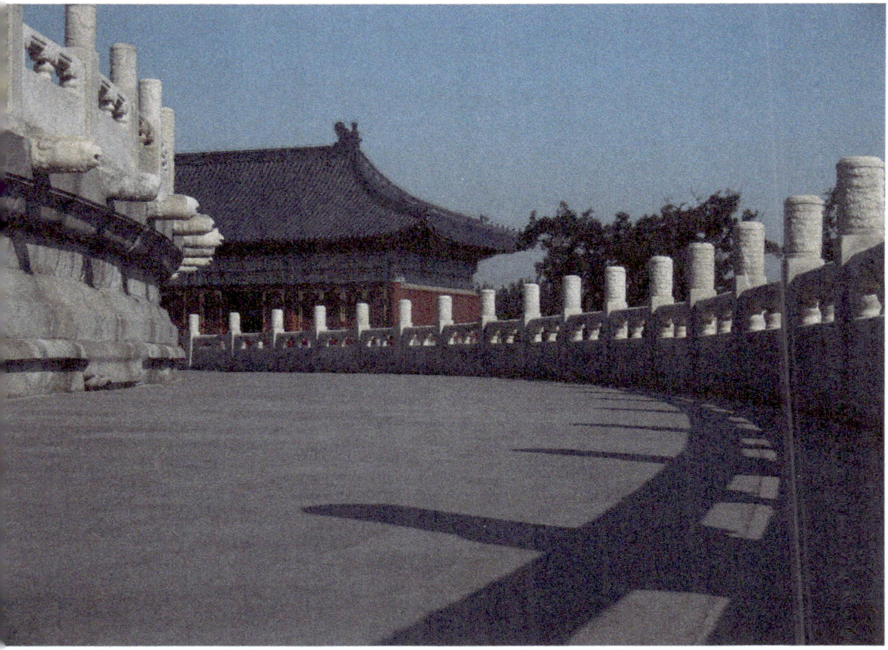

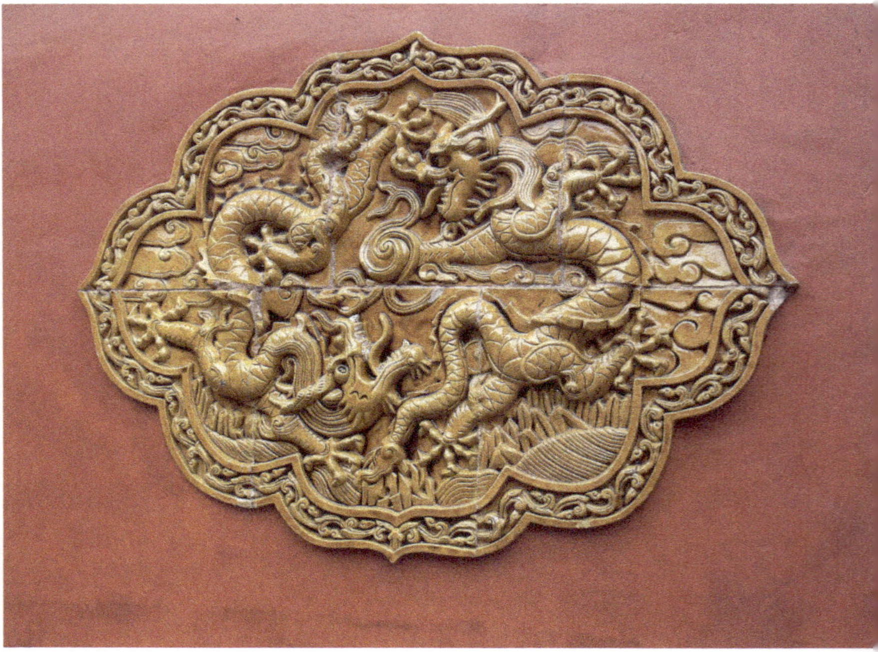

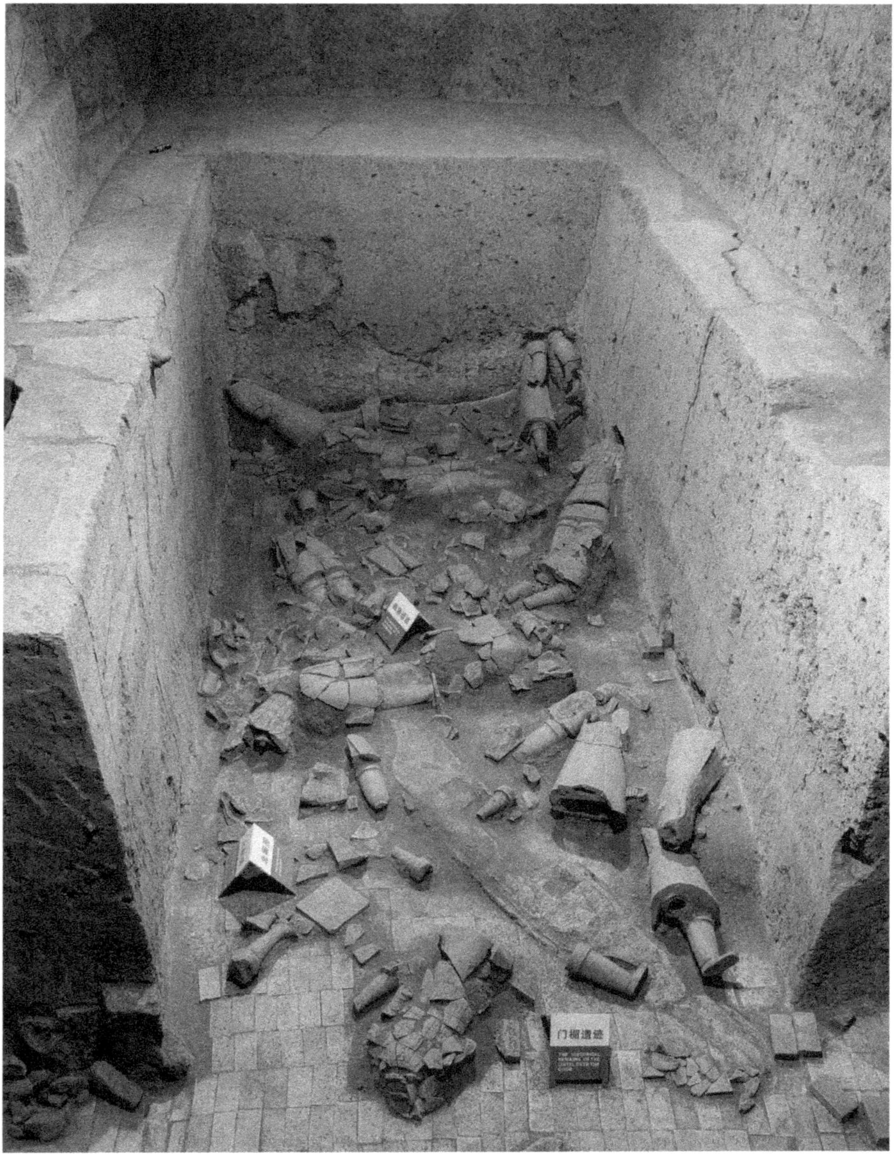
门楣遗迹

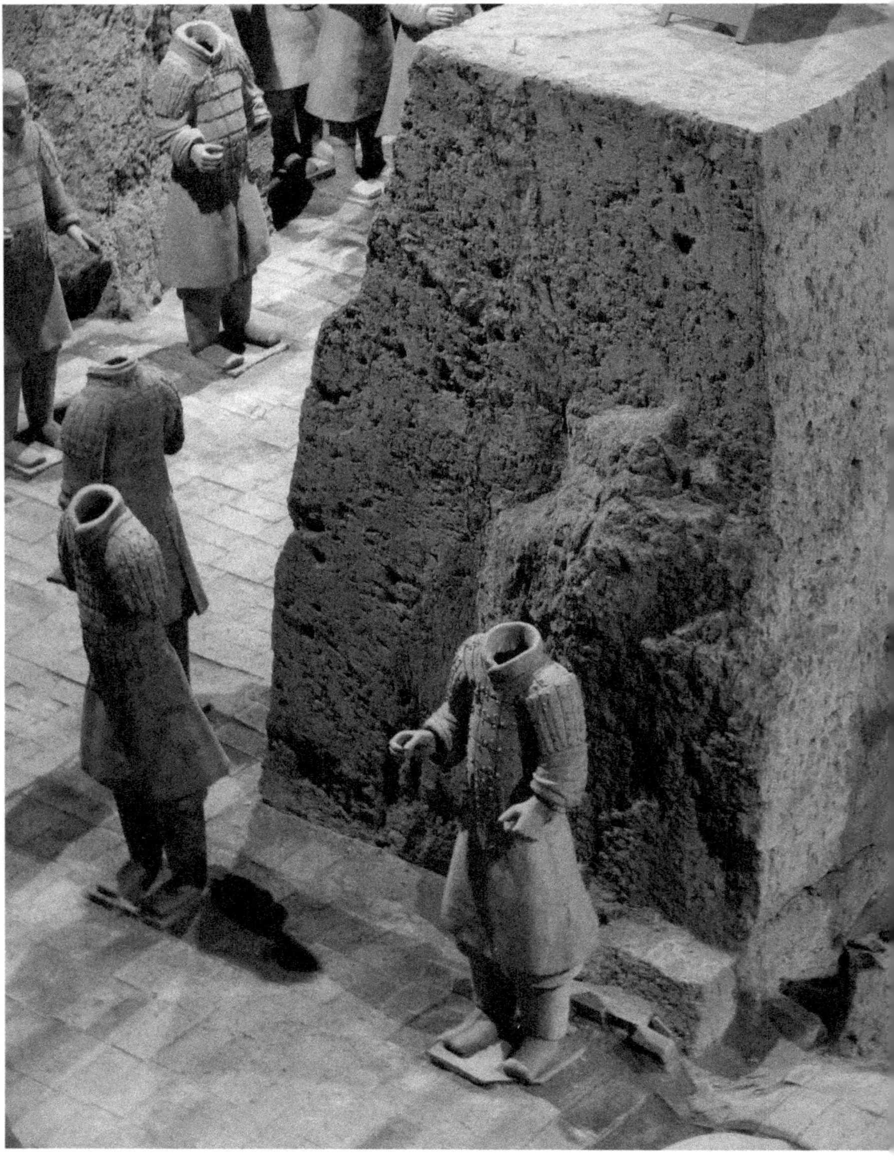

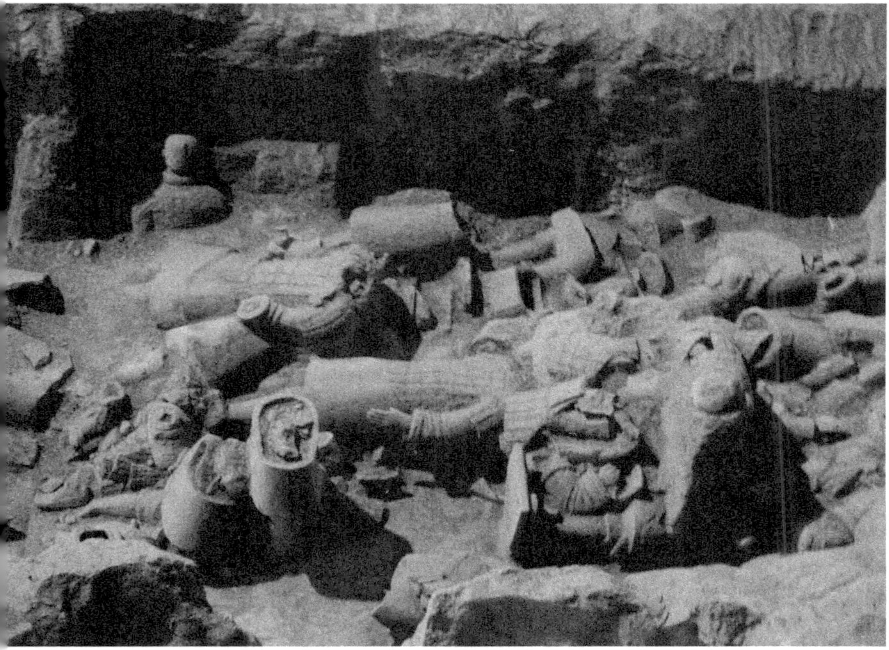

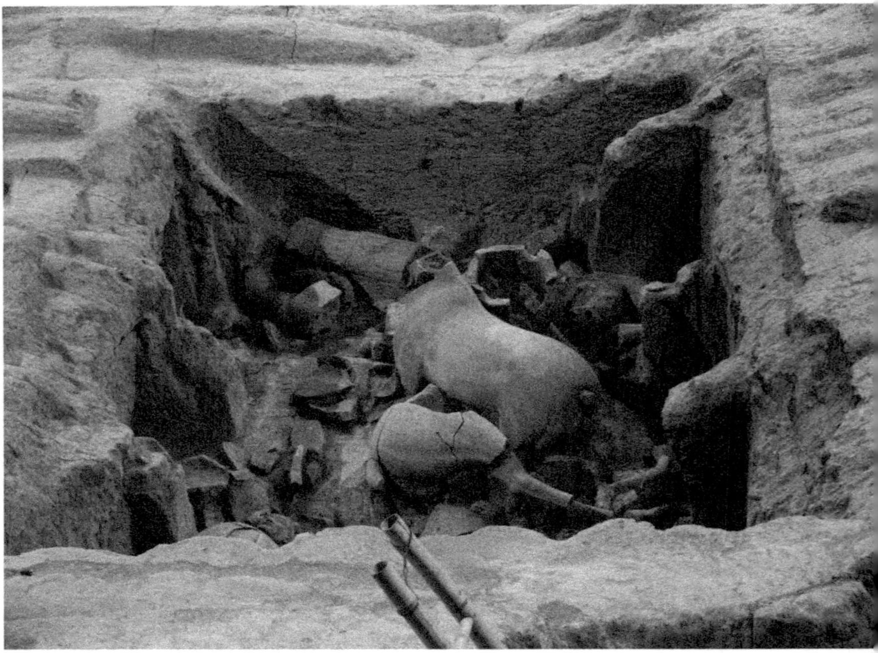

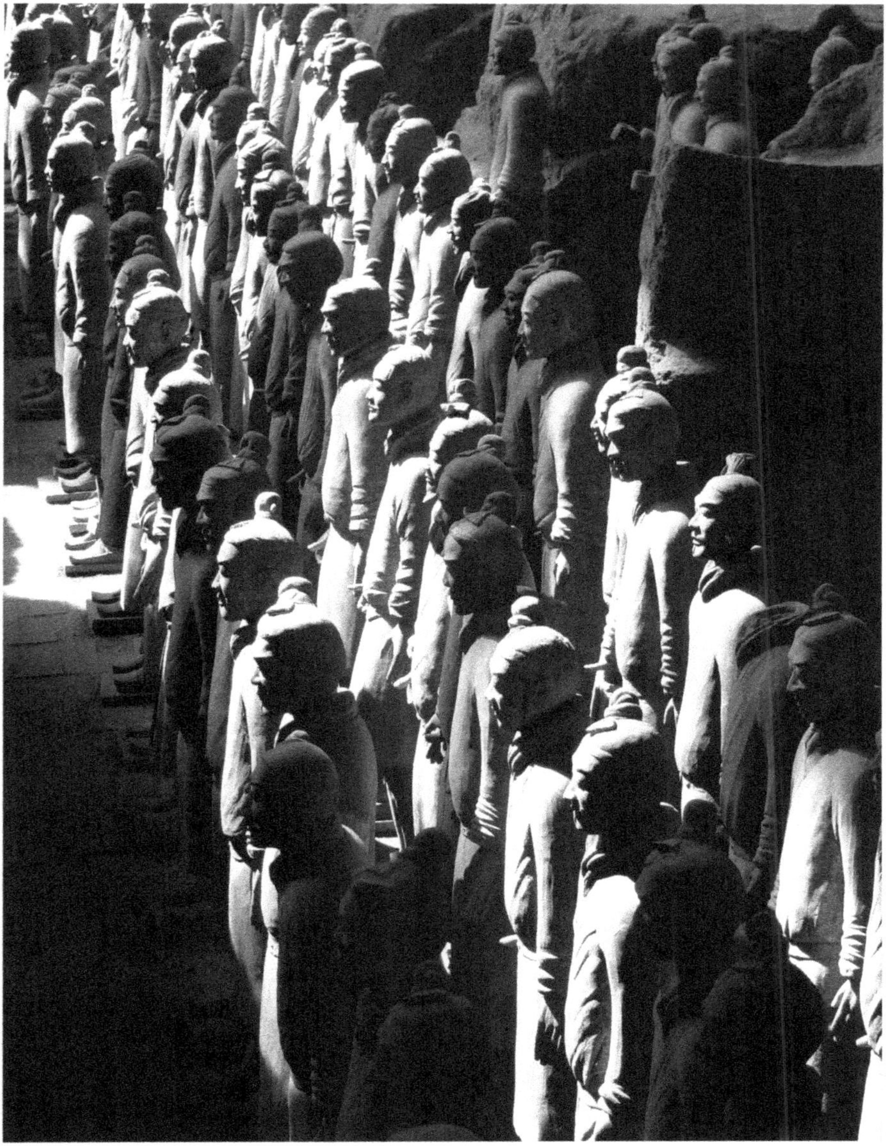

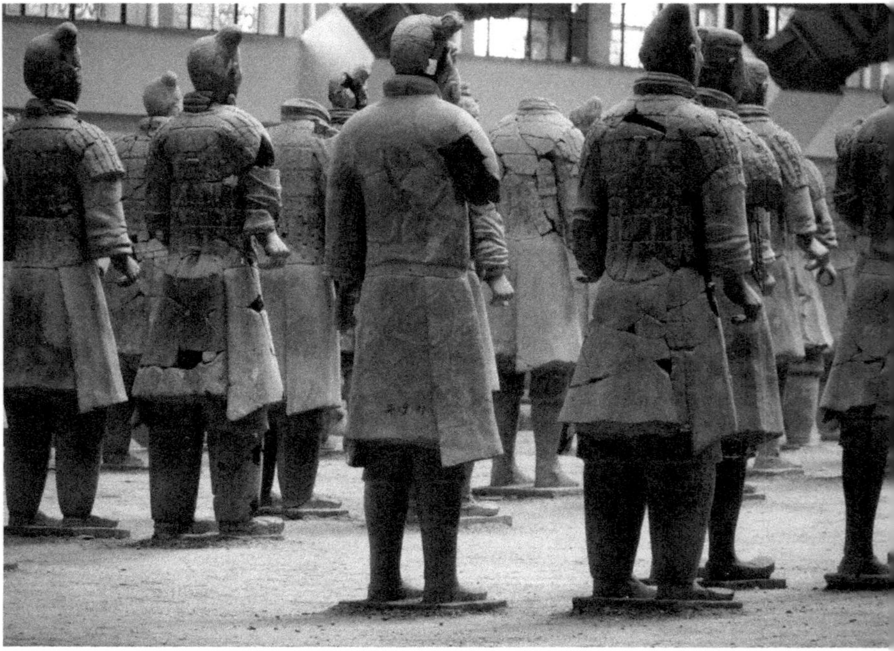

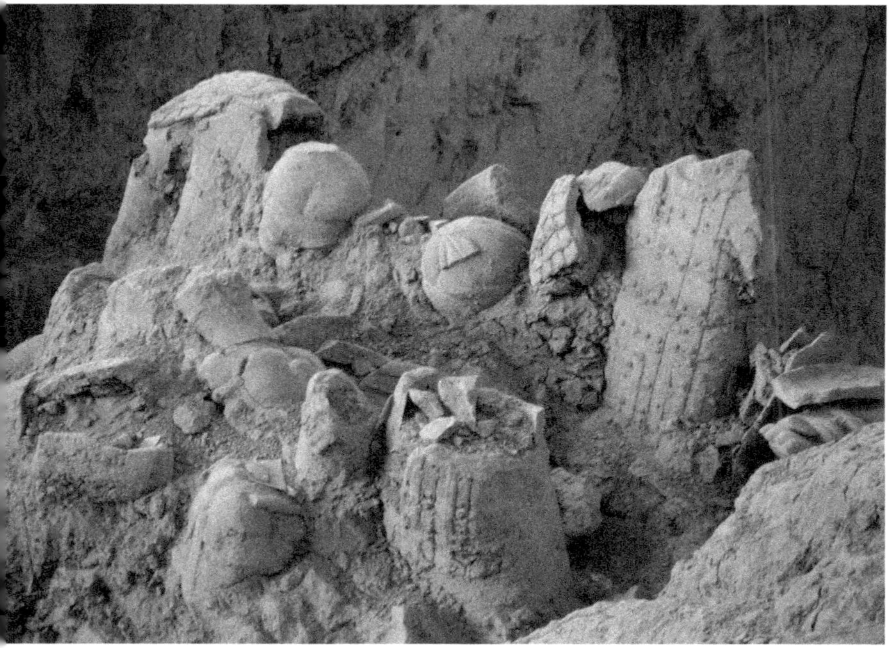

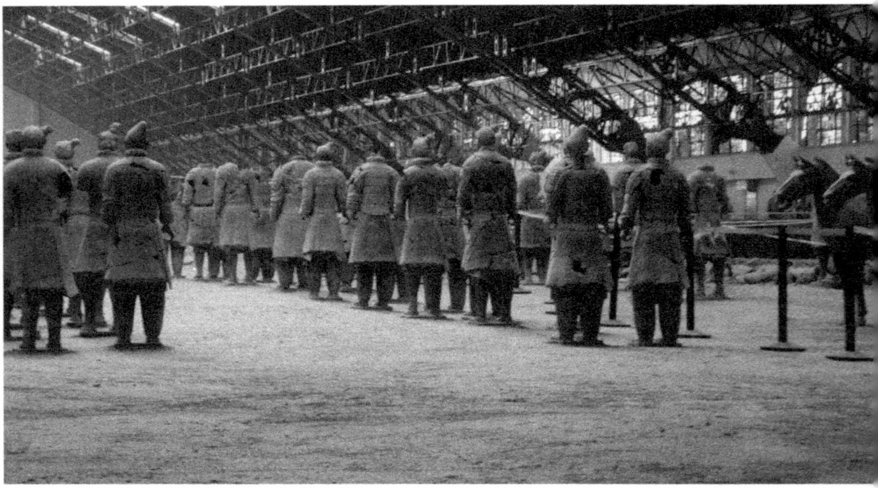

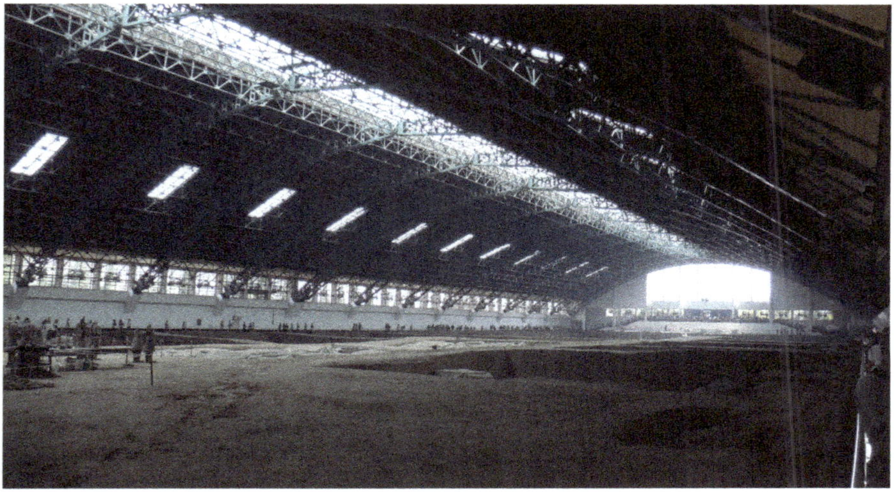

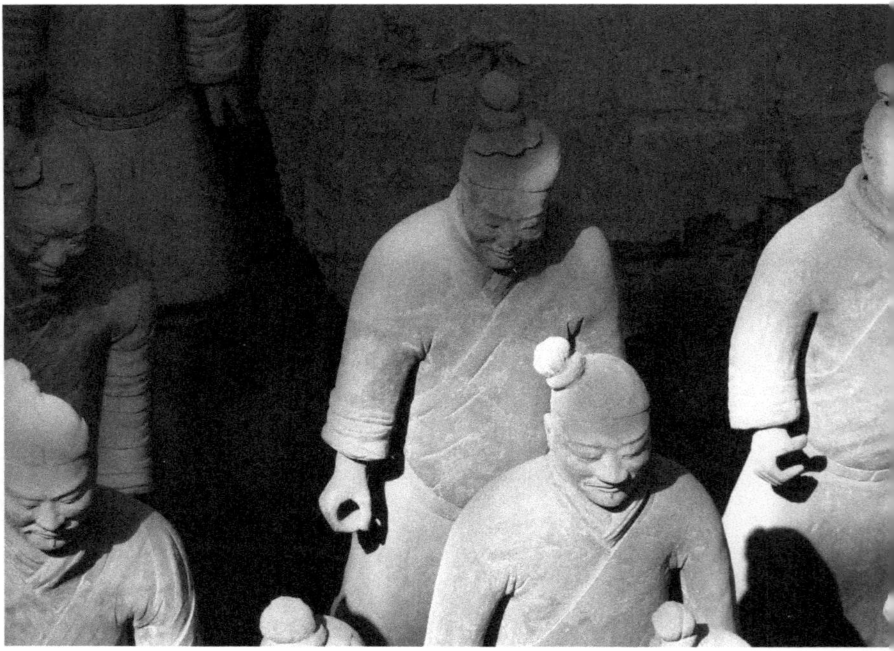

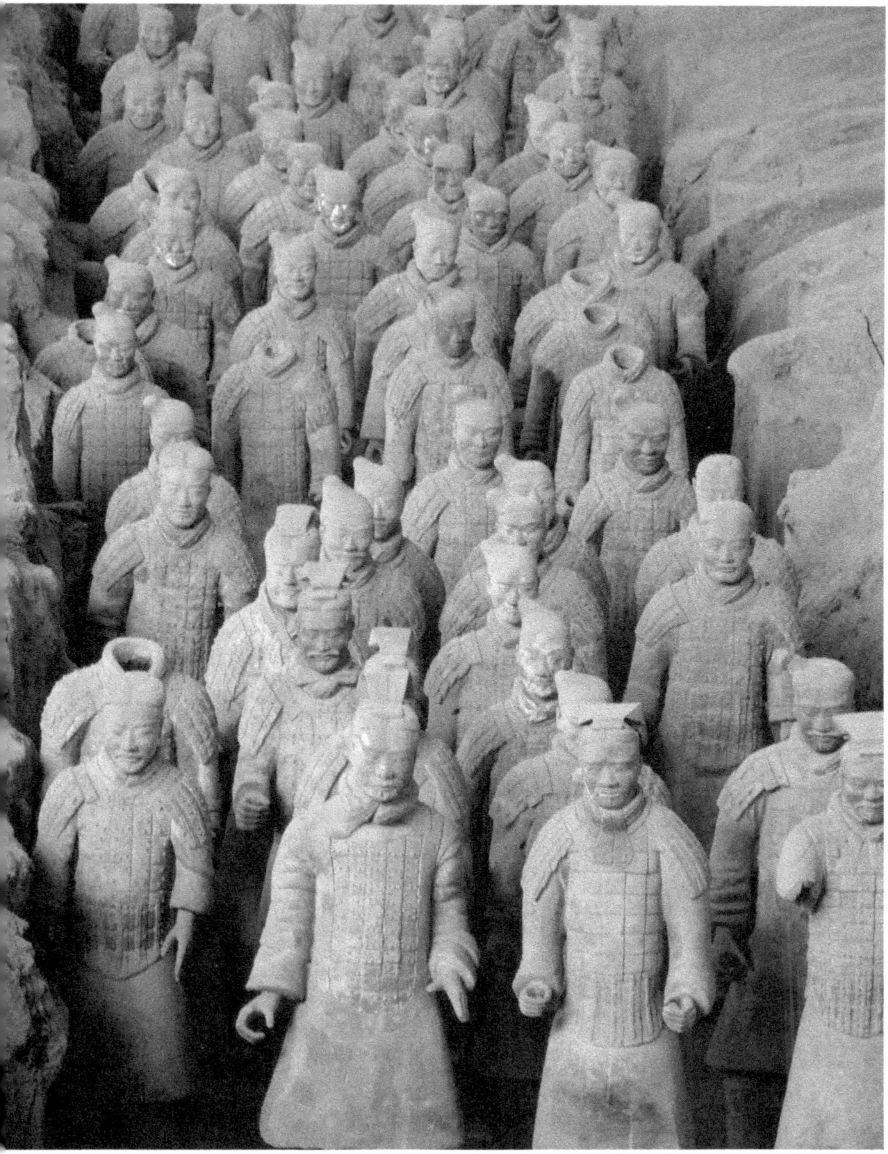

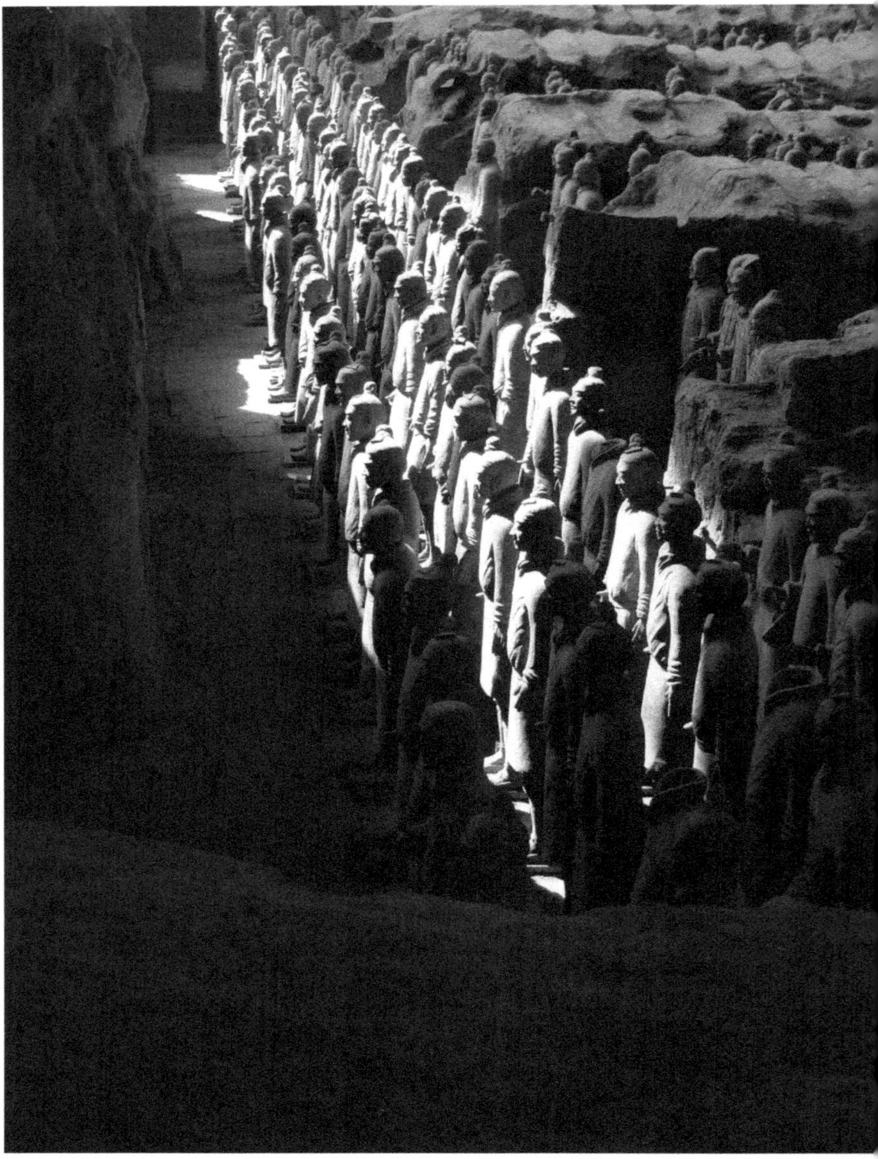

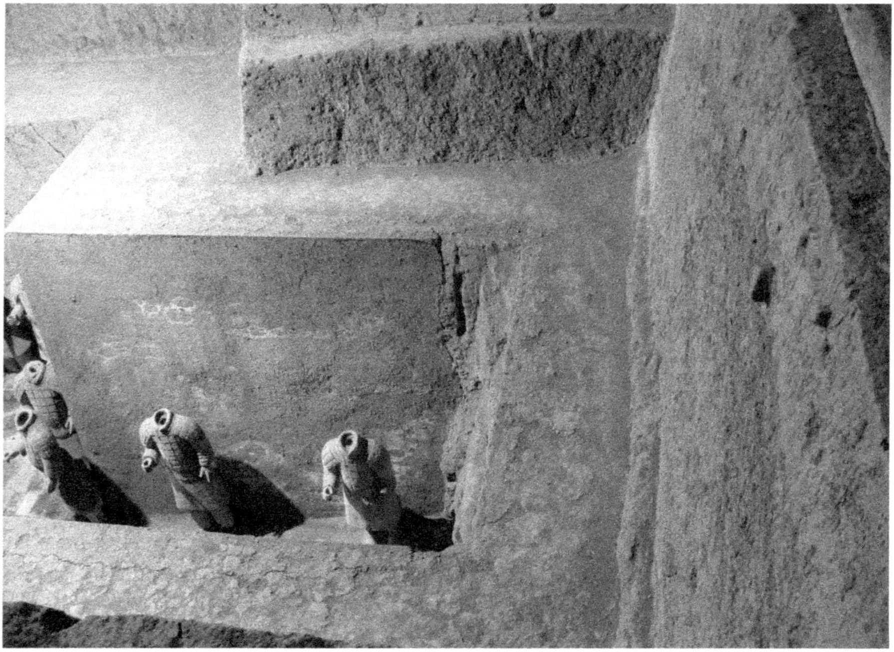

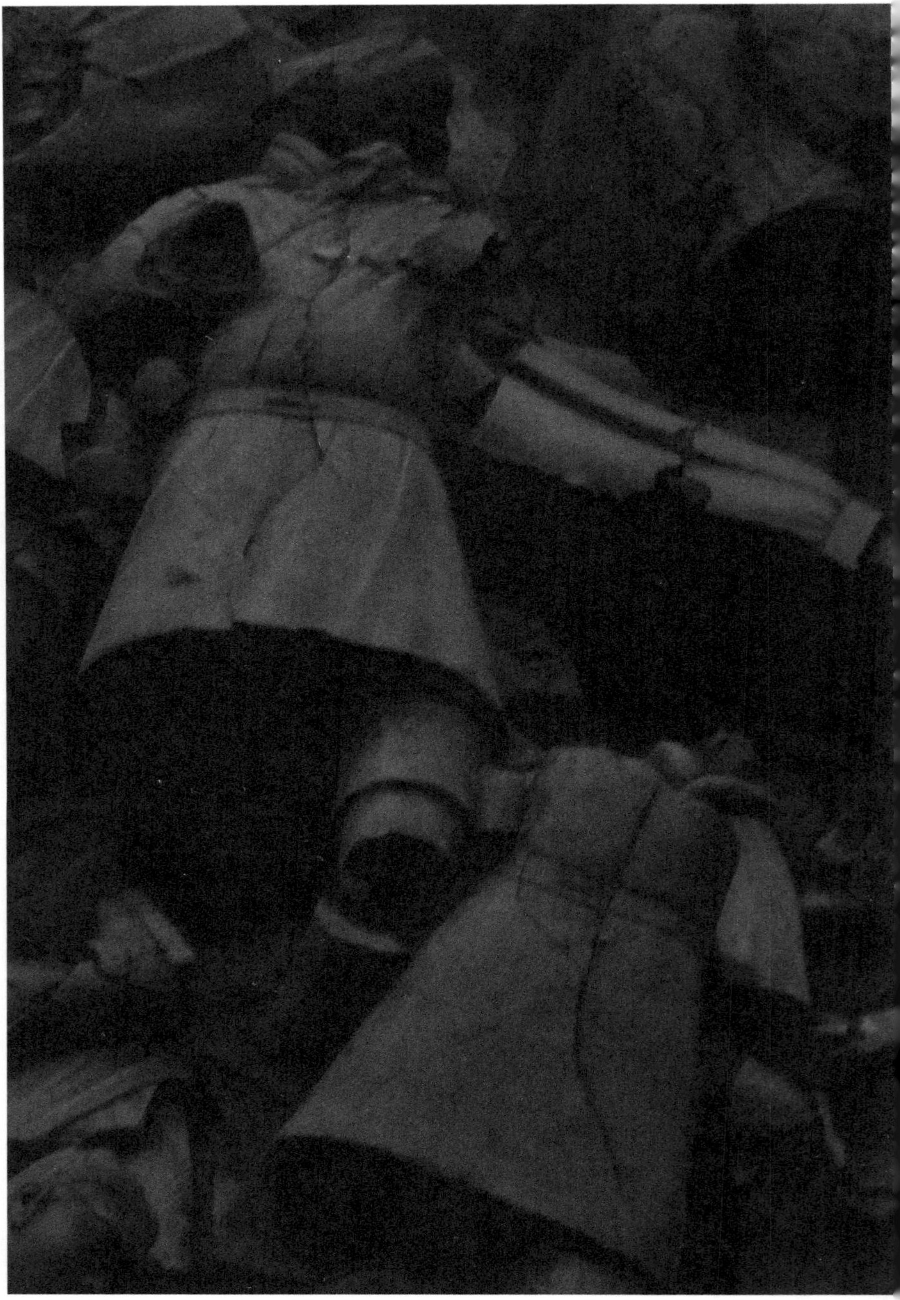

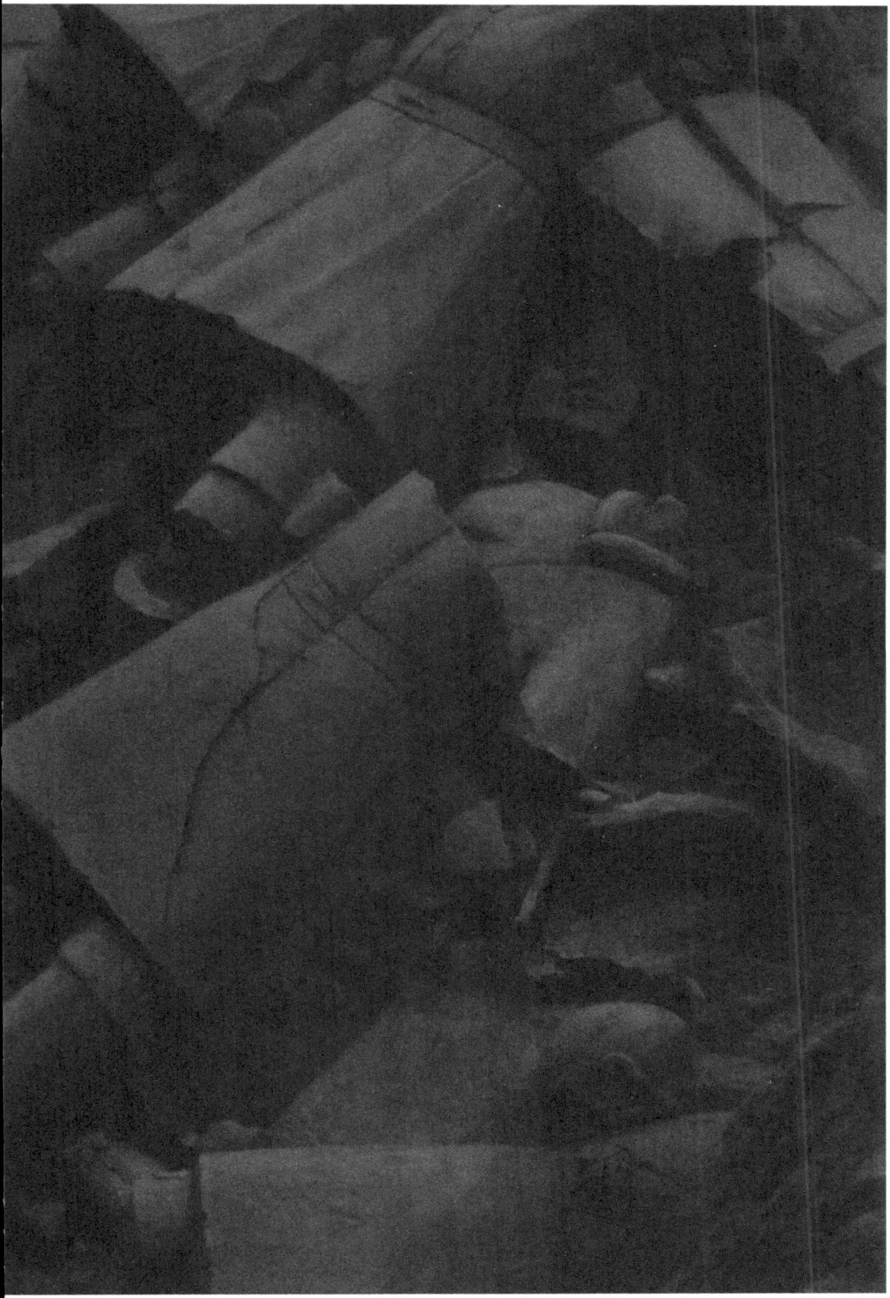

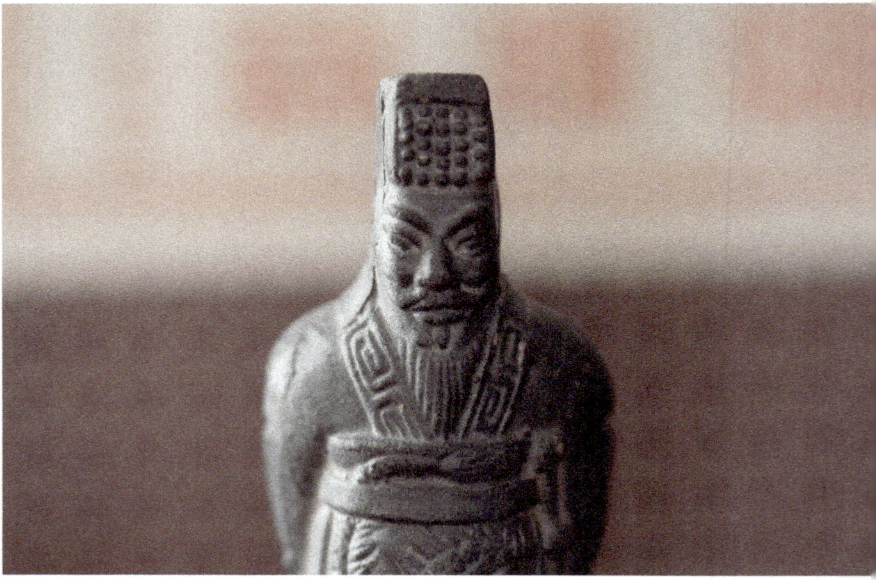

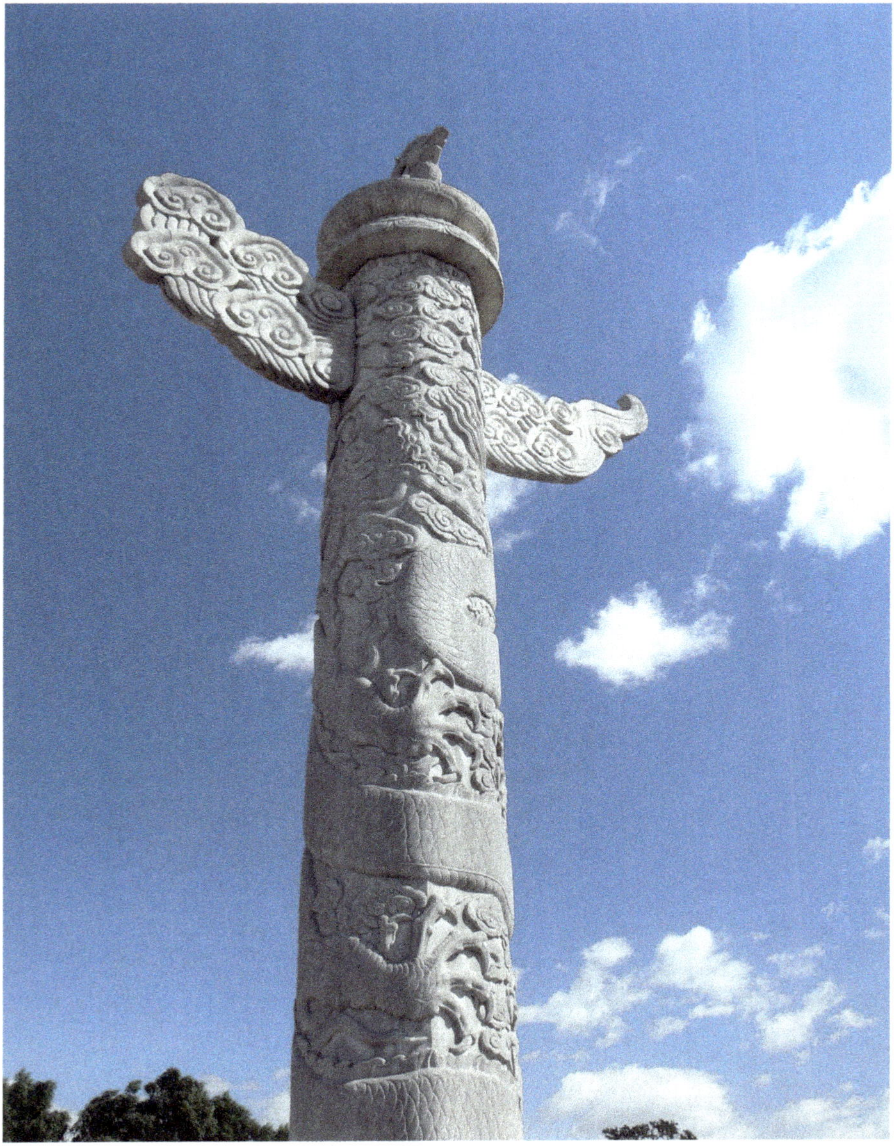

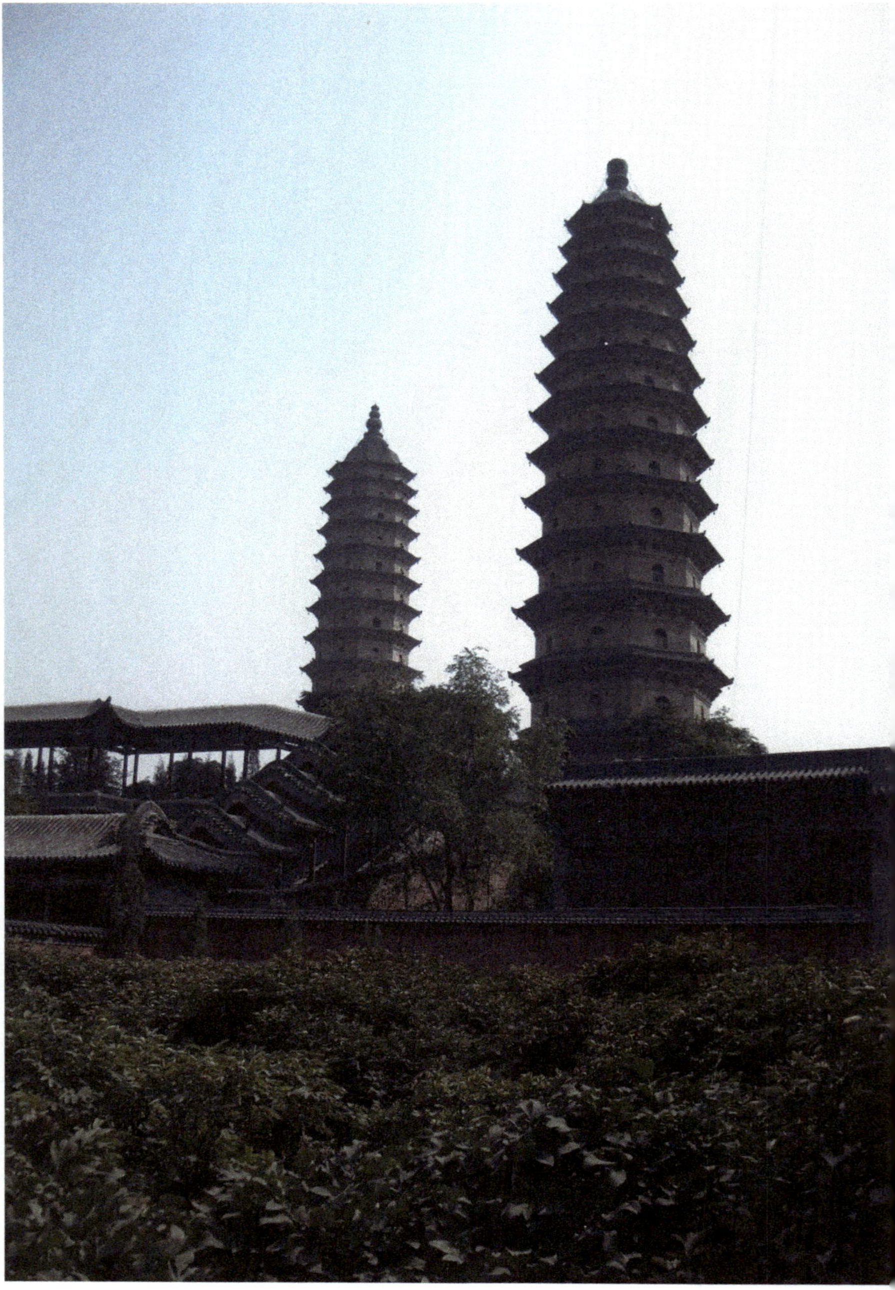

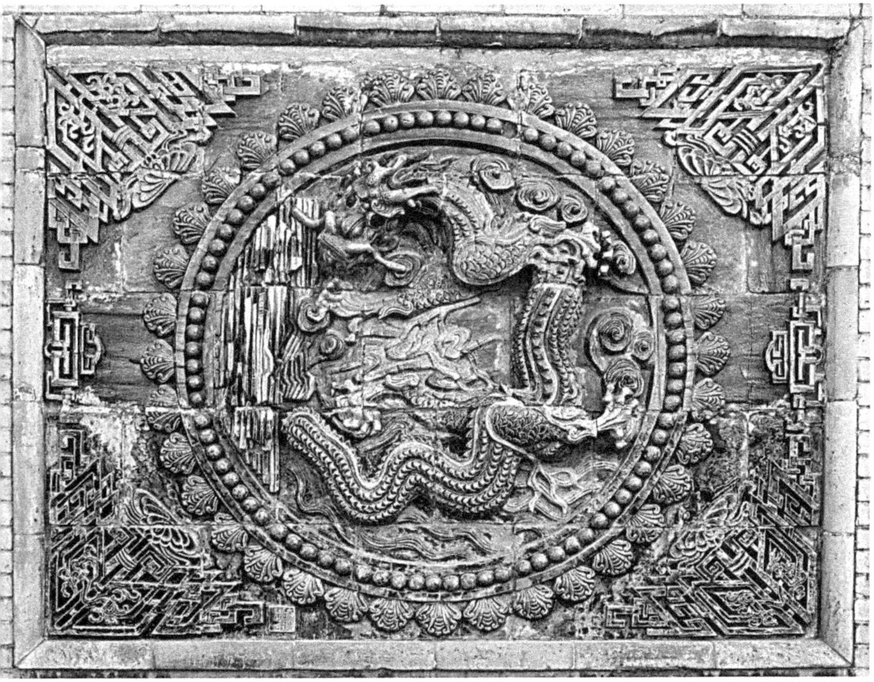

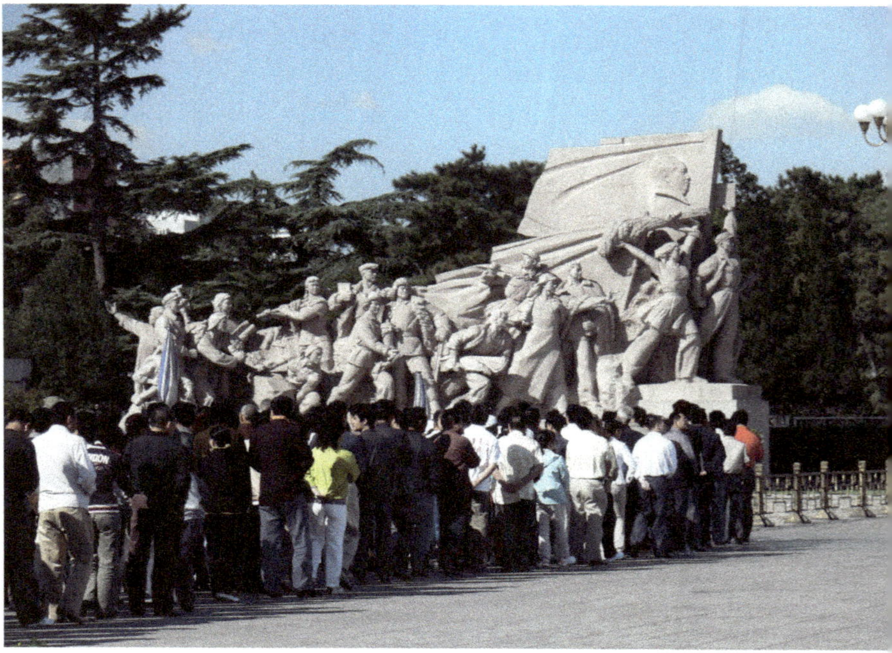

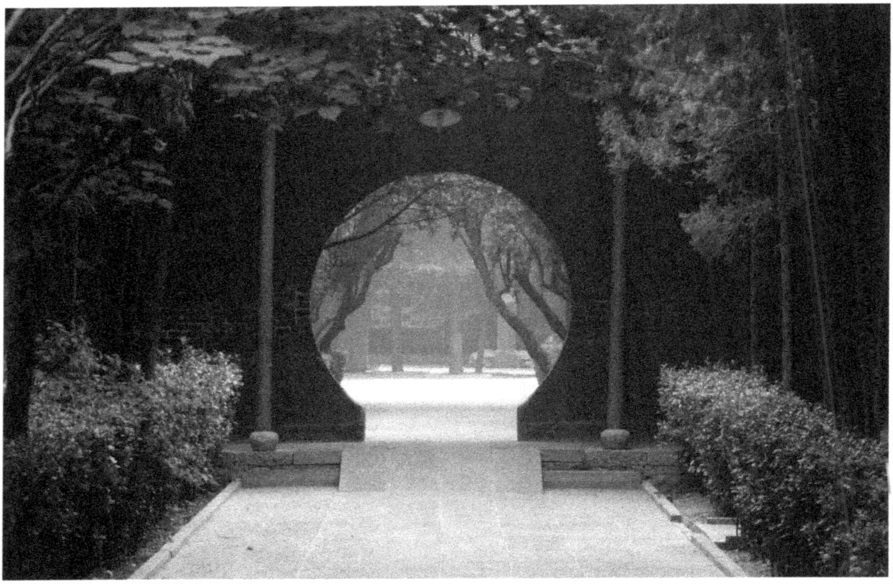

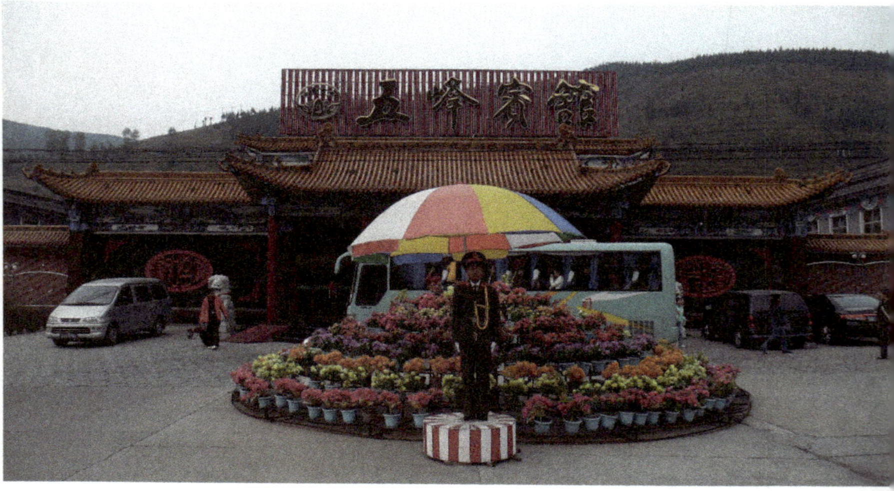
五峰賓館

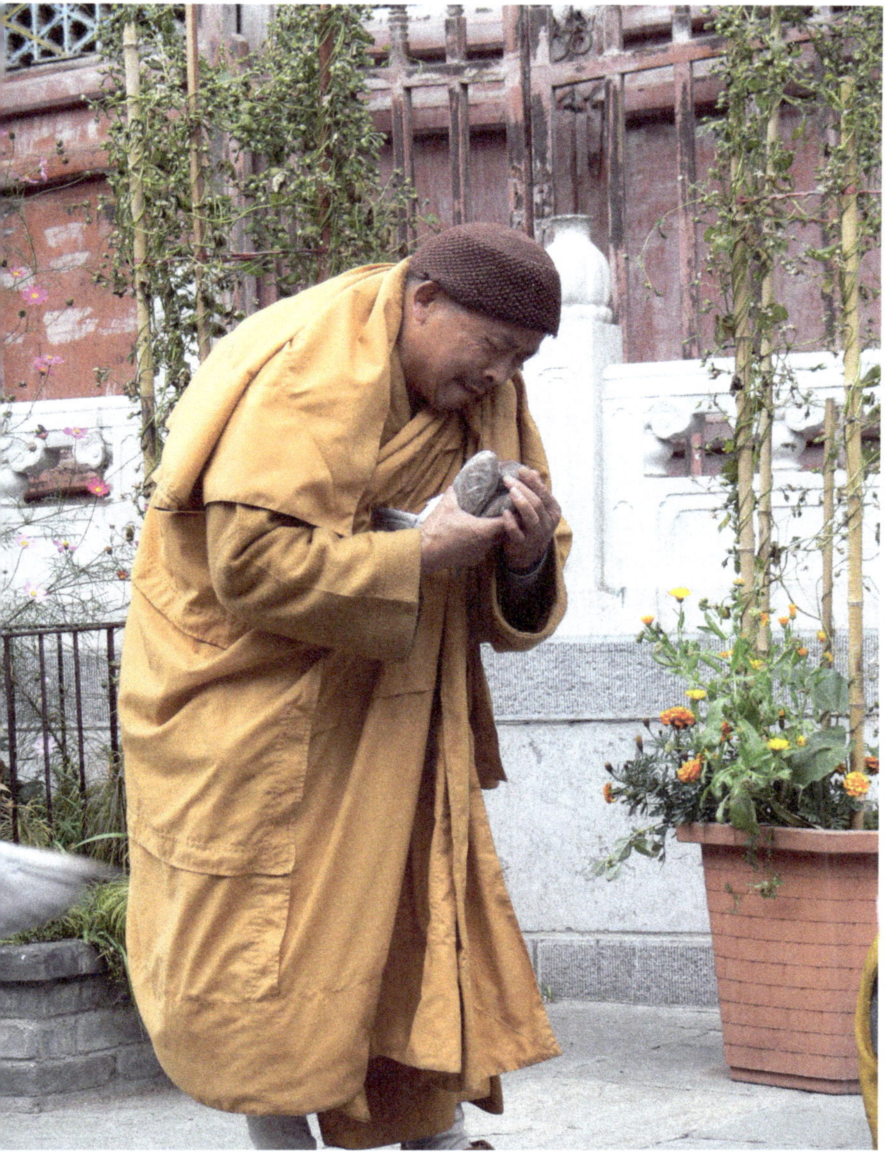

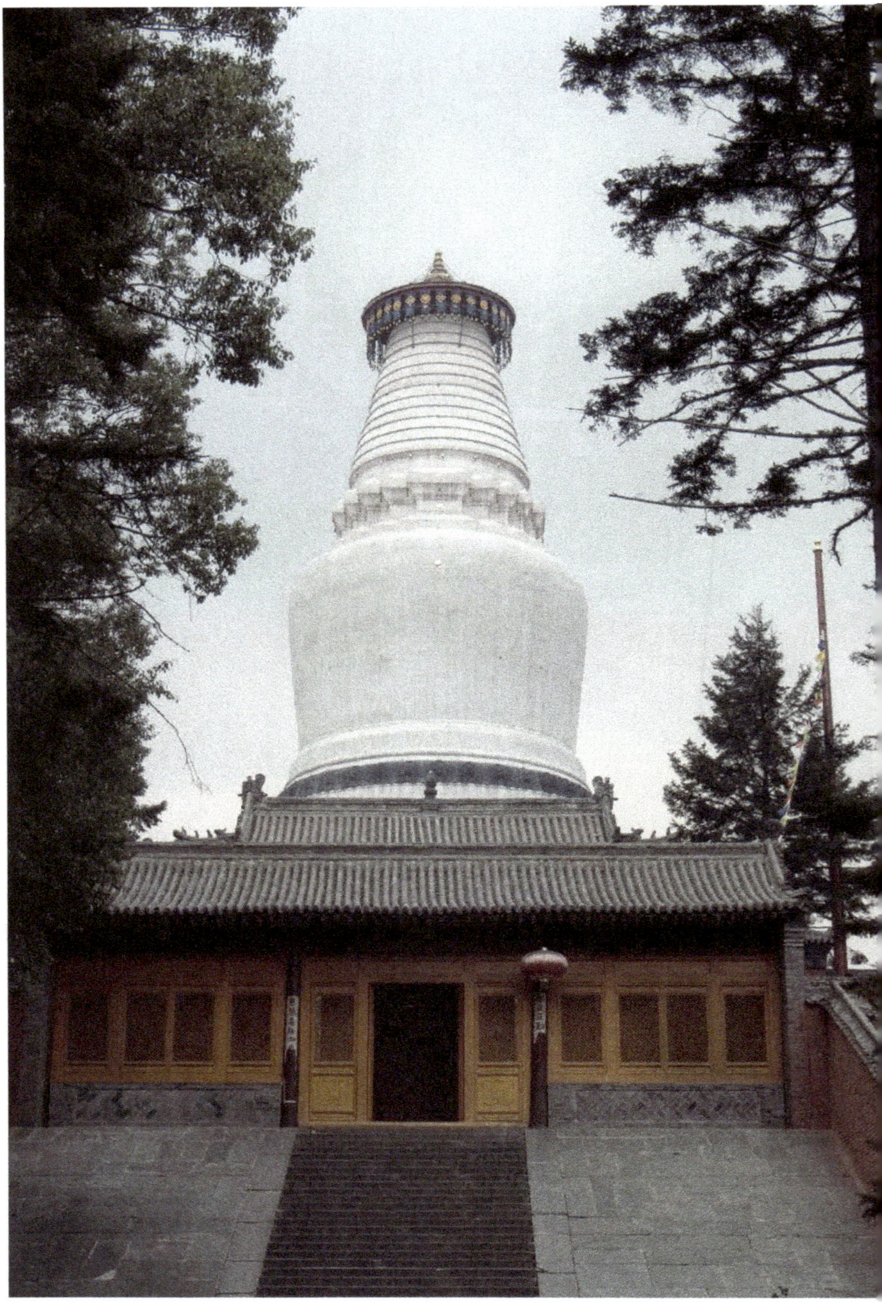

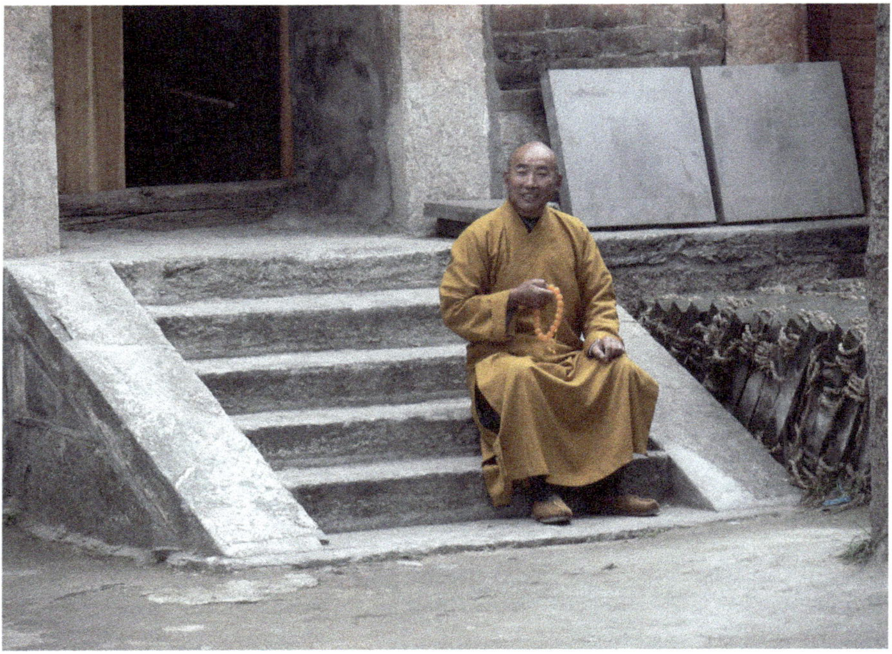

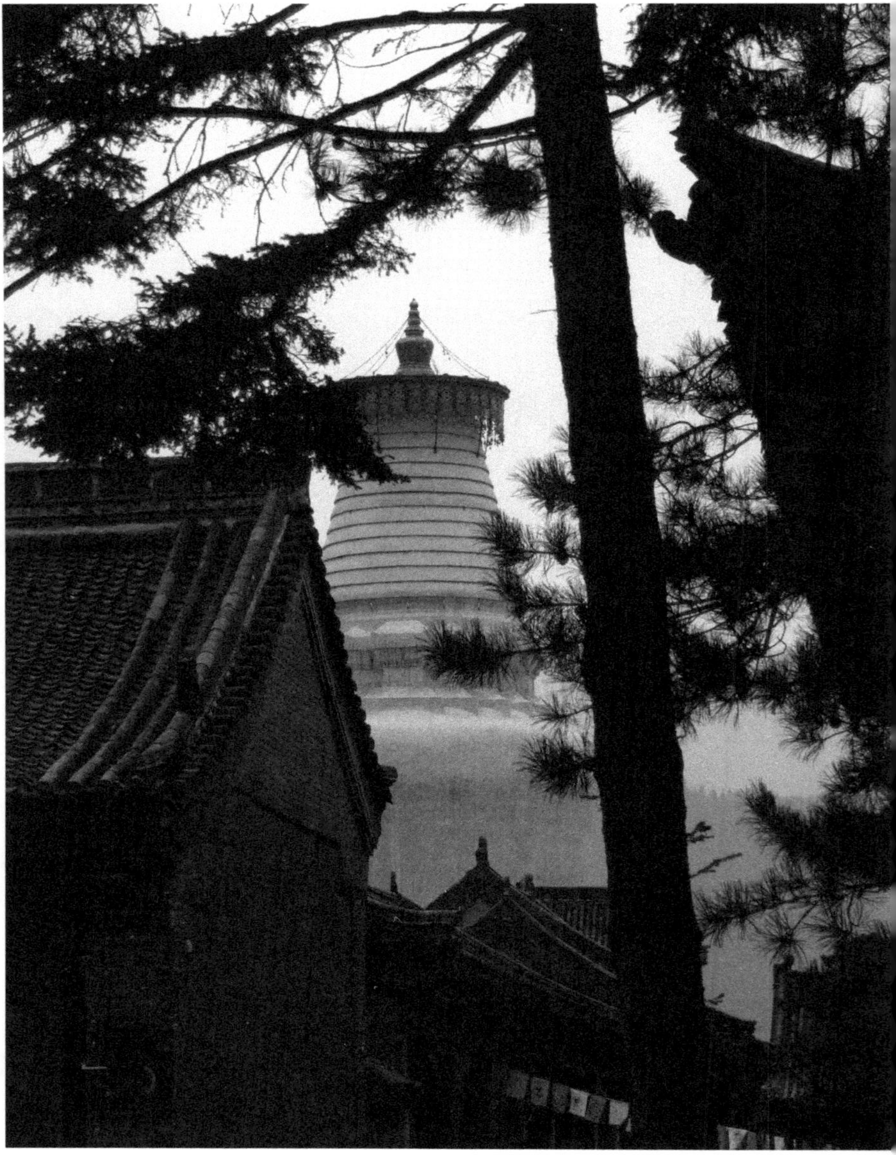

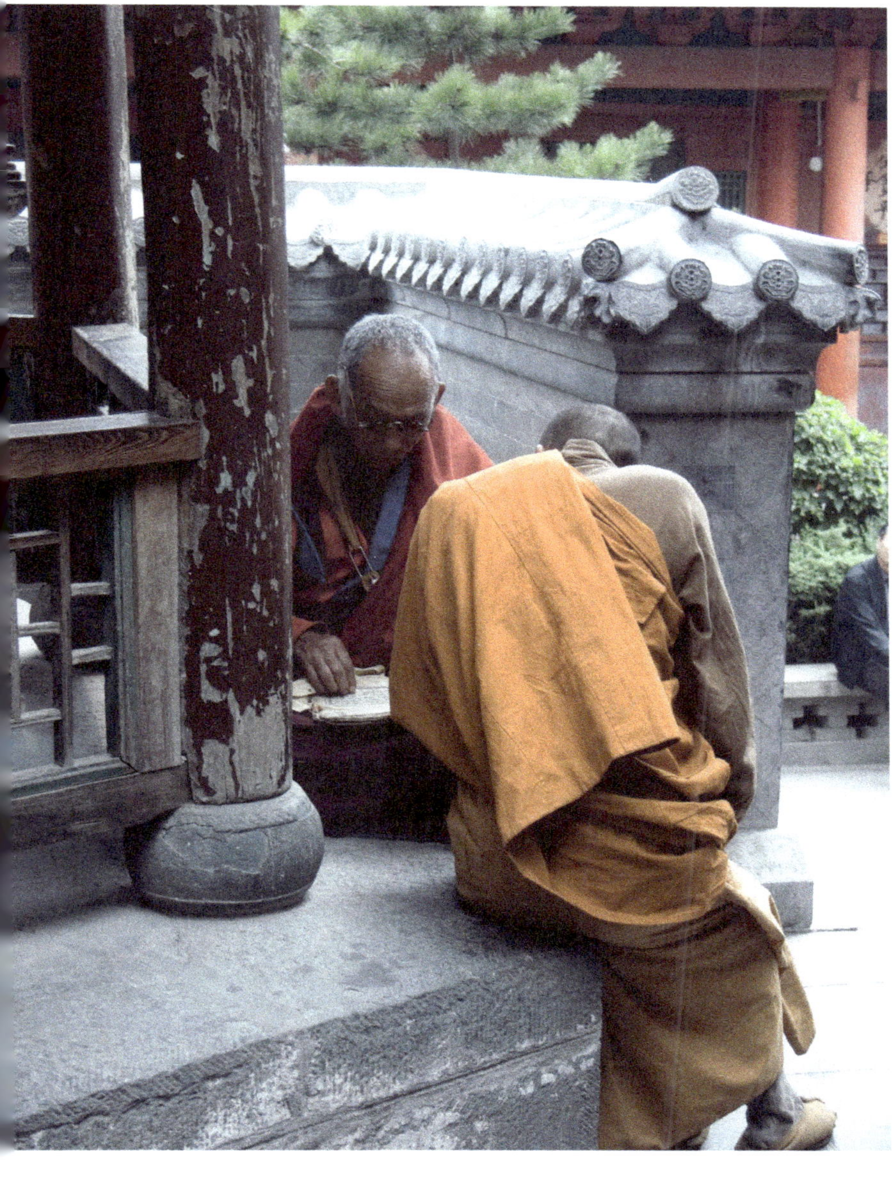

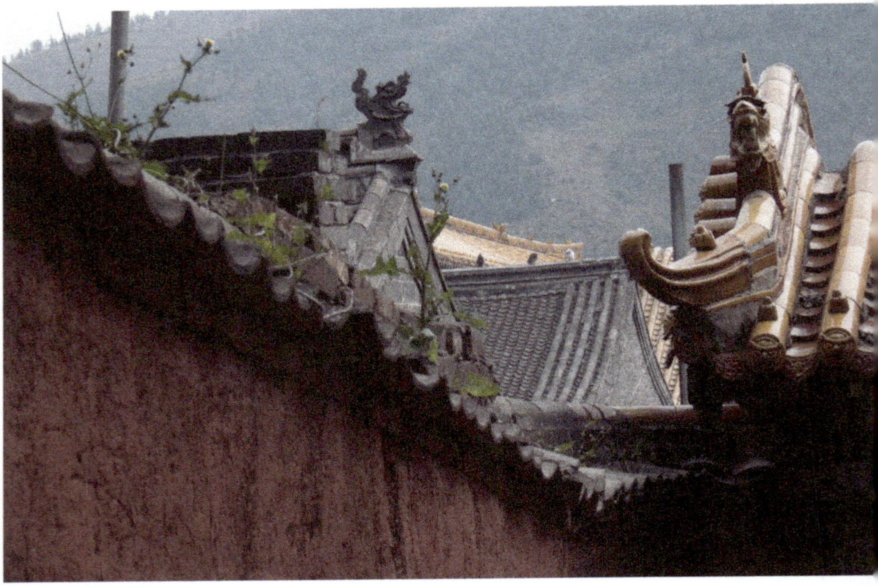

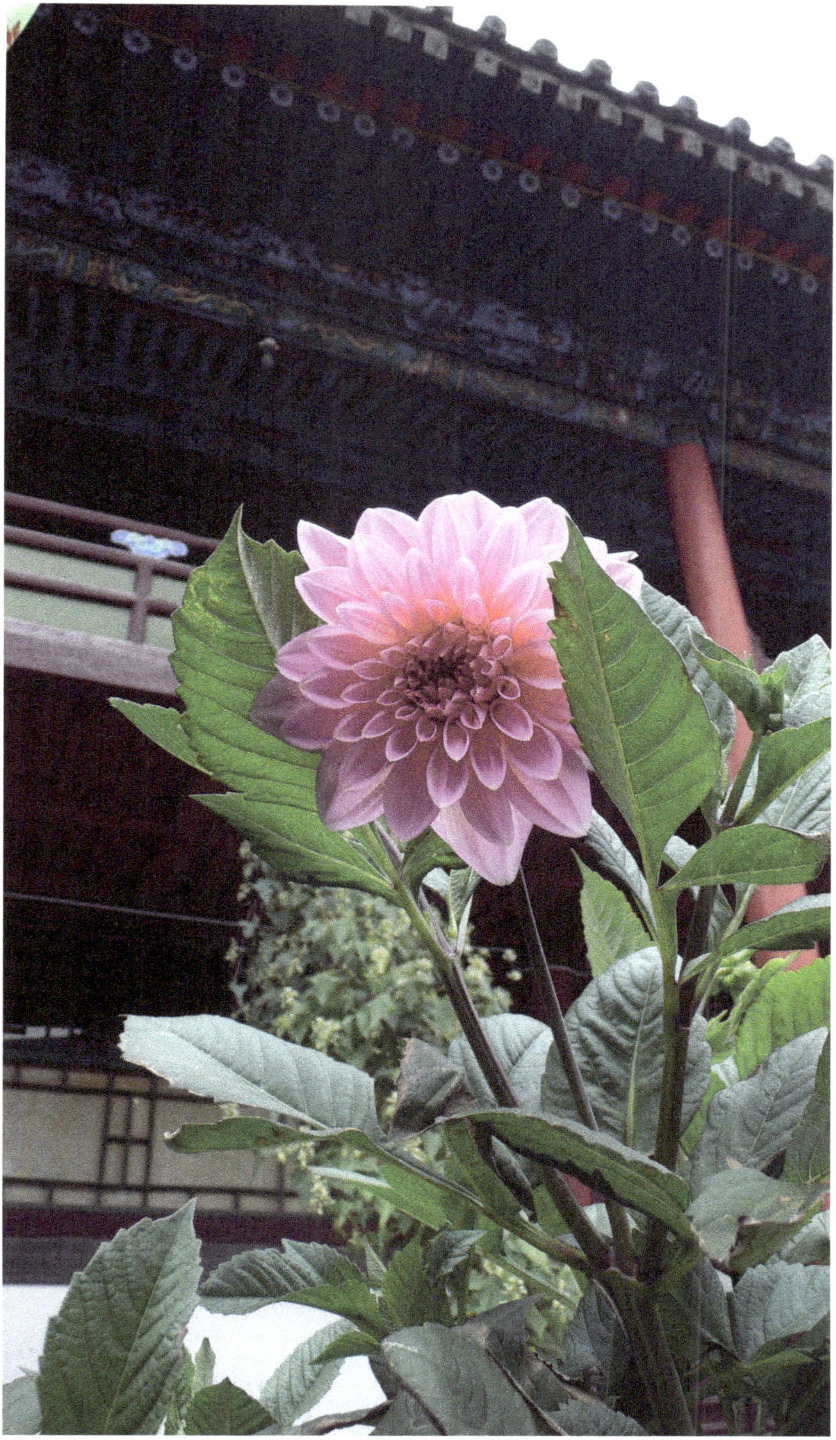

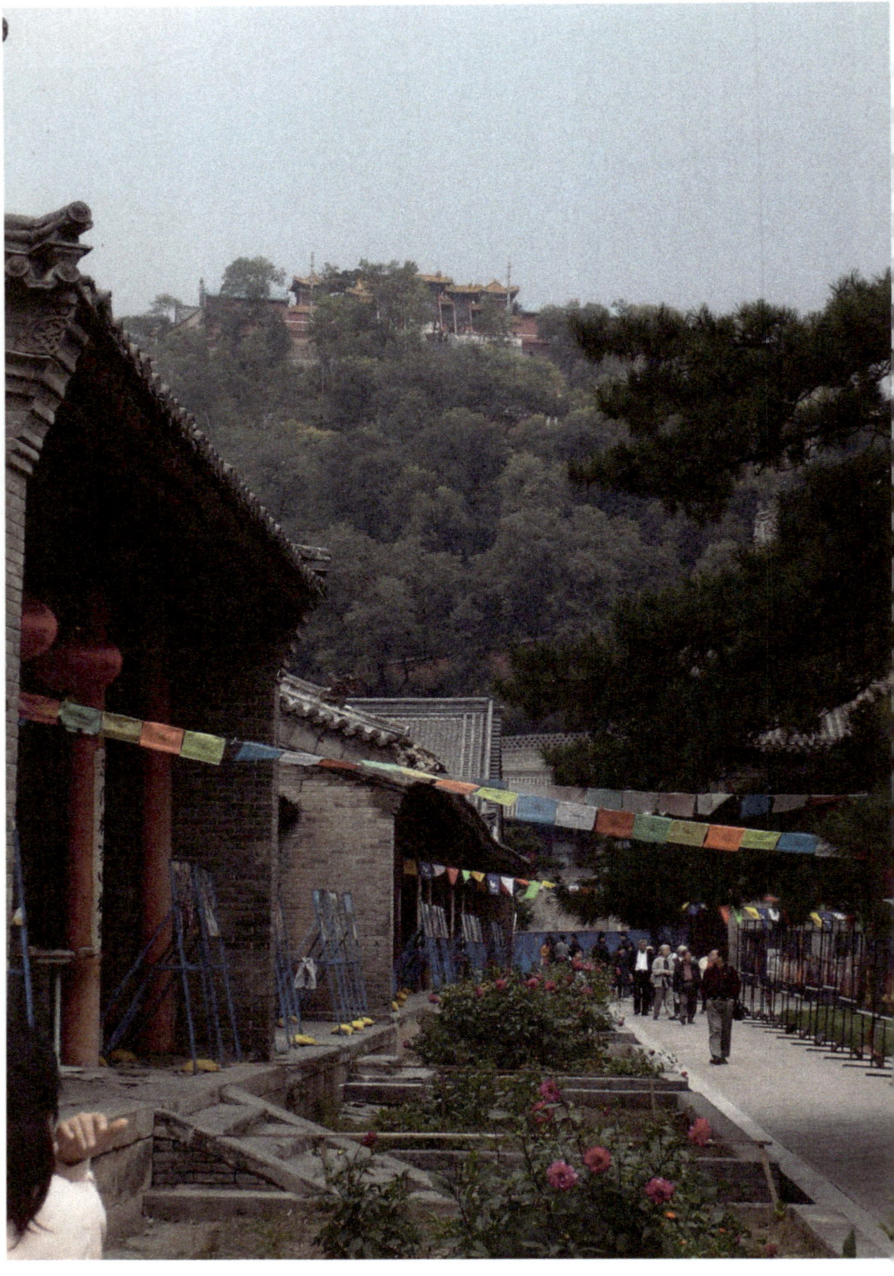

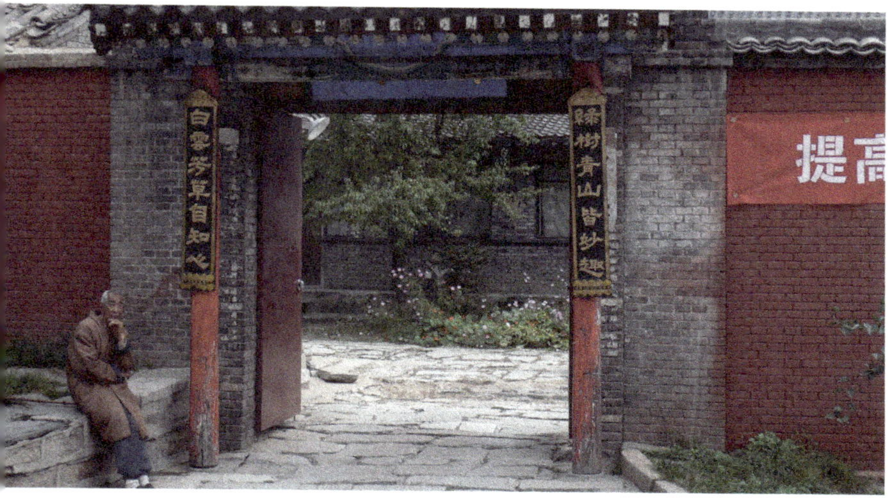
白雲芳草自知心
綠樹青山皆妙趣
提高

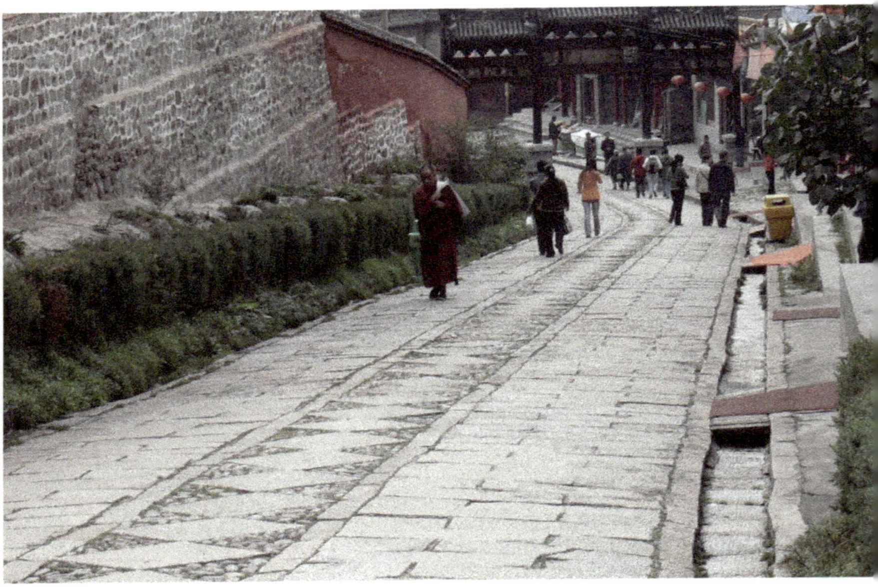

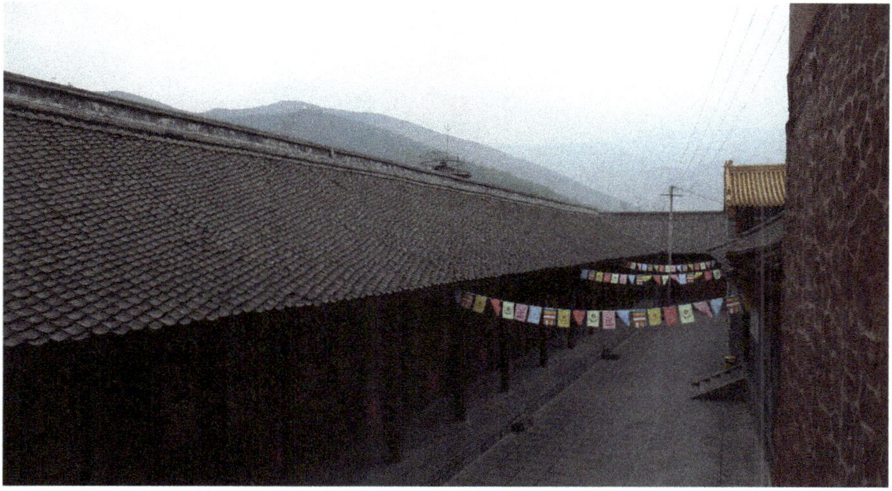

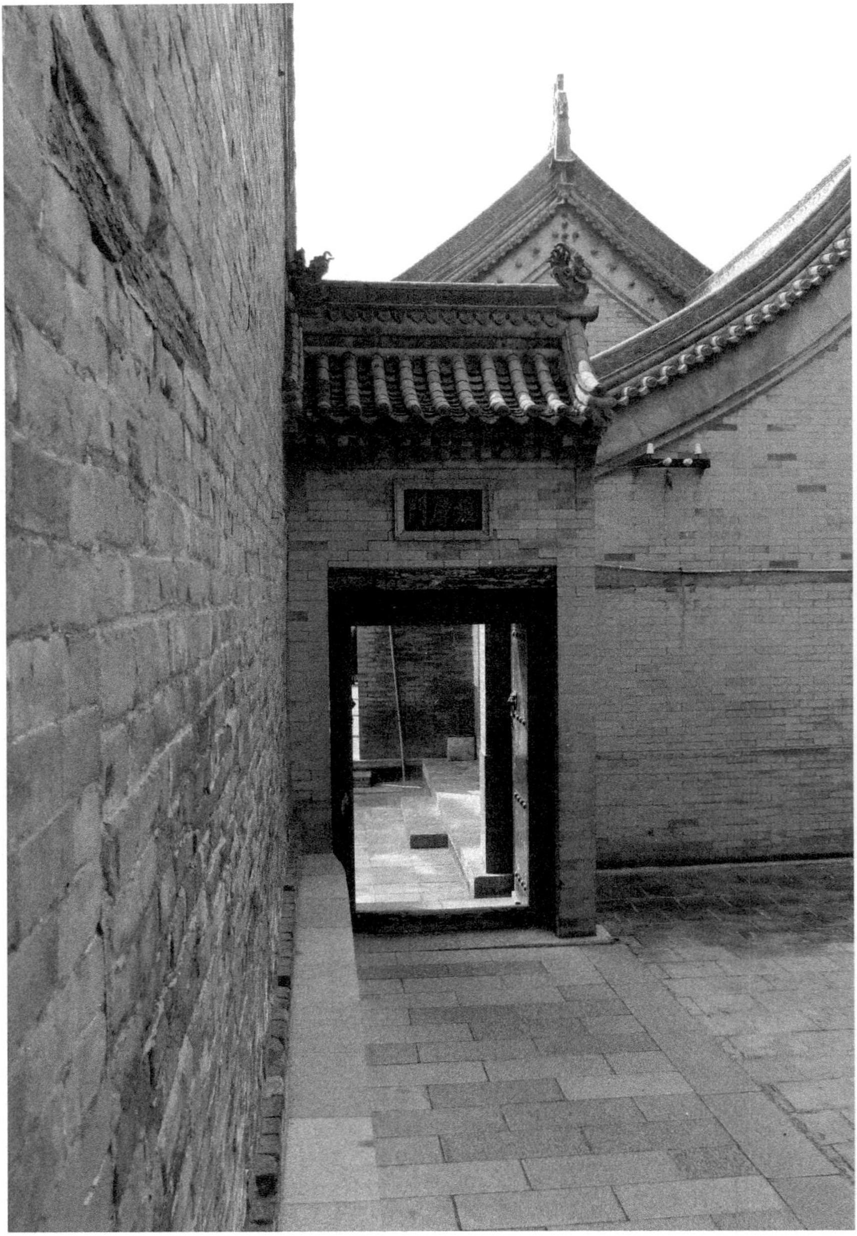

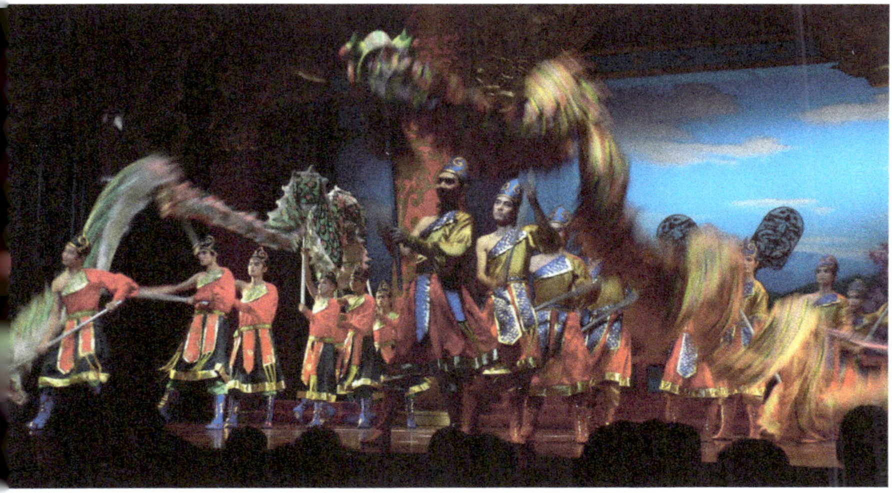

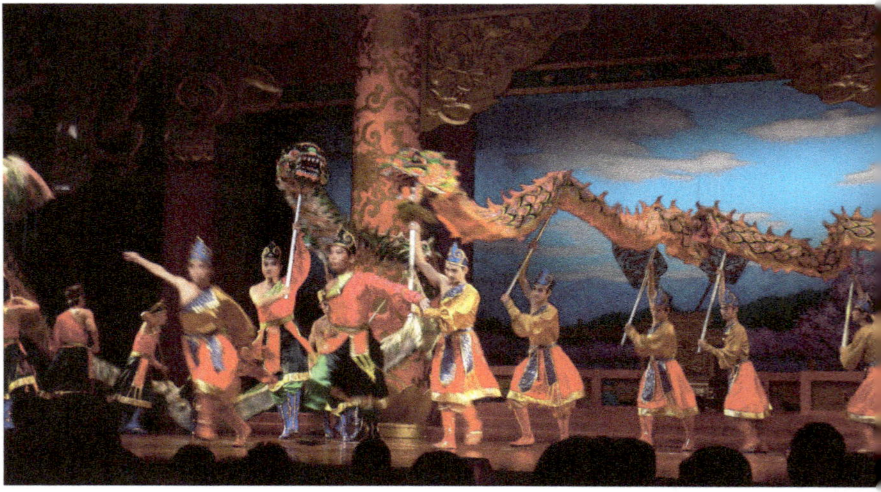

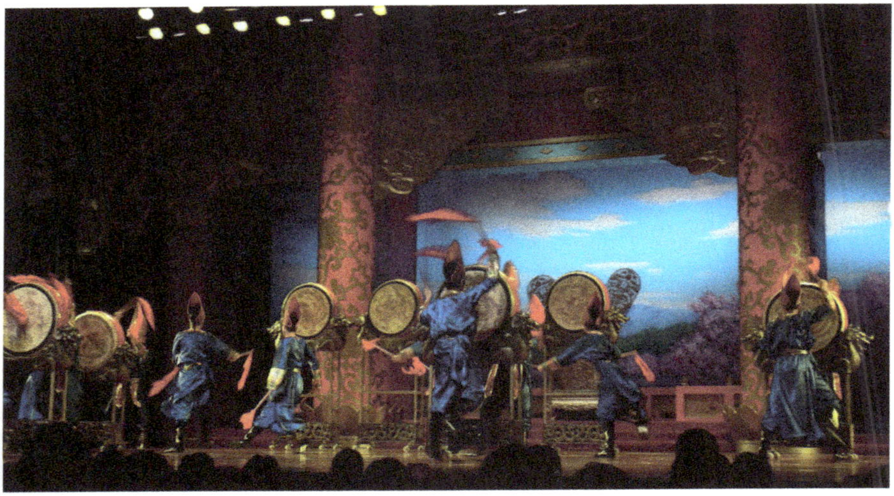

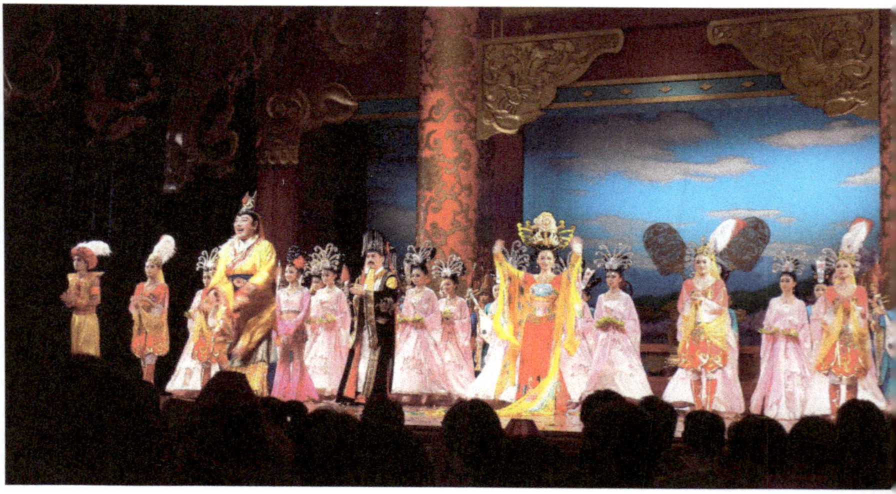

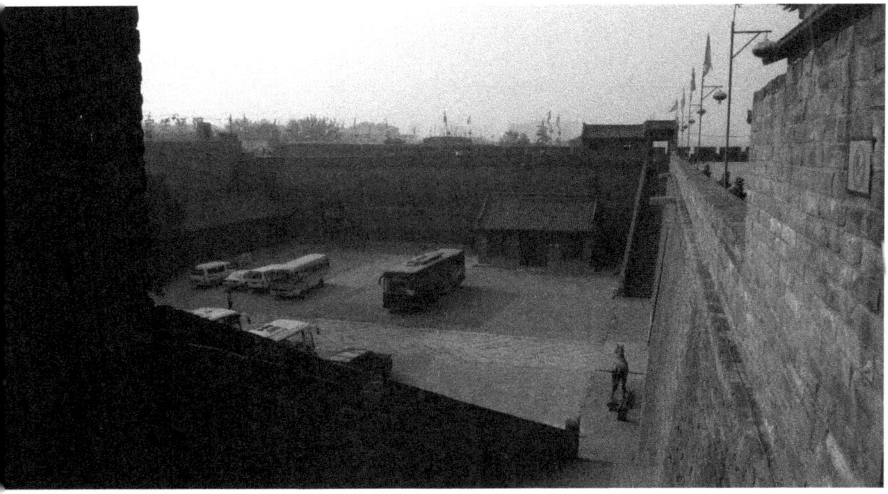

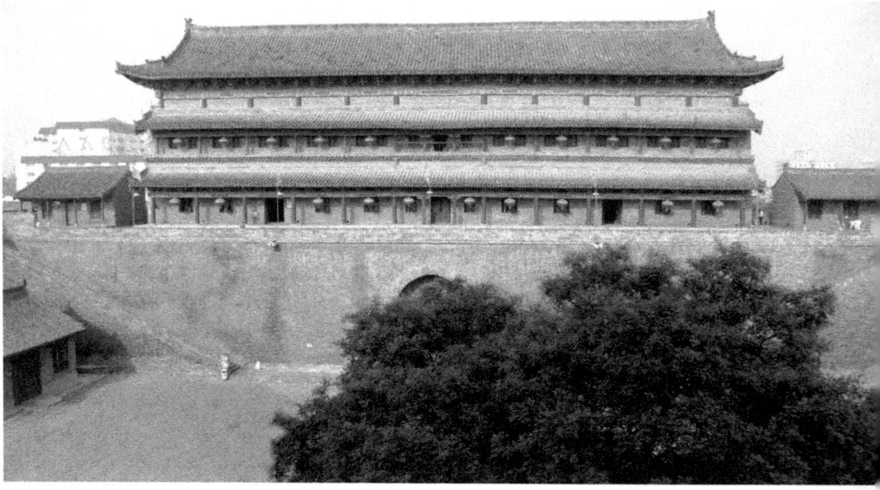

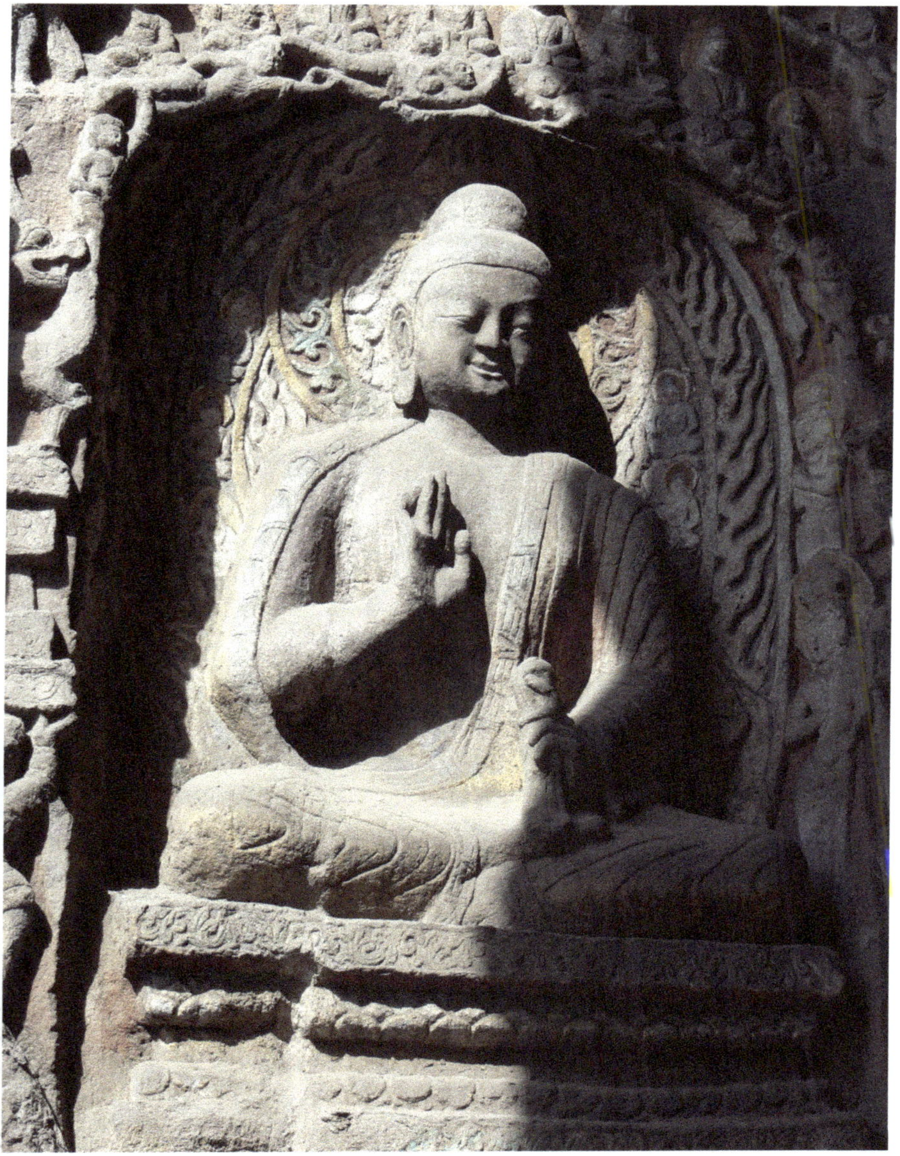

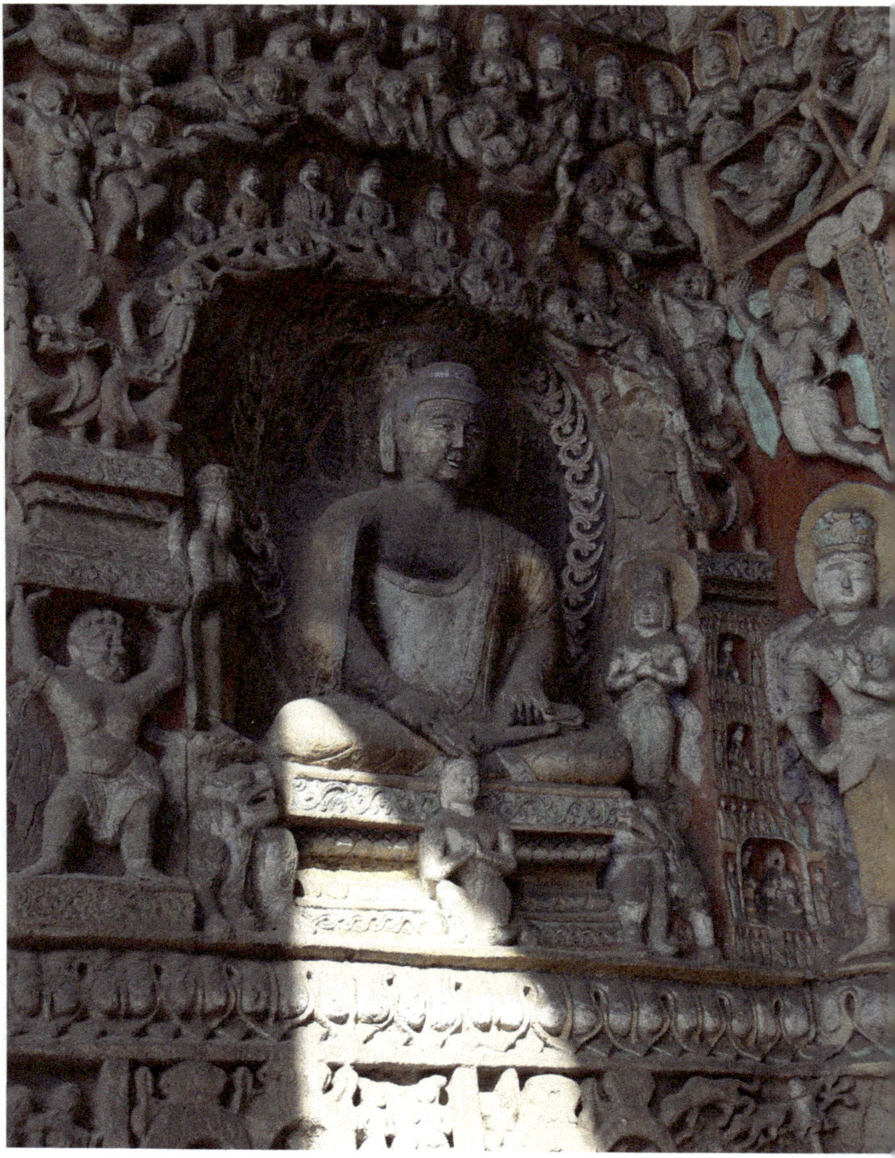

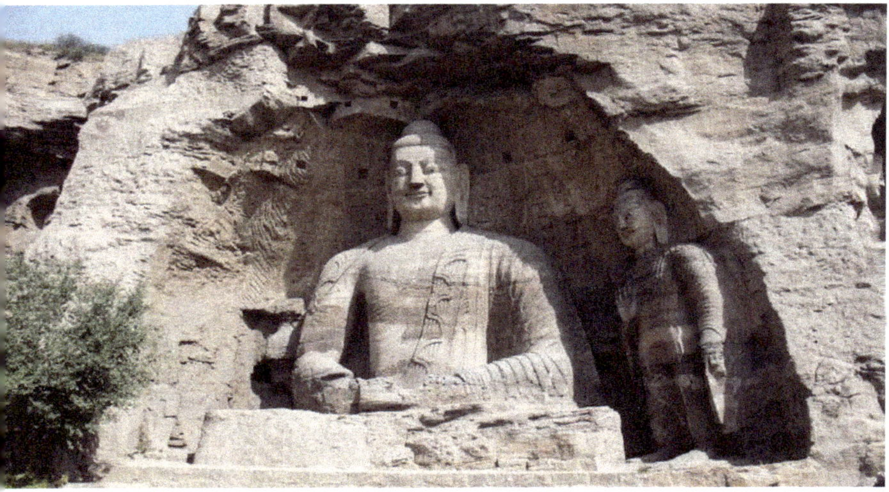

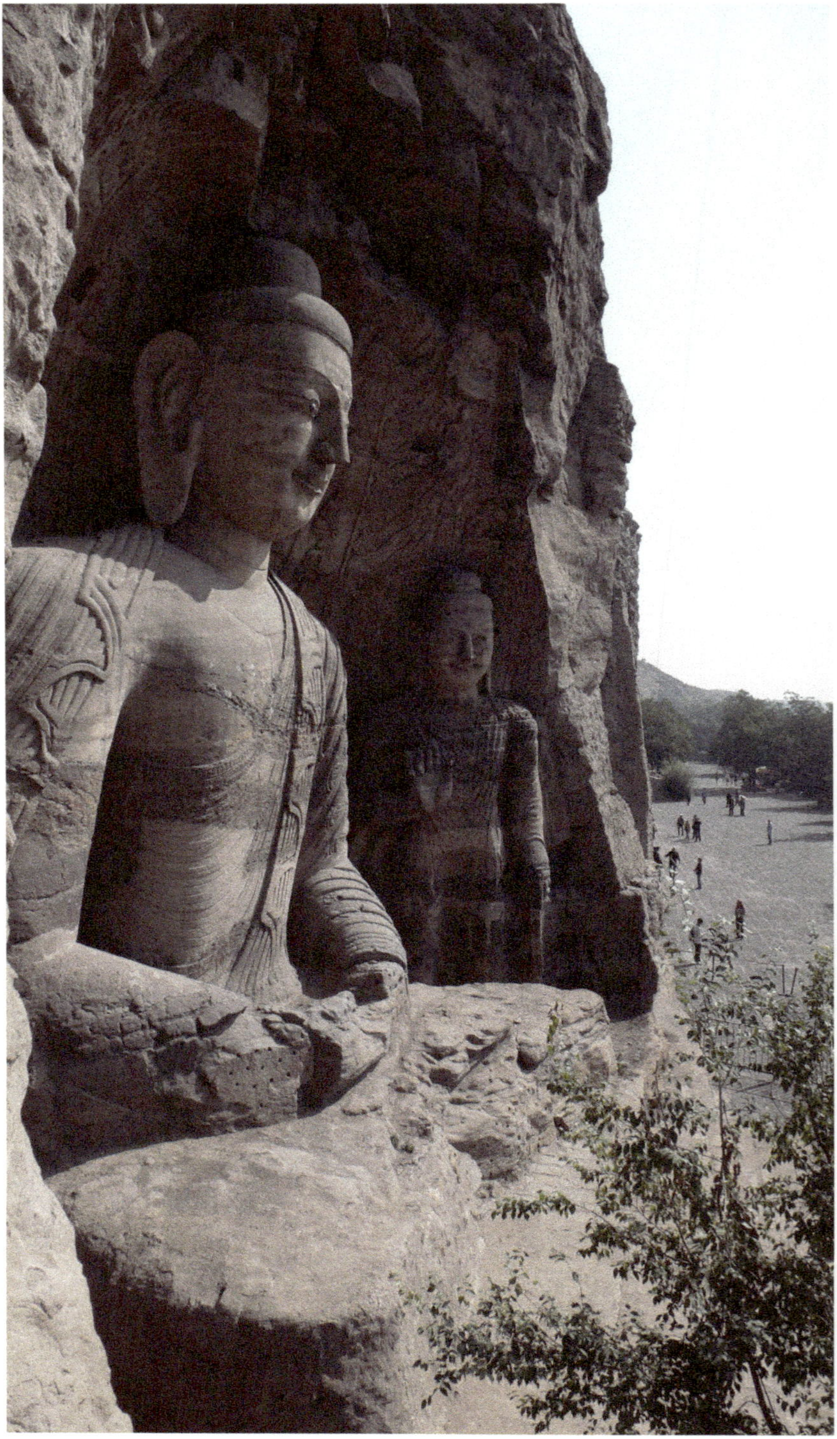

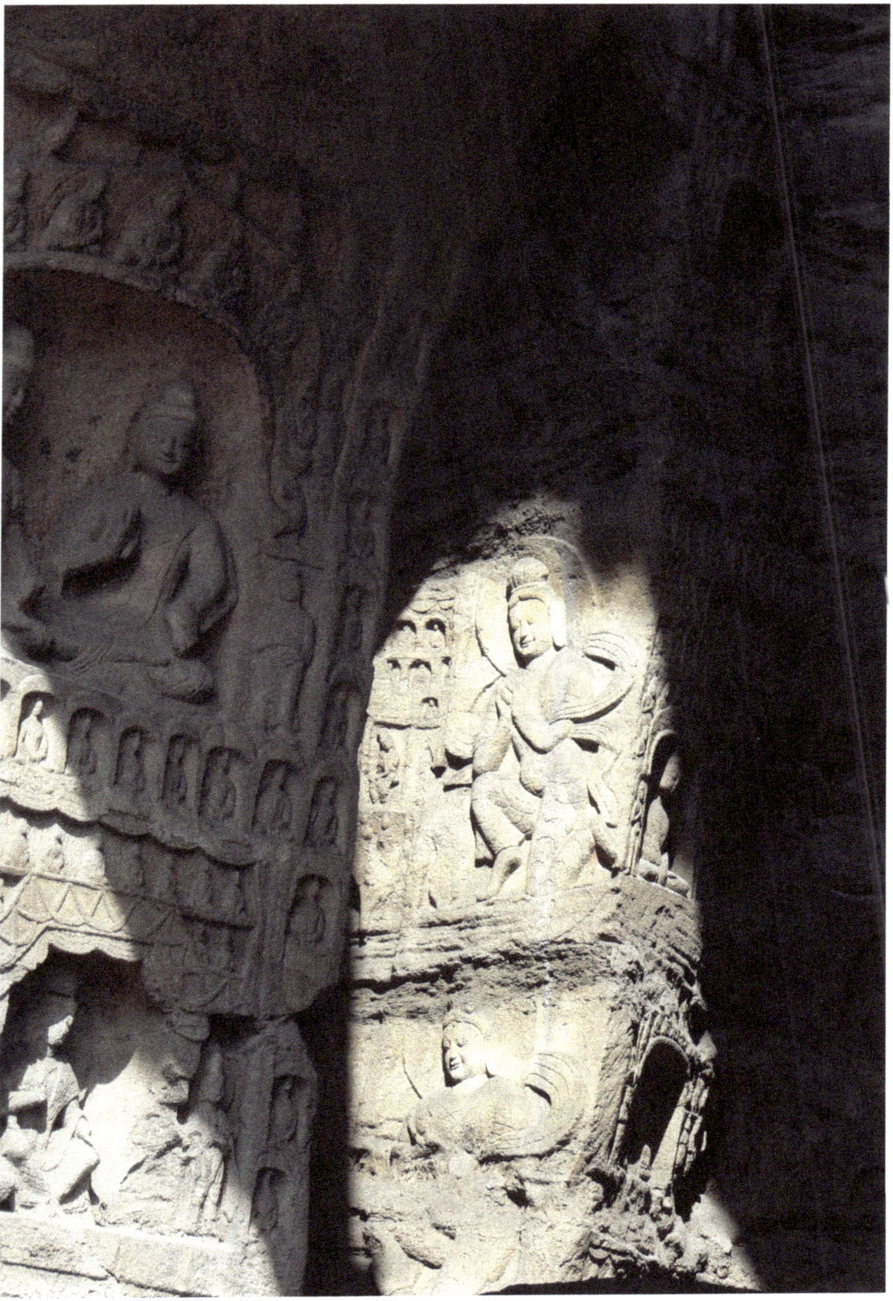

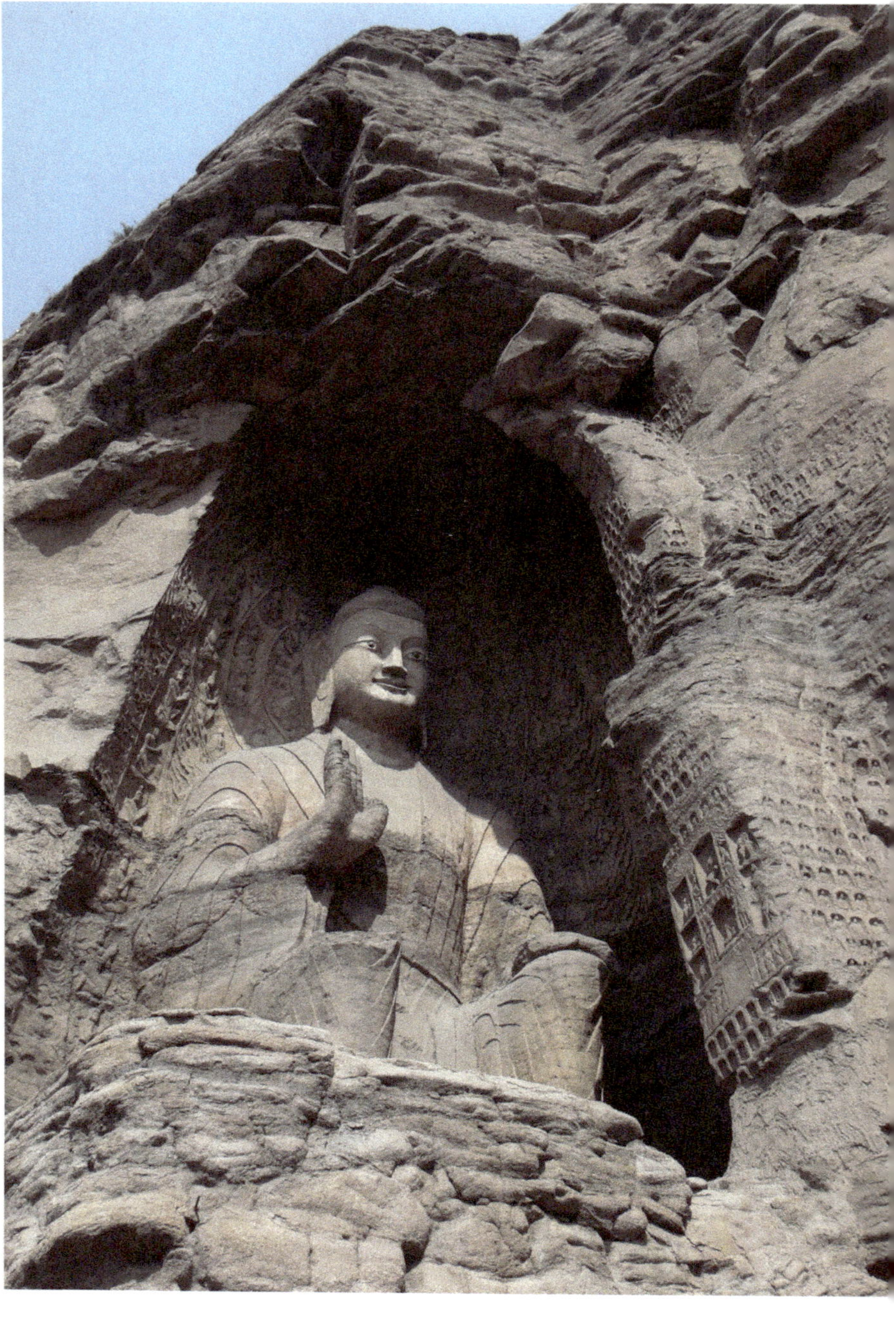

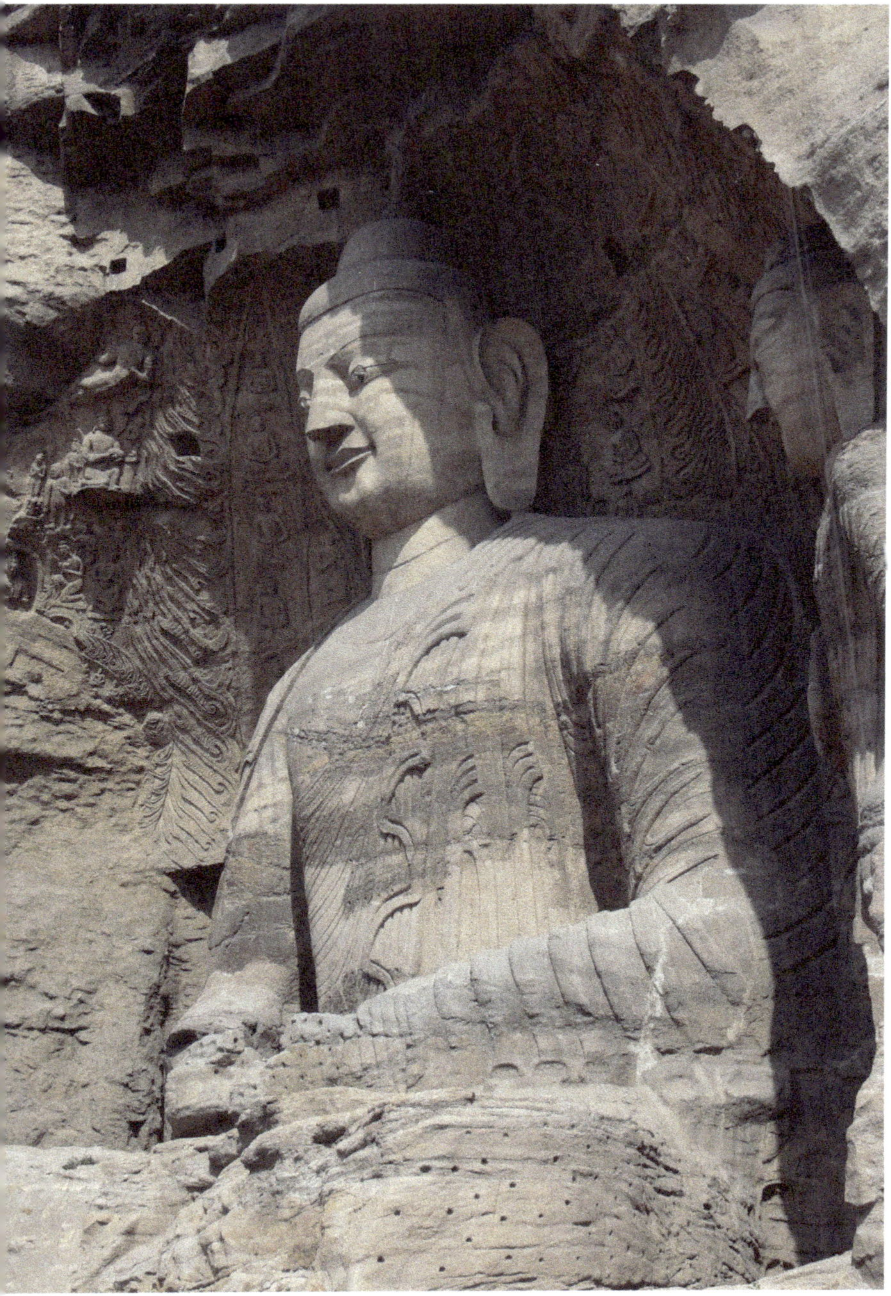

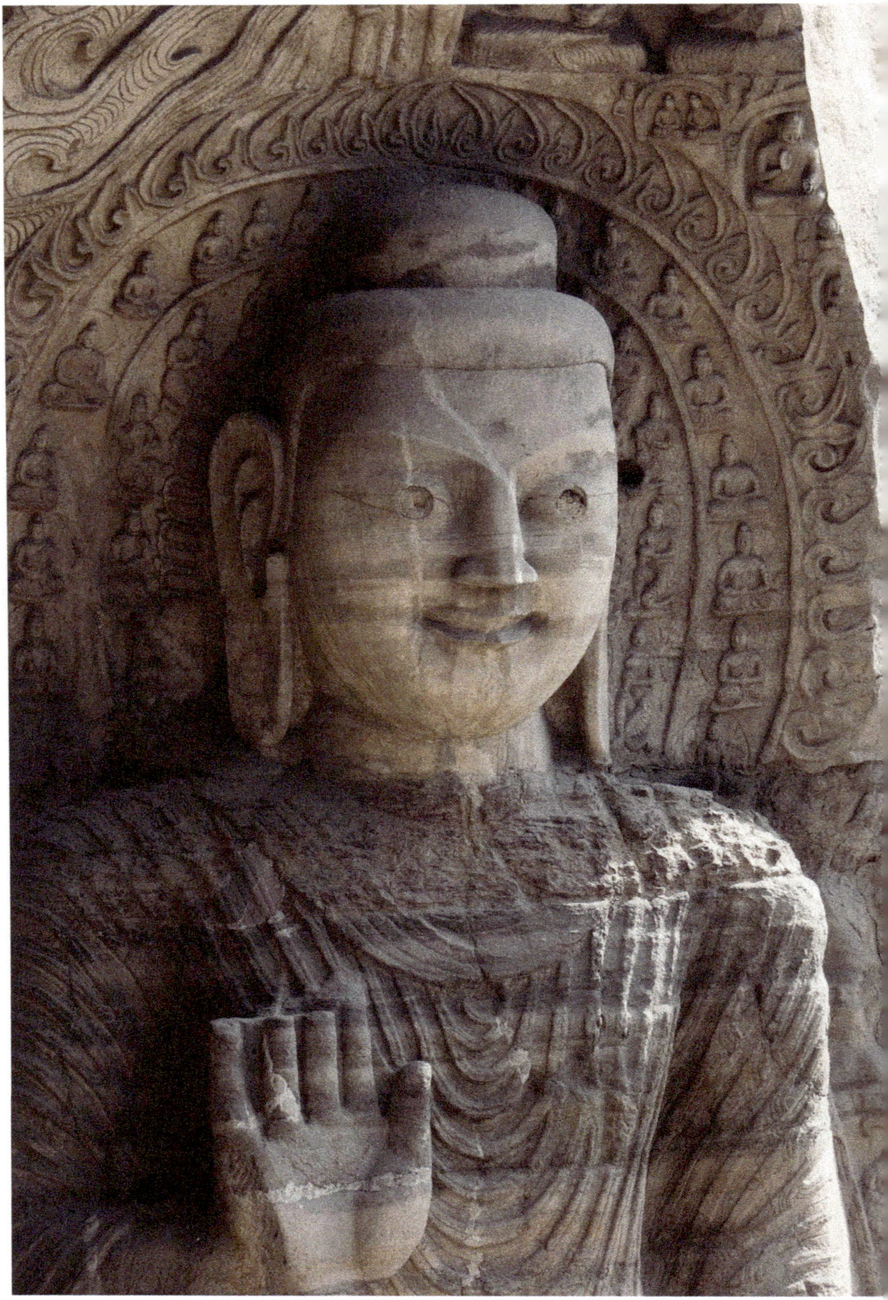

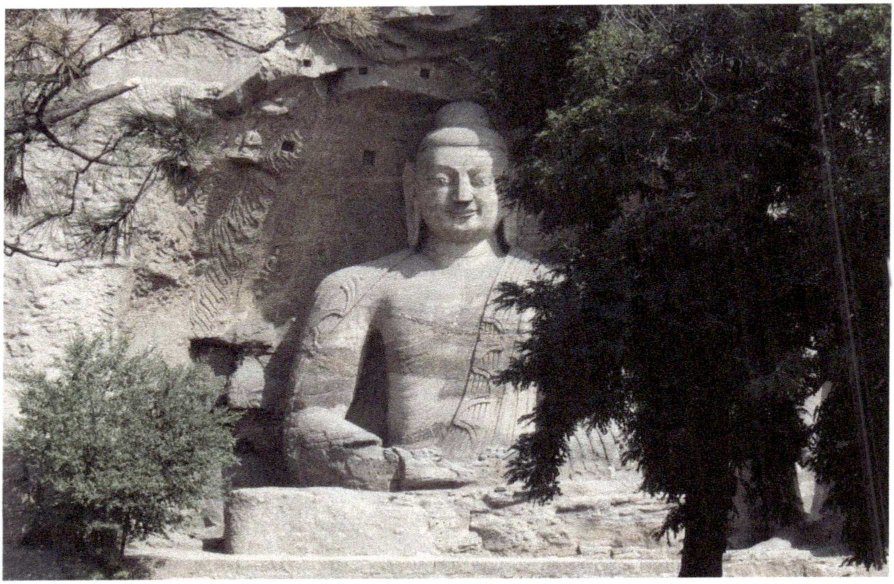

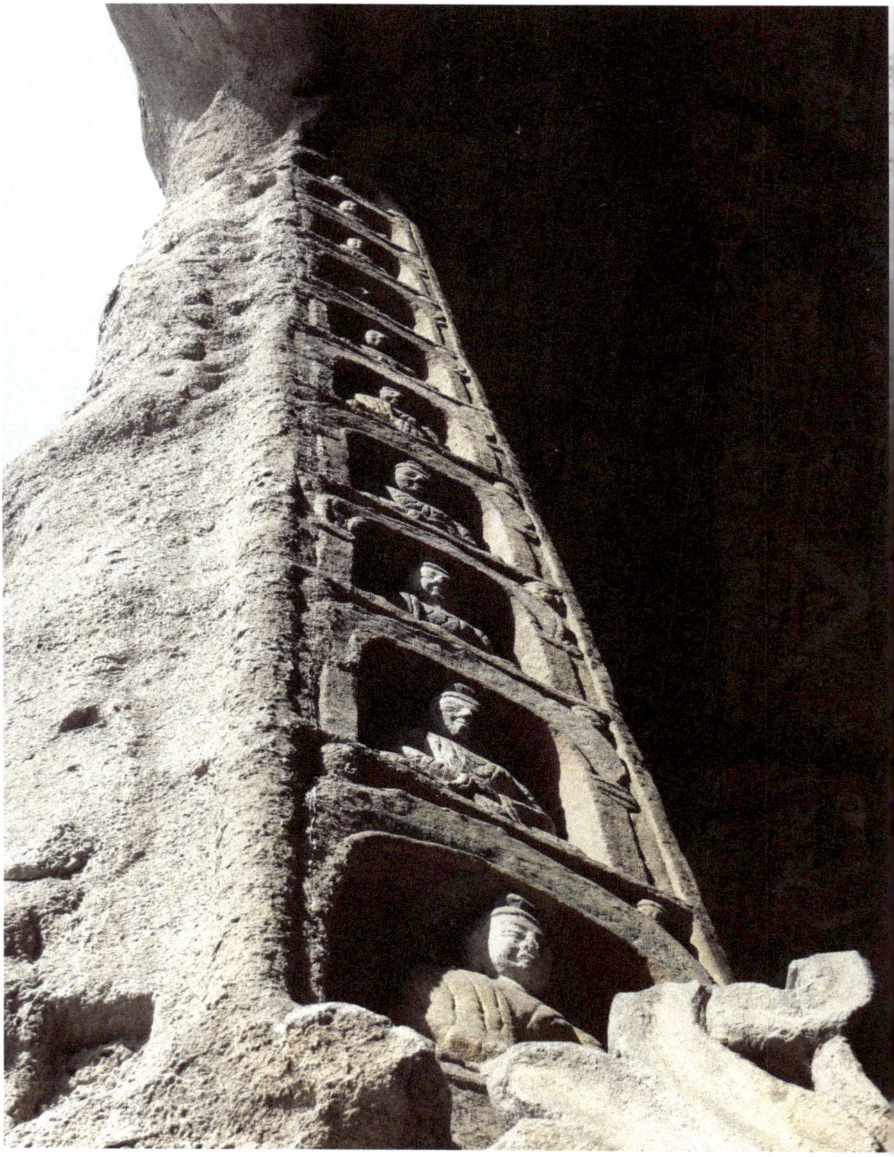

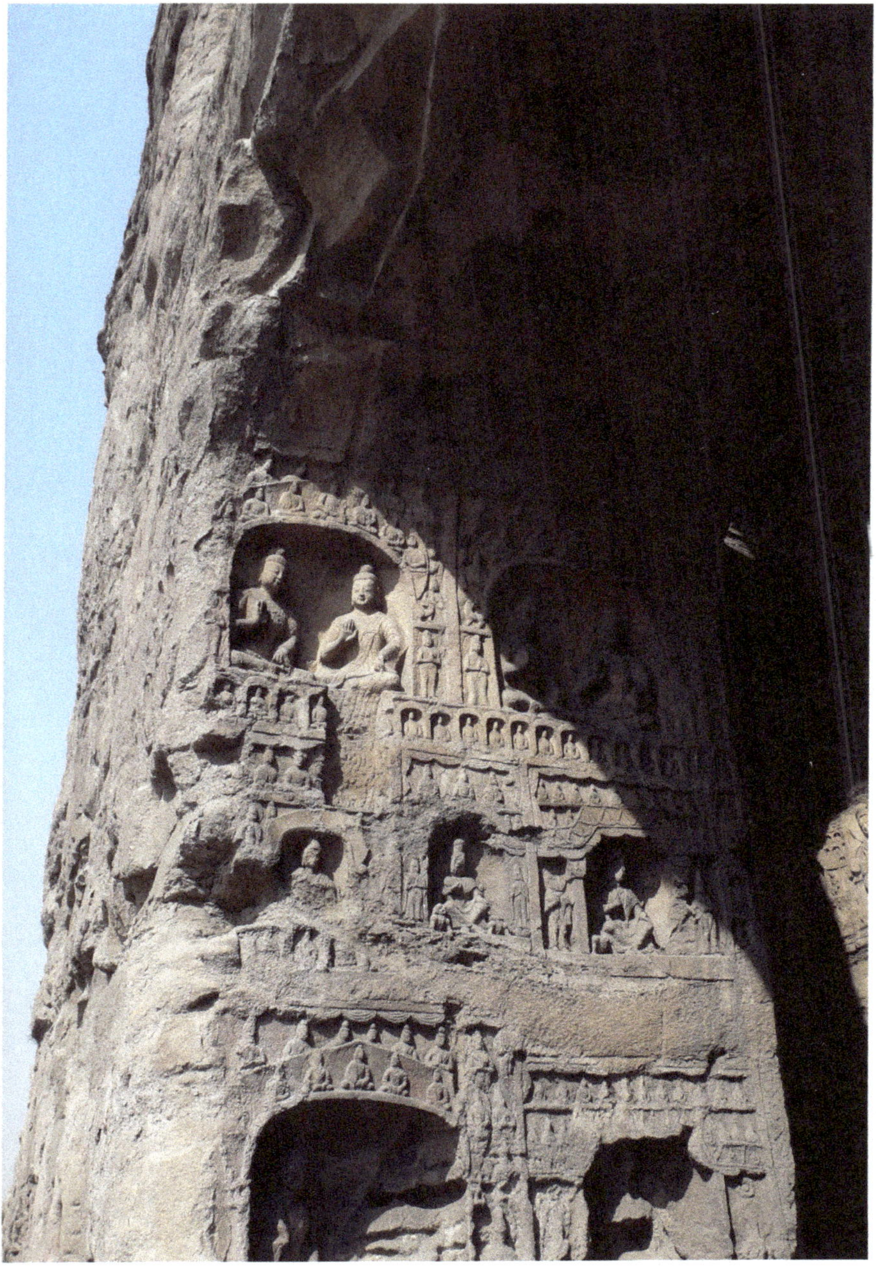

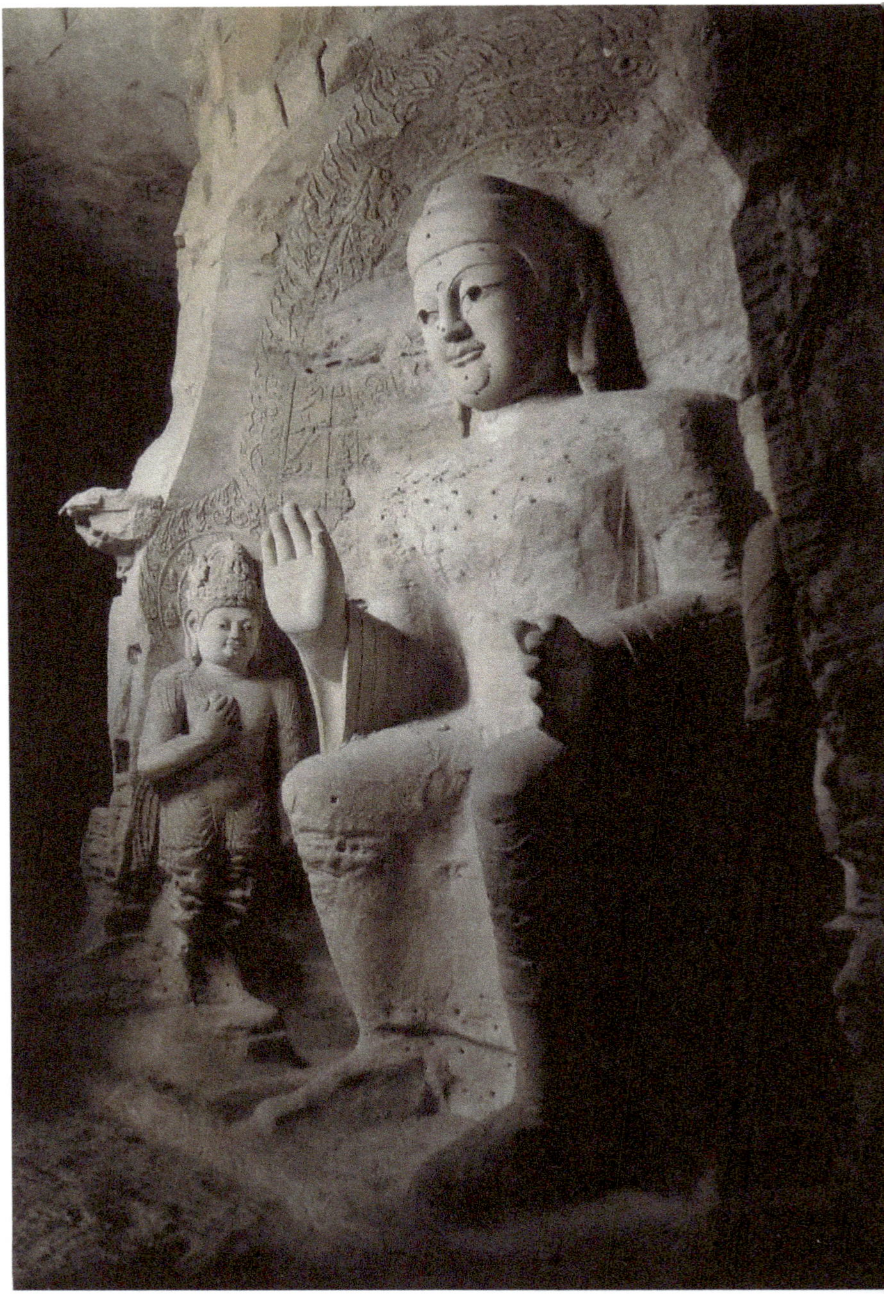

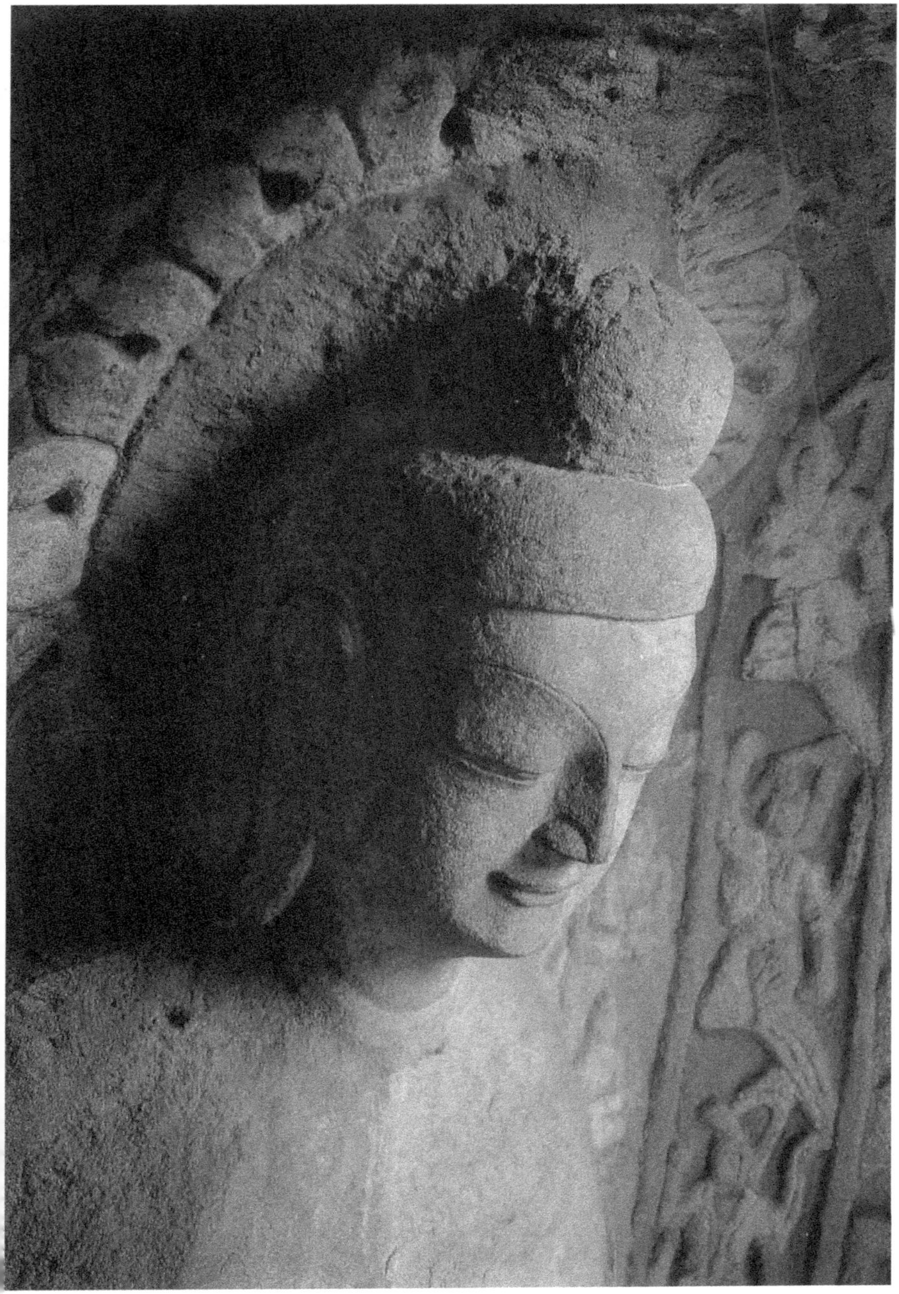

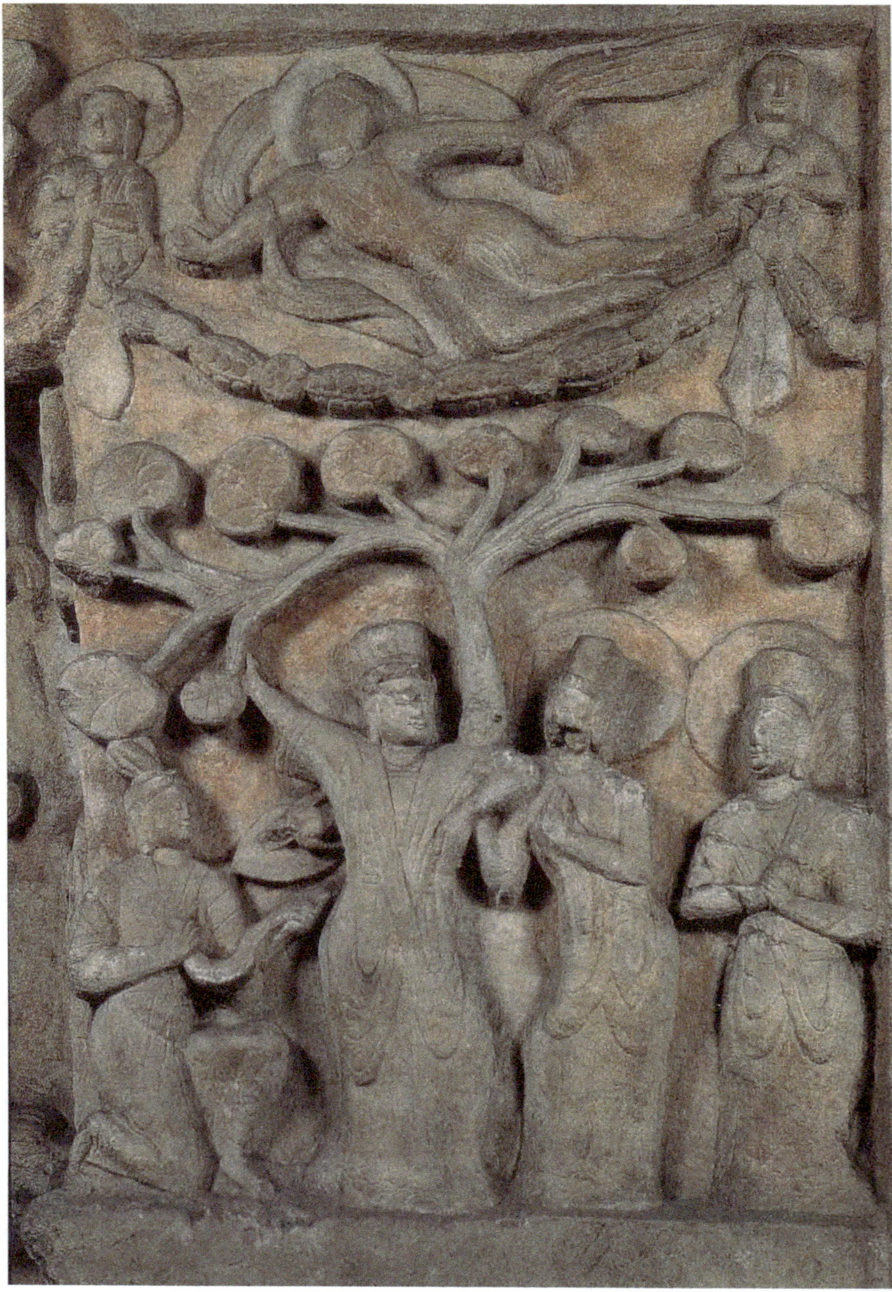

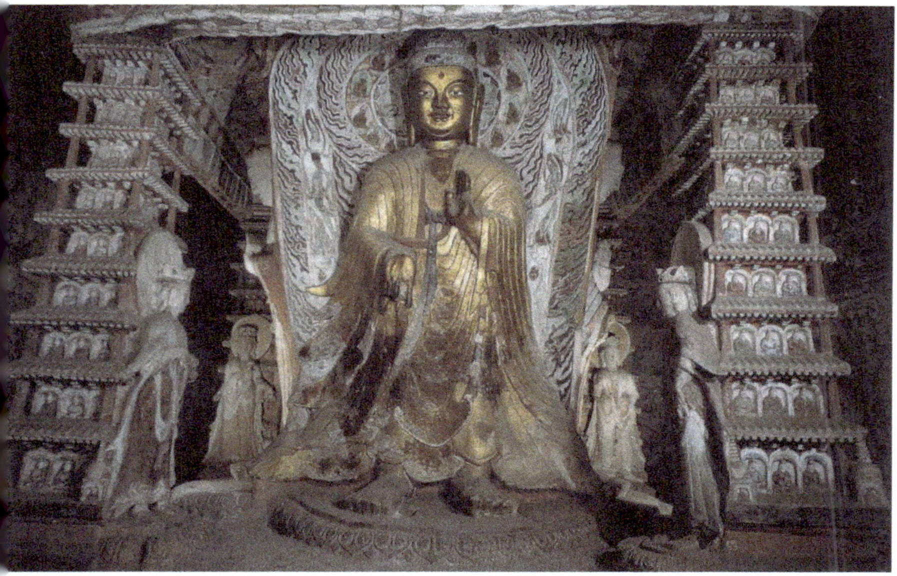

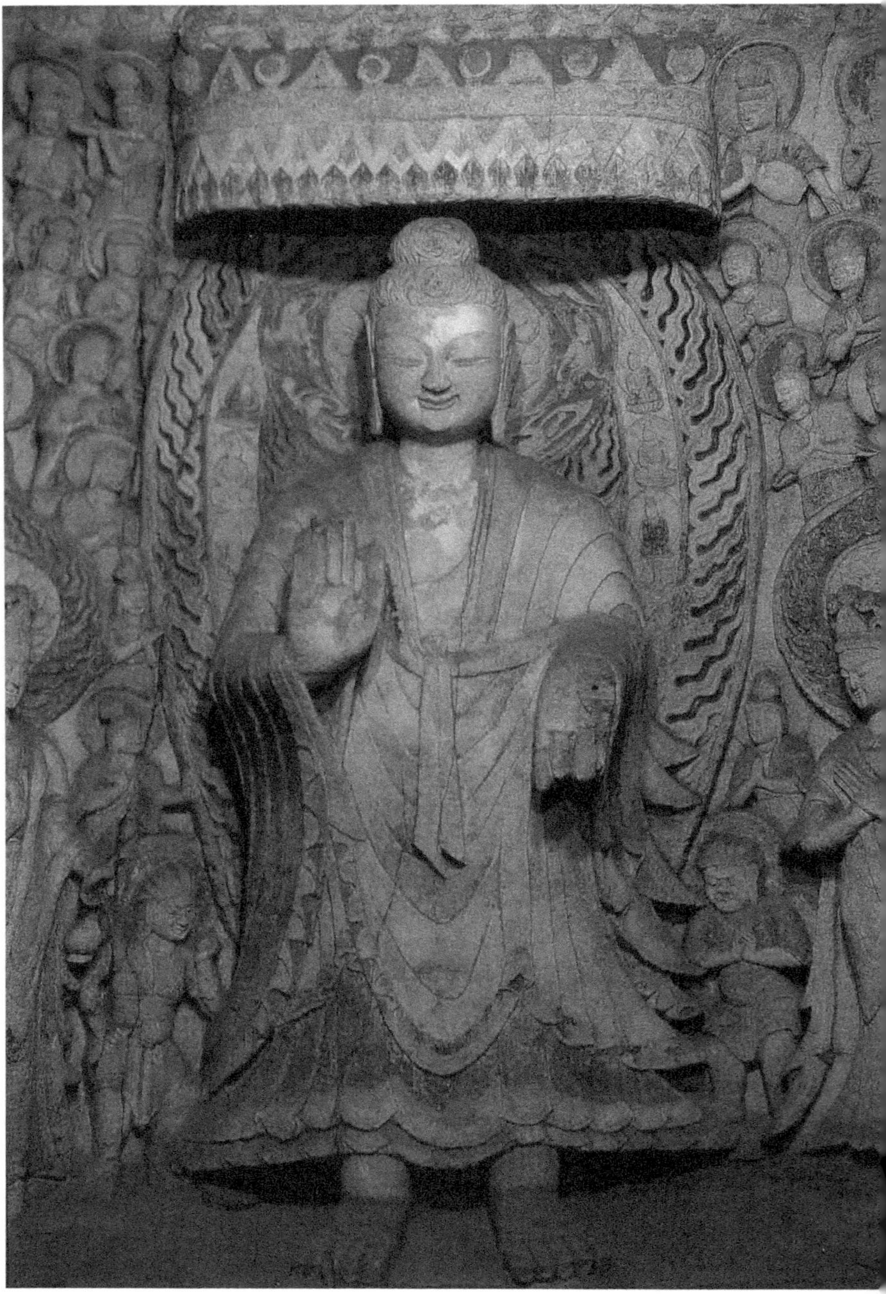

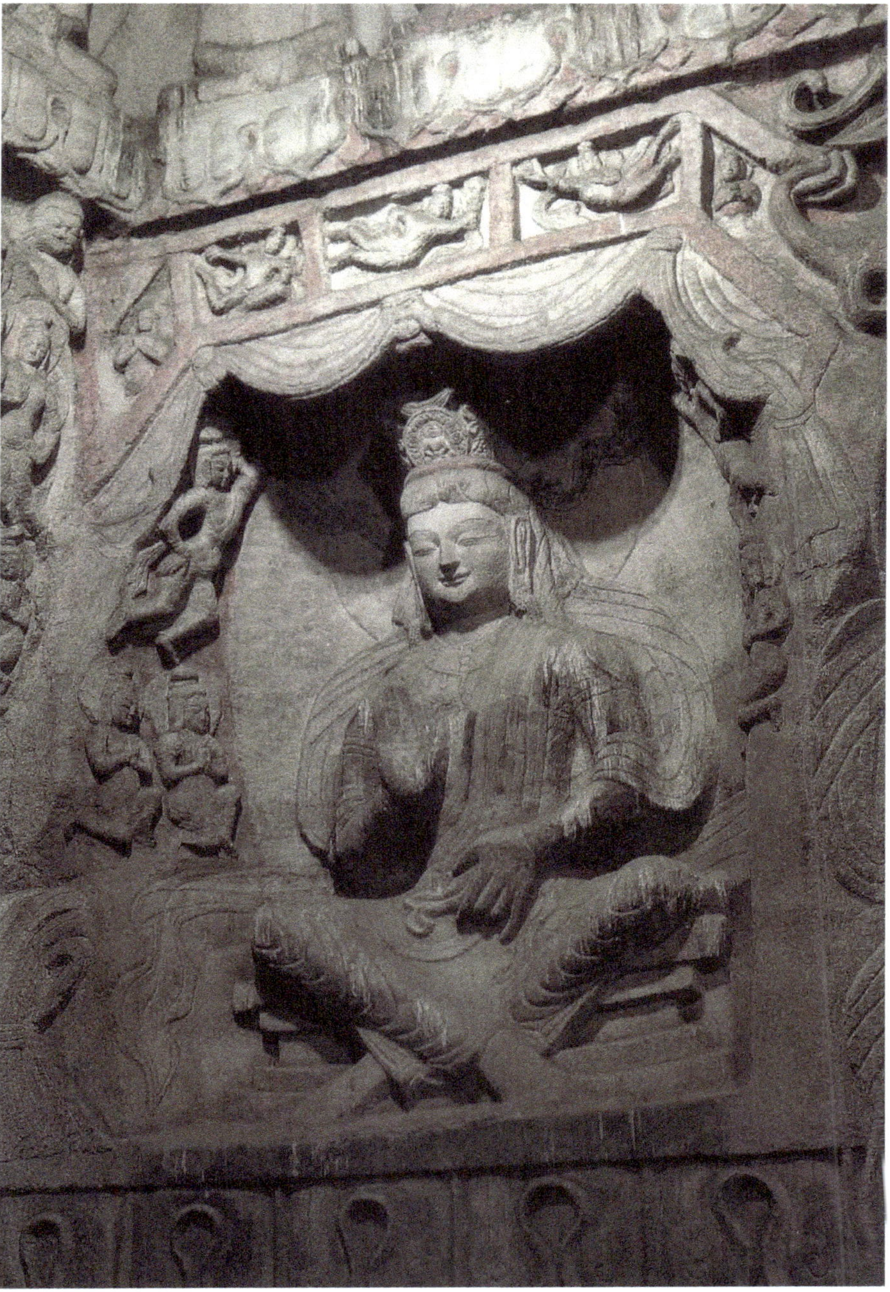

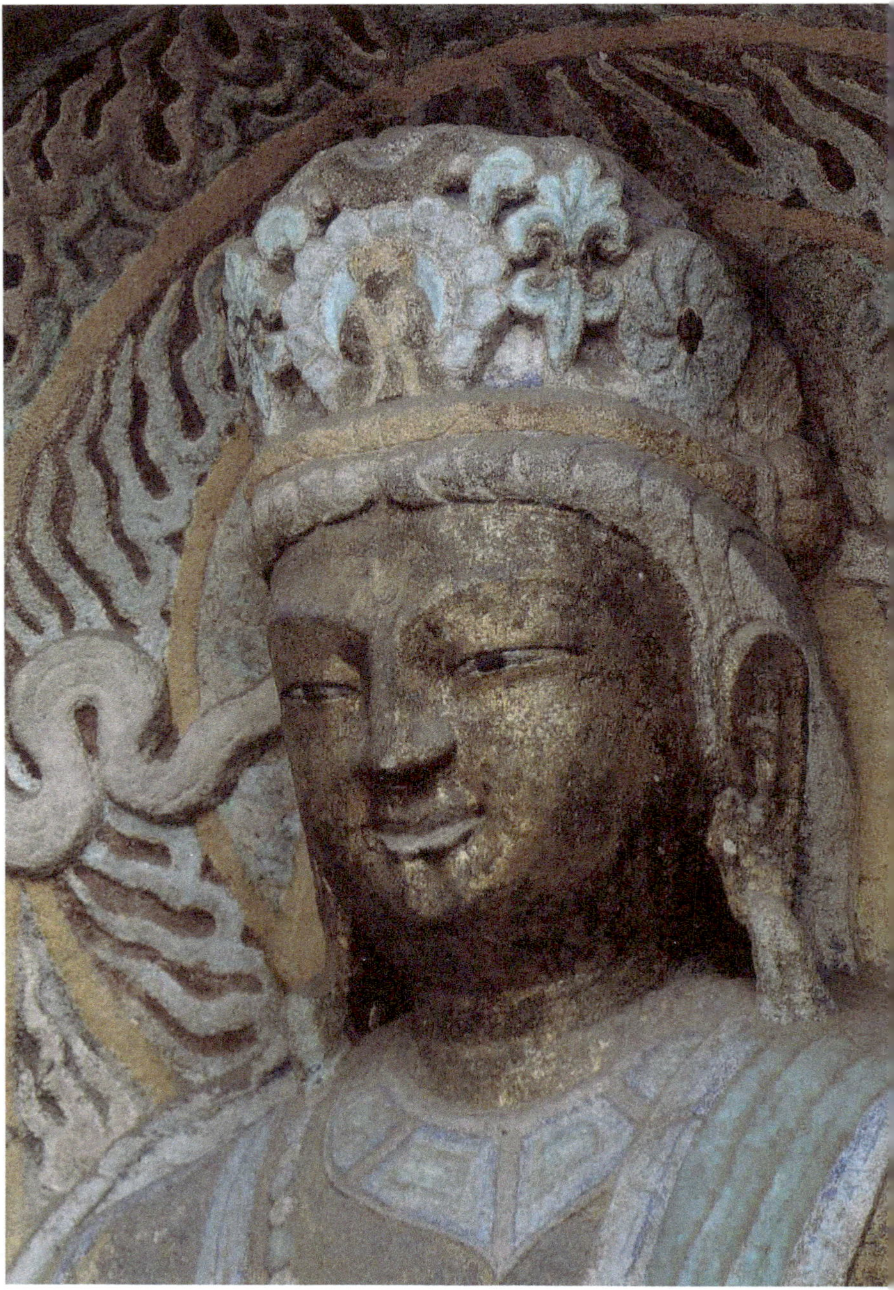

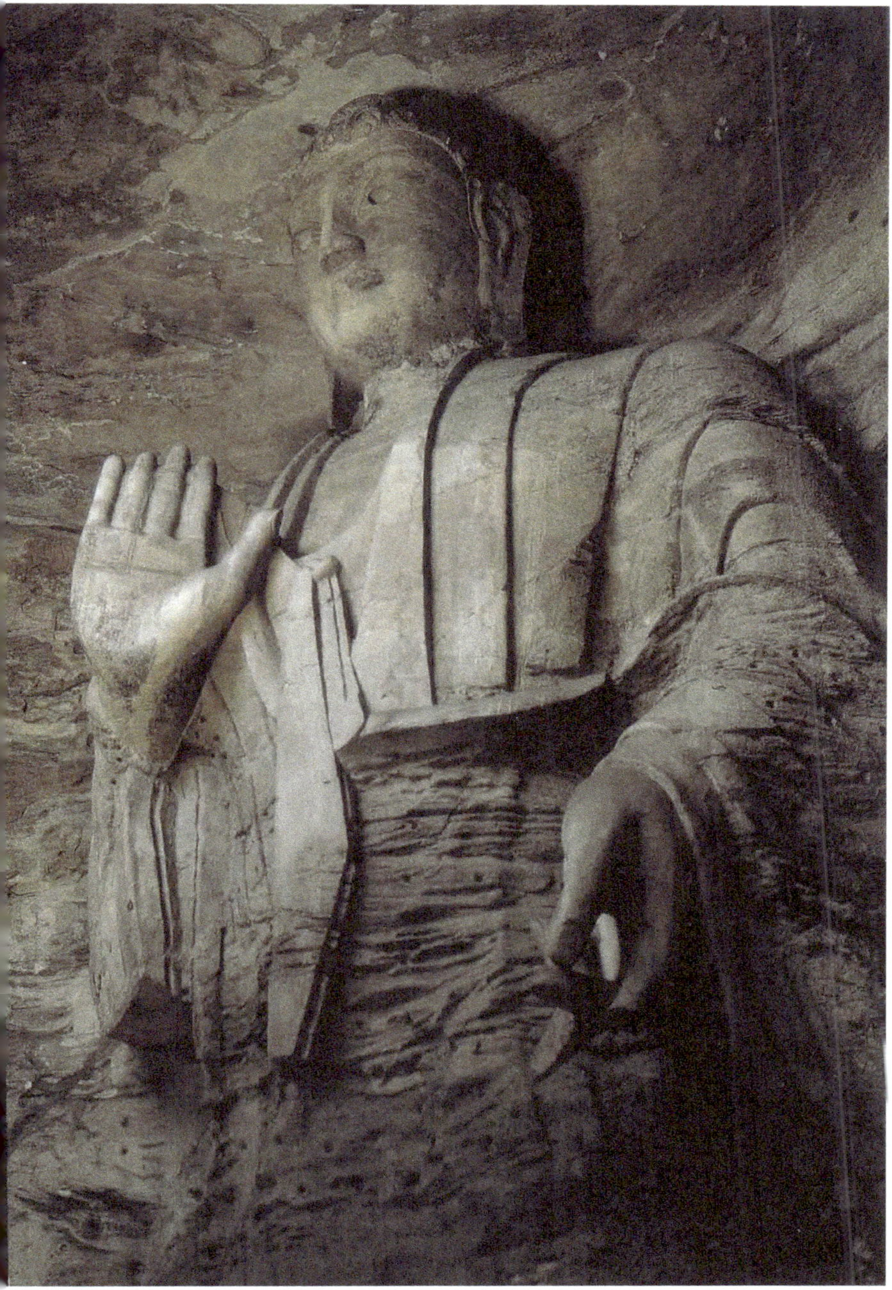

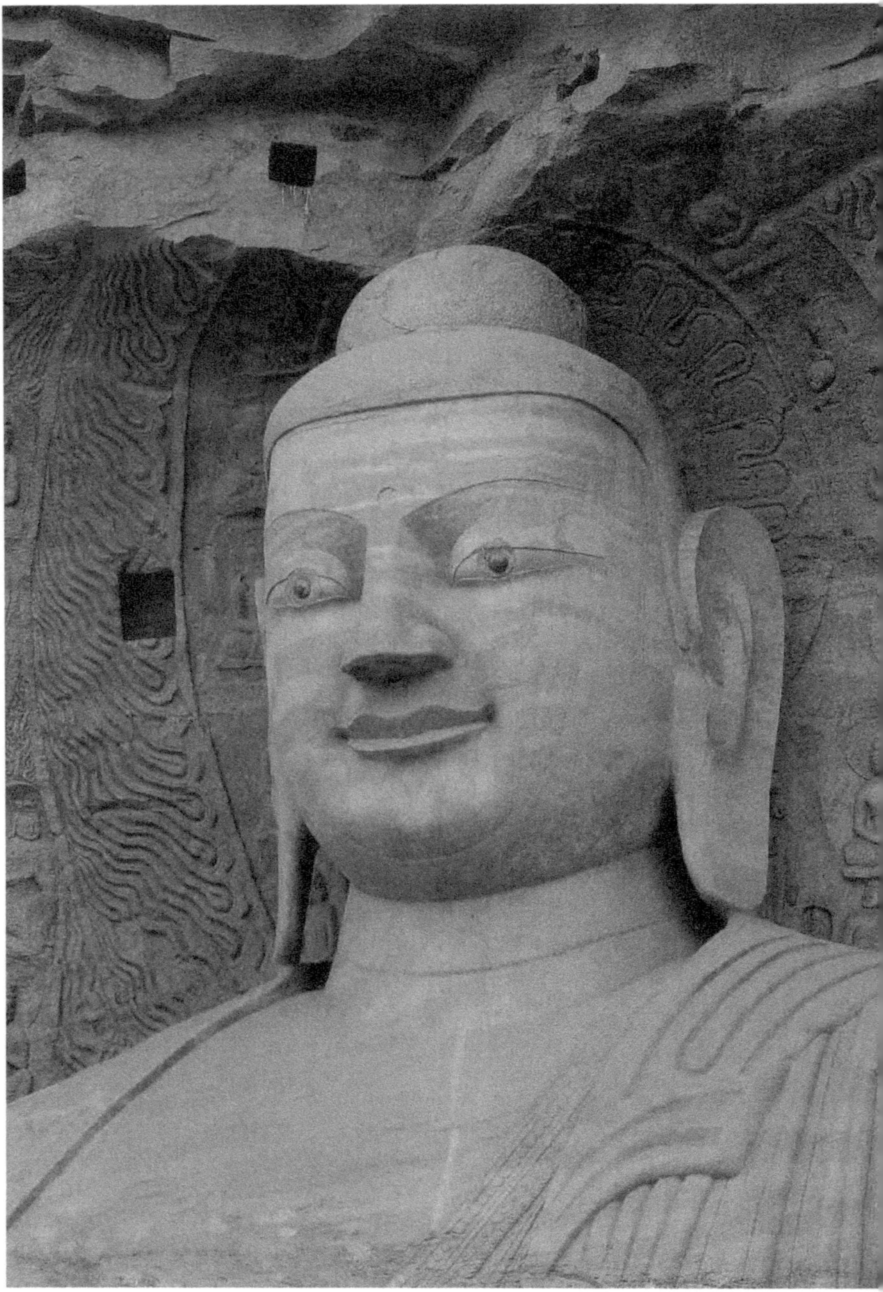

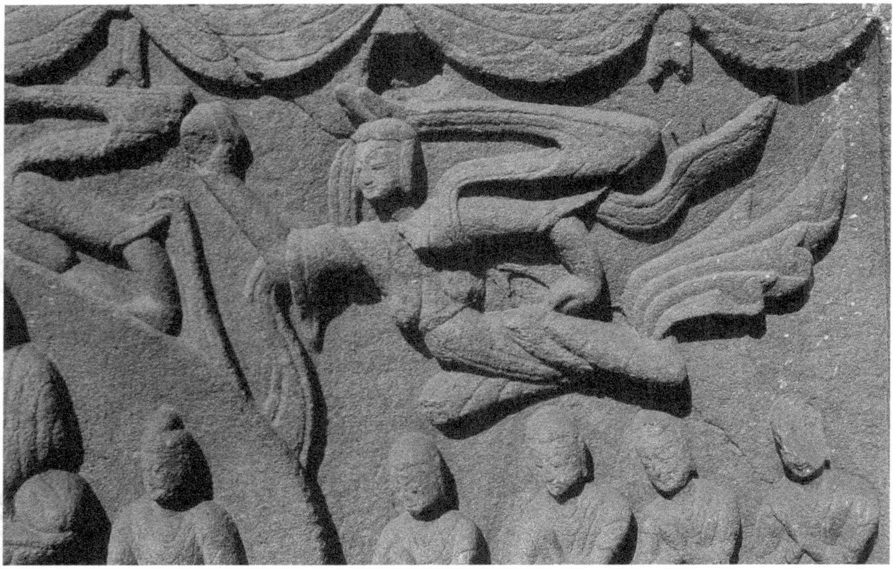

Lightning Source UK Ltd.
Milton Keynes UK
UKHW051349070319
338568UK00013B/85/P

9 780368 333538